Herzog/Kluge/Straub

Reihe Film 9

Mit Beiträgen von
Ulrich Gregor
Rudolf Hohlweg
Peter W. Jansen
Hans Helmut Prinzler
Wolfram Schütte
Kraft Wetzel
Karsten Witte

Carl Hanser Verlag

Die Reihe Film wird herausgegeben
in Zusammenarbeit mit der
Stiftung Deutsche Kinemathek
von Peter W. Jansen und Wolfram Schütte

Redaktionsschluß 31. Juli 1976

Reihe Hanser 217
ISBN 3-446-12261-3

Reproduktionen: Wartelsteiner, Garching
Gesamtherstellung: Georg Appl, Wemding
Printed in Germany

Inhalt

Akte des Widerstands

Von Wolfram Schütte

I Kino-Kultur

Massenkunst ist eine Erfindung der Kapitalisten. *Jean-Luc Godard*

Was augenblicklich, im Ausland mehr als im Inland, für den »german filmboom« (Newsweek[1]) gehalten wird, besitzt nicht den Charakter einer einheitlichen oder gar programmatischen Bewegung. Es sind Filme höchst unterschiedlicher Regisseure und Qualität, die, weil sie in den letzten zwei Jahren vermehrt als früher erschienen sind, Aufsehen erregen; kaum mehr als ein halbes Dutzend Regisseure: Fassbinder, Herzog, Schlöndorff, Wenders, Sinkel, Schröter, Syberberg, Stein; und Filme, von denen vielleicht der eine oder andere auch ein bescheidener kommerzieller Erfolg ist.
Obschon mit kleinem Budget gedreht, fällt es bundesdeutschen Filmen schwer, sich auf dem heimischen (und ausländischen) Markt zu amortisieren. Der befindet sich fest in der Hand ausländischer Firmen, wenn es auch dem jungen »Filmverlag der Autoren«, der einige der wichtigsten dieser Filme vertreibt (und von Regisseuren wie Wenders, Fassbinder u. a. gegründet worden ist) mittlerweile gelungen ist, feste Abspielplätze in Großstädten zu bekommen. Aber das sind ein paar Tropfen auf einen heißen Stein. Amerikanische Großverleihe – sofern sie in der Bundesrepublik nicht schon ganze Kinoketten aufgekauft haben, liegen sie auf dem Sprung, es zu tun – kontrollieren mit ihren High-Budget-Produktionen die wichtigsten Erstaufführungstheater in den Großstädten; die Provinz, die schon bei Städten wie Nürnberg, Hannover und Duisburg beginnt, ist ohnehin von den großen Verleihen abhängig.
Die Theaterbranche – durch den jahrelangen Schrumpfungsprozeß des Abspielmarktes, der noch immer fortschreitet, in kopf- & phantasieloser Katastrophenstimmung – ruft nach dem »attraktiven (bundes)deutschen Film« und verlangt von den jungen Regisseuren, ihre Filme sollten auf einen Schlag wett-

machen, was die Theaterbranche im Verein mit den Alt- (& Porno)Produzenten, durch jahrzehntelange Mißwirtschaft zerstört hatte: nämlich eine breite Basis der Filmkultur und der Respektabilität des Films allgemein.

Der mit immer erpresserischen und im wahrsten Wortsinne schwachsinnigen[2] Tönen untermischte Ruf der Filmtheaterbesitzer nach »kassenträchtigen Filmen« bundesdeutscher Provenienz hat keinen nationalistischen oder gar künstlerischen Hintergrund. Er ist nur das verzerrte Echo einer ökonomischen Situation wachsender Abhängigkeit, in der sich die bereits stark konzentrierte Theaterbranche von den amerikanischen Verleihen befindet. Deren hohe Leihmietenforderungen, in den vergangenen Jahren mithilfe einer Bestsellerpolitik (*Der letzte Tango, Der Pate, Flammendes Inferno* und *Der weiße Hai*) immer weiter in die Höhe getrieben – bis zu 75% der Bruttoeinnahmen, statt der rund 42% bislang –, steht die Theaterbranche weitgehend hilflos gegenüber; auf Dauer gesehen, steuert sie einem Ruin der eigenständigen Existenz zu. Eine spezifische, auf ein festes Publikum gerichtete Programmpolitik können sich ohnehin nur noch die wenigsten leisten. Eine ziemlich verfahrene, zerrüttete, fast hoffnungslose Situation.

Daß die Theaterbranche überhaupt jetzt auf den Gedanken kommt, Forderungen an den bundesdeutschen Film zu stellen und sie mit Druck zu versehen, liegt an der Filmförderung. Deren Mittel werden als Quasisteuer von jedem Eintrittsbillet erhoben und von den Kinos an die Filmförderungsanstalt abgeführt. Das hat zu dem Mißverständnis geführt, die *Theater* finanzierten die Förderung, wo es doch die *Zuschauer* sind. Die Drohung, diese Gelder einfach einzubehalten, wurde schon mehrfach geäußert – dabei hatte man sie jahrelang abgeführt, ohne daß sich auch nur ein Erfolg zeigte. Im Gegenteil: gegen den erbitterten und erfolglosen Widerstand der jungen Regisseure & jungen Produzenten und der gesamten filmkritischen Presse waren sie nicht zur Förderung des Nachwuchses, zur Produktion anspruchsvollerer Filme und zur Verbesserung der Kinosituation verwendet, sondern, durch eine starke Lobby in allen drei Bundestagsparteien zugunsten der Verleihe und Produzenten, gießkannenartig über bereits »an der Kasse« erfolgreiche Durch- und Unterdurchschnittsproduktionen verteilt worden.

Dieser verhängnisvolle Kreislauf, der den bundesdeutschen

Film immer tiefer in seinen ökonomischen und künstlerischen Bankrott schraubte, konnte erst Ende 1974 durch eine gründliche Novellierung der Filmförderungsgesetzgebung unterbrochen werden – wiederum gegen den heftigen Widerstand der Verleih-, Produktions- und Theaterbranche. Seither gibt es eine (neu eingerichtete) »Projektkommission«, die mit einem Teil der Förderungsgelder im voraus Filmvorhaben unterstützen kann, und es gibt ein »Rahmenabkommen« mit den Fernsehanstalten zur Projektförderung. Die Fernsehanstalten waren auch schon bisher die eigentlichen Förderer des jungen Films. Diese und andere Projektförderungshilfen (durch das Bundesinnenministerium und Darlehen des »Kuratoriums Junger deutscher Film«) könnten künftig durchaus als Startrampen für eine breit gestaffelte Filmproduktion dienen; allerdings wird man sich davon keine mehrstufigen Interkontinentalraketen versprechen können, denn damit können nur Projekte – international gesehen – allenfalls mittlerer Größenordnung (bis 1,5 oder 2 Millionen Mark) initiiert werden. Da die Branche glaubt, nur Großprojekte mit internationalem Staraufgebot seien national und international profitabel, versucht sie direkt oder indirekt die Förderungskapitalien zu sammeln – unter dem Vorwand, die Förderung zu vereinheitlichen. Es sollen dann mehr Mittel für ein, zwei Großprojekte zur Verfügung stehen, möglichst internationale Coproduktionen. Das würde dann für ausländische Produzenten und Verleihe (die ohnehin schon deutsche Produktionstochtergesellschaften gegründet haben) wesentlich attraktiver werden.

Nur: die Filme, die mit diesem Geld entstünden, hätten mit uns nichts oder nur noch esperantohaft zu tun, und die jungen Regisseure und Produzenten wären vollständig kaltgestellt.

Ein Teil der ersten Erfolge des »german filmboom« – z. B. *Die verlorene Ehre der Katharina Blum* (Schlöndorff/v. Trotta), *Berlinger* (Sinkel/Brustellin), *Die Interessen der Bank können nicht die Interessen sein, die Lina Braake hat* (Sinkel), JEDER FÜR SICH UND GOTT GEGEN ALLE (Herzog), *Sommergäste* (Stein) – ist gegen den Widerspruch der Theaterbranche, die alle ihre falschen Hoffnungen auf Spekulations-Produkte wie Alfred Vohrers Fallada-Verfilmung *Jeder stirbt für sich allein* und Manfred Purzers Hans-Habe-Adaption *Das Netz* gesetzt hatte, nur durch das Projektförderungssystem und das Film/Fernsehabkommen möglich geworden. Um jedoch über diese erste Anfangsphase hinauszuwachsen in eine Kontinuität der Produktion, wären Produzenten notwendig, die Risiken eingingen; Verleihe, die den Filmen maximale Unterstützung gäben; Theater schließlich, deren Leiter etwas mit den Produkten anzufangen wüßten. Es sieht aber leider so aus, als bliebe diese notwendige Kombination eine idealistische Utopie, die – im Gegensatz zu einem Aphorismus aus Alexander Kluges DIE ARTISTEN IN DER ZIRKUSKUPPEL: RATLOS, dieser Reflexion über die Situation des Films und der Künste im Kapitalismus – eben nicht besser, sondern immer nur schlechter wird, je länger wir auf sie warten. Bis zum St. Nimmerleinstag vermutlich, weil die ökonomische Wirklichkeit – die starke ausländische Konkurrenz, die Konzentration auf dem Abspielmarkt[3], das Fehlen einer über die Produktion von Filmen hinausgehenden Gesetzgebung, welche durch Abspielquoten für ausländische Filme, wie sie in allen europäischen Ländern außer der Bundesrepublik bestehen, die Vorführung nationaler Produktionen schützt und fördert –, weil die Entwicklung der Freien Marktwirtschaft auf dem Film- und Kinosektor zwangsläufig sich über fromme Wünsche, forsche Appelle und edle Hoffnungen hinwegsetzt.

Die Idee und begonnene Praxis kommunaler Kinos, welche gegen die Konzentrationsbewegungen der Kinobranche und das Verschwinden des Kinos als Ort sozialer und kultureller Kommunikation in vielen Gemeinden entwickelt wurde, scheint augenblicklich, durch die Erfolge einiger junger bundesdeutscher Filme in den kommerziellen Kinos der Großstädte, zu stagnieren. Die jungen Regisseure wollen mit ihren Filmen »ans große Publikum«, was verständlich ist. Fraglich nur, ob sie es, durch die ziemlich heruntergewirtschaftete Vermittlungsinstanz Kino, ein nur noch auf Sensations- und Saisonalerfolge fixiertes Gewerbe, wirklich auf Dauer finden. Denn da, aufgrund einer fehlenden Zweit- und Drittauswertung (die durch das Sterben der Vorstadtkinos eingetreten ist), nur jene Filme maximal ausgewertet und deshalb bei der Branche renommiert sind, die auf Anhieb »gut gehen« – also ein langfristiger, behutsamer Umgang mit der Ware Film nicht mehr an der Tagesordnung ist –, werden sich nur ganz wenige durchsetzen können; die anderen – was geschieht mit ihnen? Jetzt schon werden sie nur in den Kommunalen Kinos gespielt, die dafür als Notaufnahmelager fungieren.

Der anspruchsvolle, kritische, eigenständige bundesdeutsche Film, der zukünftig noch mehr als schon augenblicklich völlig ungeschützt unter dem Druck stehen wird, kommerziell auf dem Binnenmarkt erfolgreich zu sein, wird sich entweder nach und nach den modischen Kurztrends anpassen müssen – und damit seine nationalen Eigenschaften verlieren wie der kaum noch existente englische – und auch dann nicht der internationalen Konkurrenz standhalten können; oder er wird die Kräfte (vielleicht vermindert um einige Schwächen), die er aus seiner Gettoisierung gezogen hatte, erhalten und konzentrieren. In Gefahr und größter Not bringt der Mittelweg den Tod: das gilt auch für den bundesdeutschen Film. Die Zeit wird kommen (und wenn ich mich nicht täusche: sehr bald), wo der Gedanke kommunaler oder öffentlich-rechtlicher Kinos heftiger diskutiert wird als in den vergangenen Jahren; wo die Existenz eines bundesdeutschen Films, wenn er mehr und anderes sein will als bloß die Dependance einer multinationalen Profit-heckenden Unterhaltungs- und Ablenkungsindustrie, auf ein Netz subventionierter Abspielstellen gegründet werden muß. Eine Filmpolitik, die mehr als eine Film*produktions*politik sein will (und es in der bundesdeutschen Situation notwendigerweise sein muß), würde gut daran tun, über dem Kampf für neue Produktionsförderungsmaßnahmen, deren erste Erfolge zu einer trügerischen Euphorie geführt haben, langfristige Ziele nicht aus dem Auge zu verlieren. Welche Zukunft der bundesdeutsche Film hat, hängt nicht so sehr von dem Fundus an Regisseurs-, Drehbuchautoren-, Schauspieler- und Technikerpotenzen ab, der vorhanden ist oder noch zuwächst, sondern davon, wie deren Arbeitsbedingungen gesichert werden, wie sich da Kontinuität und Tradition herausbilden und wie die Werke, die zustandekommen könnten, über das Kino (und deshalb: welches?) an ihr Publikum gelangen. Das Kino ist der Schlüssel zu einer Film-Kultur; aber nicht unser gegenwärtiges, unser kommerzielles; erst durch ein anderes, durch einen anderen Lebenszusammenhang mit den Filmen und den Kinos werden auch die Filme anders werden können. Das könnte sich ändern – durch eine Kulturpolitik, deren Skizzen bisher nur Hilmar Hoffmann entworfen hat[4]. Oder der bundesdeutsche Film, als eine nationale und künstlerische Äußerungsform, wird in unseren Kinos nicht mehr vorhanden sein, bis auf jene Produkte des anpassungswilligen Kompromißlertums. Möglich, daß die Zeit nationaler

Filmproduktion durch multinationale Verflechtungen und die Dominanz einzig profitorientierten Kapitals, in kapitalistischen Staaten wie der Bundesrepublik, die ihre eigene Filmwirtschaft ruiniert hat, endgültig vorüber ist und allenfalls noch im Fernsehen, das auch schon weitgehend international normiert wurde, eine Ecke zugewiesen bekommt. Möglich, denkbar, vermutlich. Eine letzte Anstrengung, falls sie unternommen wird, könnte darüber Auskunft geben.

II Film-Kultur

Der bundesdeutsche Film, sofern er überhaupt der Rede wert scheint, war und ist ein »Autorenfilm«. Die »politique des auteurs«, im ideologischen Vorfeld der »Nouvelle Vague« in Frankreich entwickelt, fiel nirgendwo auf fruchtbareren Boden als bei uns. Eine Ideenfruchtbarkeit, contra Praxis. Denn die Praxis, auf die sie traf, war von Ideen, von Geist, Intelligenz und Subjektivität so frei wie von Handwerk. Eine »tradition de qualitée«, eine auf hohem, aber langweilig-formalisiertem Niveau befindliche heimische Qualitätsindustrie des Films, wogegen die Godard, Rohmer, Chabrol, Truffaut, Rivette und Astruc polemisch argumentierten, hatten wir gar nicht. Nach dem Krieg, da hatten wir einen Wolfgang Staudte, einen Satiriker und Pamphletisten, der langsam vom Einzelkampf ermüdet, stumpf wurde; einen Rolf Thiele, den »Cheferotiker des deutschen Films« in des Wortes doppelter Bedeutung; Georg Tressler, der mit zwei Halbstarkenfilmen eine kleine Hoffnung war, die dahinschwand (möglicherweise aus Gründen, die sich seinem Einfluß entzogen); und als Überhänge, neben anderen, allenfalls noch Käutner, Liebeneiner und Forst; der Regisseurs-Schamott, der darunter war, bleibe was er ist: namenlos.
Der »junge deutsche Film«, der bundesdeutsche, der sich 1962 im »Oberhausener Manifest« selbst zum Erben von »Opas Kino« erklärte, hatte die Zähigkeit der Filmbranche unterschätzt. Von den 26 Kurzfilmregisseuren, die damals meinten, sie hätten »von der Produktion des neuen deutschen Films konkrete geistige, formale und wirtschaftliche Vorstellungen«, gelang nur wenigen die Produktion eines Spielfilms; nur ein paar kamen über dieses Debüt hinaus; und nur ganz wenige dieser Generation konnten sich mit Zähigkeit über die Jahre halten: etwa Alexander Kluge und Volker Schlöndorff.

Während die Branche in Edgar-Wallace- und Karl-May-Verfilmungen schwelgte, später zu den »Lümmel- und Pauker«-Klamotten überging und sich schließlich an zahllosen Pseudoporno-Produktionen der Oswalt-Kolle-, Schulmädchen- und Hausfrauen-Report-Filme erschöpfte, versuchten einige jüngere Regisseure, vom Fernsehen gefördert und unterstützt, den deutschen Heimatfilm der 50er Jahre sozialrevolutionär umzufunktionieren (*Matthias Kneisl* von Reinhard Hauff, *Der plötzliche Reichtum der armen Leute von Kombach* von Volker Schlöndorff und *Jaider, der einsame Jäger* von Volker Vogeler); entdeckten »die münchner Sensibilisten« vorübergehend den Gangsterfilm (Rudolf Thome) oder Peter Handke (Wim Wenders), wuchs durch die internationale Decadence- und Underground-Mode Werner Schröters romantizistischen Bild- und Tonopern Ansehen zu, entwickelte sich Peter Lilienthal vom schönheitstrunkenen Poeten des Absurden zum Realisten, knüpften die Berliner Ziewer/Wiese und Lüdcke/Kratisch an die verschüttete Tradition des proletarischen Films an; gleichzeitig kehrte Werner Herzog von seinen Expeditionen ins Unbekannte, Absonderliche und Fremde mit immer neuen Bildern zurück. Kluge – der sich zeitweise in seine Science-Fiction-Spielereien verloren hatte – griff mit der GELEGENHEITSARBEIT EINER SKLAVIN und seinem Neuen-Babylon-Film über Frankfurt (IN GEFAHR UND GRÖSSTER NOT BRINGT DER MITTELWEG DEN TOD) in die aktuelle linke Diskussion über Frauenemanzipation und die Unwirtlichkeit der Metropolen ein, während die Straubs, nach ihren Kämpfen, in der Bundesrepublik Filme machen zu können, nach Rom emigrierten, sich mit GESCHICHTSUNTERRICHT, EINLEITUNG . . . und MOSES UND ARON noch einmal (ein letztesmal?) deutschen Gegenständen und Stoffen zuwandten. Schließlich aber überstrahlte die immense Produktivität des von Straub geweckten Newcomers Rainer Werner Fassbinder, der ab 1969 das zumindest weitgreifendste umfangreichste Werk vorgelegt hat[5], alle anderen, die noch daneben debütierten, sich versuchten und dazukamen.

Eine Filmszene, abseits der offiziellen, wie man sie sich kaum bunter, reicher an Talenten, Stoffen, Formen vorstellen kann. Jedoch ohne Mittelpunkt, ohne ein stabiles ökonomisches, wechselseitig kommunizierendes oder umgreifend ideologisches oder gar historisch tradiertes Fundament: eine Film-Landschaft mit lauter Einzelhändlern; Fliegenden Händlern sogar. Denn da es keine funktionierende Filmindustrie mehr bei uns gibt, mußten (und müssen) die Regisseure ihre Projekte von Fall zu Fall bei diesem und jenem Sender, dieser oder jener Fernsehspielredaktion unterbringen, um Preise, Prämien, Darlehen nachsuchen oder eigene, geborgte, zusammengeschnorrte, vom eigenen Munde abgesparte oder durch vorab kostenlose Eigenleistungen »zurückgestellte Mittel« verwenden, um ihre Vorhaben verwirklichen zu können. Das macht denn doch, bei aller Verschiedenartigkeit der Arbeiten und Personen, einen spezifischen, verbindenden Produktionszusammenhang fast aller dieser Filme aus. Die »Autorentheorie«, die einer in unserer Kulturgeschichte vorherrschenden, in der Klassik postulierten und von daher überkommenen Vorstellung der »allseitig gebildeten schöpferischen Persönlichkeit« (Goethe) entspricht, wurde nicht allein deshalb so begierig von den Filmemachern aufgegriffen; sondern weil sie von der Praxis zwingend gefordert wurde. Wer Filme machen wollte (und will), der mußte (und muß) sehr oft sein eigener Drehbuchautor sein – weil es bei uns so gut wie keine Drehbuchautoren gibt –; und wenn er sein Projekt verwirklichen wollte (und will), kämpfend gegen eine See von Plagen, dann war (und ist) er gezwungen, sich um die Finanzierung zu kümmern, also zum eigenen (zumindest Co-) Produzenten werden. Eine im Grunde vorindustrielle Produktionsweise, die dem einzelnen Autor-Regisseur-Produzent-in-einer-Person mehr und vielgestaltigere Arbeit abverlangte (und Zeit- und Energie verschleißendere), aber auch eine größere Unabhängigkeit und Verfügungsgewalt über sein Produkt erlaubt. Diese Produktionsweise erinnert einen nicht nur deshalb an die Wandertruppen von Schauspielern im 17. und 18. Jahrhundert, weil diese von fürstlichen – und jene von den Fernsehsender-Mäzenen abhängig waren und sind, sondern auch, weil sich sehr bald »Teams« und »Arbeitsgruppen« herausgebildet haben, die sich um einen Autor zentrieren. Die bekannteste war die »Fassbinder-Crew«, die aus dem »antiteater« hervorging. Ohne sie wären Fassbinders rasche und kontinuierliche Produktion und seine auf die Schauspieler hingeschriebenen Drehbücher und Sujets wohl kaum entstanden. Der Beitrag dieser Schauspieler-, Musiker- und Dekorateursgruppe zur Herausbildung des spezifisch »grobkörnigen«, volkstümlich-holzschnitthaften Stils eines großen Teils von Fassbinders Produktionen dürfte beträchtlich sein. Aber genauso gibt es Kluge-, Herzog-, Wenders-, Schroeter-, Ziewer/Wiese-, Lüdcke/Kratisch- und Straub/Huillet-Teams. Der Zusammenhalt reicht von Lebens- und Existenzgemeinschaften (der Schauspieler, die z. B. Werner Schroeter um sich sammelt) bis zu quasifesten Arbeitsverhältnissen, wenn z. B. Herzog immer wieder mit dem gleichen Kameramann oder derselben Cutterin zusammenarbeitet. Sicher wechselt der eine oder der andere Schauspieler, die Cutterin, der Kamera- oder Tonmann von einem Regisseur zum anderen; und dadurch entstehen offensichtliche oder vielleicht nur unmerkliche Veränderungen in den streng verschiedenen Arbeiten. Aber das stiftet noch keine wirkliche Verbindung oder Auseinandersetzung zwischen den einzelnen, vereinzelten Autoren. Obgleich die handwerkliche Professionalität – z. B. Wenders', Straubs, Fassbinders – umso erstaunlicher ist, als sie sich mit bescheidenen Mitteln begnügen mußten, macht sich die Unterkapitalisierung bei anderen bemerkbar. Das nicht selten Fragmentarische, Skizzenhafte, Unausgearbeitete – vor allem in der Dramaturgie – ist jedoch nur zu einem Teil auf die beschränkten ökonomischen Mittel, zum anderen auf mangelnde dramaturgische Praxis, fehlende Produktionserfahrung zurückzuführen. Ein dilletantischer Zug, eine eigenbrötlerische Versenkung ist im jungen bundesdeutschen Film unverkennbar. Aber verhindert diese Brüchigkeit und ungelöste Subjektivität, selbst als Ausdruck professioneller und kommunikativer Schwäche, nicht den sterilen Akademismus (wie ihn z. B. Chabrol seit geraumer Zeit praktiziert)? Und sind solche Nischen und Ausbuchtungen – solche: »Fehler«? – nicht fast notwendige unbearbeitbare Reste eines Autorenfilms, die ihn gerade dazu machen? »Ihr wählt euch ein Muster, und damit vermischt ihr eure Individualität, das ist alle eure Kunst. Da ist an keine Grundsätze, an keine Schule, an keine Folge zu denken, alles willkürlich und wie es jedem einfällt. Daß man sich von Gesetzen losmacht, die bloß durch Tradition geheiligt sind, dagegen ist nichts zu sagen. Aber daß man nicht denkt, es müssen doch Gesetze sein, die aus der Natur jeder Kunst springen, daran denkt niemand.« Goethes römische Notiz am Beginn seiner klassischen Periode beschreibt unleugbare Defizite, die auch rund zweihundert Jahre später auf einem anderen kulturellen Betätigungsfeld, dem Film, bei uns noch vorherrschen, versieht sie jedoch mit dem Vorbehalt, den alle klassische Theorie (und Praxis) gegen den

Wildwuchs, die Chaotik, hat. Aber wir leben nicht in klassischen Zeiten; der Film, der bei uns, durch die praktizierte Autorentheorie, stärker mit der phänomenologischen Situation der Literatur – einer absolut subjektiven Kunstform – verbunden ist, zieht aus solcher »Gesetzlosigkeit«, aus der Abwesenheit eines (Massen)Publikums seine subjektiven Konsequenzen. Das heißt nicht, wie die Filmbranche denunziatorisch behauptet, da würden Filme »nur für die gemacht, die sie gemacht haben«; so sehr auch der einzelne Filmemacher vom »großen Publikum« träumt (wie der Lyriker und der Romancier) – und es auch im Fernsehen mühelos findet, nur nicht in den Kinos, was denn wohl mehr an den Vermittlungsinstanzen als an den Objekten selbst liegen muß –: er weiß, daß er es, unter den herrschenden Bedingungen bei uns, nur wirklich finden wird, wenn er es *nicht* sucht. »Die Massenkunst«, von der die Profiteure sirenenhaft und einschüchternd als »dem Publikum«, an das man zu denken habe, sprechen, »ist«, nach einem ketzerischen und nur auf den ersten Blick antisozialen, im Grunde jedoch sozialen, weil auf die volle Entfaltung der je eigenen Subjektivität gerichteten Satz Jean-Luc Godards, »eine Erfindung der Kapitalisten«. Der bundesdeutsche Film ist von den großen Kapitalinvestitionen abgeschnitten, die es ihm gestatten würden, Warenästhetiken zu übernehmen und fortzuentwickeln – mit denen die ausländischen Konkurrenzprodukte versehen sind –, um dann mit dem gleichen Glamour und denselben »Liebesblicken der Ware« (Marx) auf »das Publikum« zu wirken. Das wird von einer Reihe von Autoren bedauert; an Versuchen, solchen luxurierenden Schein zu erborgen, beliebige Stoffe mit internationalen Stars und aufwendigem Firnisglanz des Dekors auszustatten, hat es denn auch nicht gefehlt (: van Ackerens *Der letzte Schrei,* Verhoevens *Mitgift,* Richters *Umarmungen*, Peter Schamonis *Potato-Fritz*). Brustellin/Sinkels *Berlinger* war noch der interessanteste Versuch, durch Reizopulenz und Imitation, durch die ausgestellte Akkumulation von »Show-Werten« und eine Mixtur aus verschiedenen Genres-Versatzteilen, eine solche bundesdeutsche »Super-Produktion« herzustellen; mögen andere folgen.

Jedoch die provozierende, innovative und spezifische Qualität des bundesdeutschen Autorenfilms beruhte auf seiner poetischen Kraft sozialer Beschreibung und Durchdringung, der Entdeckerfreude und Kreativität seiner exaltierten Phantasie und seinem Mut zur Militanz gesellschaftlicher und ästhetischer Kritik – oft auseinandertreibender Momente, extremer Widersprüchlichkeiten und Subjektivitäten, die auf keinen gemeinsamen Nenner zu bringen sind, als den der Anstrengung, eigene Talente und Fähigkeiten auszubilden und voranzutreiben – im Interesse des Publikums, das darin Gebrauchswerte, verändernde und aufstörende Erfahrungsgehalte finden kann, nicht die Verachtung (und Selbstverachtung) einer Tauschwertabstraktion, bei der Wunsch und Traum gegen Scheinbefriedigung und Betäubung erhandelt werden. Jede Kunst (& Kritik) stellt Forderungen an den Leser, Hörer, Zuschauer; das ist die Befriedigung, die sie ihm verschafft. Sich achtend, achtet sie ihn.

III

Kaum lassen sich einander fremdere Werke in unserem Gegenwartsfilm finden als die der drei hier vorgestellten Autoren: Werner Herzog, Alexander Kluge und Jean-Marie Straub; und doch kommen diese Filme, so verbindungs- und berührungslos sie in sich und gegeneinander verharren – erratische Blöcke, Fixpunkte auf der Landkarte unseres Films, ohne die er um entscheidende Erfahrungen, Farben und Konturen ärmer wäre – aus dem gleichen Land, sind sie etwa in der gleichen Zeit, den letzten 15 Jahren, entstanden, ohne aber je irgend polemisch oder sympathisierend aufeinander bezogen zu sein.

*

Roswitha fühlte in sich eine ungeheure Kraft, aber sie weiß aus Filmen, daß es diese Kraft auch wirklich gibt. *Alexander Kluge*

1962 drehte Herzog sein opus 1, den Kurzfilm HERKULES; Straub und Danièle Huillet ihr Debüt MACHORKA-MUFF; und Kluge, der schon davor erste Kurzfilme (BRUTALITÄT IN STEIN, 1960) gemacht hatte und zu den Initiatoren und Wortführern der »Oberhausener«-Gruppe gehörte, veröffentlichte im gleichen Jahr sein erstes Buch, den Erzählungsband »Lebensläufe«. Daraus ging später das Drehbuch zu ABSCHIED VON GESTERN hervor. In diesen semidokumentarischen und fingierten Lebensprotokollen von Frauen, Familien, Richtern, Ärzten, Wissenschaftlern, Soldaten und Beamten aus den jüngsten Jahrzehnten deutscher Geschichte, die am Anfang der erst danach virulent werdenden bundesdeutschen Dokumentarliteratur stehen, war jedoch schon Kluges filmische (Montage)Methode angelegt: die »Kristallisation«, wie ich sie nach dem bekannten Beispiel nennen möchte, das Stendhal im 6. Kapitel von »De l'amour« für seine Theorie der Liebe heranzieht. Nämlich: einen fiktionalen Handlungszweig in die Realitätssaline zu tauchen, damit sich daran das Salz der Wirklichkeit, davon provoziert und angeregt, in zahlreichen durchsichtigen und schimmernden Kristallen ablagere. Eben das wird Erzählmethode in ABSCHIED VON GESTERN und GELEGENHEITSARBEIT EINER SKLAVIN sein.

Die stilistische Handhabung eines nüchternen Juristen- und Amtsdeutschs, der Protokoll-, Berichts- und Referatsform, die sprunghaften Wechsel der Erzählerpositionen, die Zeit-Verkehrungen, aphoristische Verkürzungen, Zitate, Anmerkungen und die immense Masse des fiktiven- oder Tatsachen-Materials, mit dem da eine spielerische, ironische, vielerlei Masken tragende Prosa die Brüche, Knicke, die Irrwege des Kopfs und des Willens, der Erziehung und des Gefühls seismografisch aufzeichnete, welche sich vor allem im (konservativen) Bürgertum durch die verfehlte deutsche Geschichte zugetragen haben bis zu den entscheidenden Erdbeben des Faschismus und des zweiten Weltkriegs: durch diese literarischen »Lebensläufe« hatte Kluge ein umfangreiches Arsenal an Geschichts- und Geschichtenfakten angelegt, aus dem sich nicht nur Romane, sondern auch umfängliche Filme entwickeln ließen. Denn so detailfreudig der Schriftsteller seine Geschichten ausstattet, so sind sie doch nur bewußt verkürzte, stenografische Konzentrate: ein Schneetreiben von Erzählpartikeln. Arno Schmidt spricht von seiner Prosa als einer Sammlung von Wortkonzentraten, die der Leser in seinem Phantasie-Fluidum auflösen müsse; Kluge schreibt analog dazu Lebensgeschichtskonzentrate.

Parallel zu einer unermüdlichen, intensiven, aufreibenden Lobbyistentätigkeit für den »Autorenfilm« und die Filmförderungsgesetzgebung in der Bundesrepublik, deren vorläufige Erfolge wenn nicht sogar ganz, so doch zum großen Teil auf seine »Überzeugungsarbeit« zurückzuführen sind, hat Kluge neben der Produktion seines cinematografischen Werks seine literarischen Interessen weiterverfolgt: die »Lebensläufe« umgeschrieben und erweitert (»Anwesenheitsliste zu einer Beer-

Abschied von gestern

digung«), einen noch umfangreicheren Fortsetzungsband publiziert (»Lernprozesse mit tödlichem Ausgang«), in dem er seine »höhere Art des Indianerspiels« (Th. Mann über Schillers Dramen) zuletzt in weitläufige, weltumspannende Science-Fiction-Visionen ausufern ließ – darin ist auch die Vorlage zum STARKEN FERDINAND enthalten, wie die TOBLER-Filme auf seltsam-abenteuerliche Weise mit Kluges zweitem Buch, der bislang nicht wiederveröffentlichten »Schlachtbeschreibung«, dem »Untergang der 6. Armee« in Stalingrad, lose zusammenhängen. Außerdem hat er über 200 (!) Kurz- und Kürzestgeschichten im Stil der »Lernprozesse« und »Lebensläufe« geschrieben. Sie sind noch unveröffentlicht. Sein jüngstes Buch »Gelegenheitsarbeit einer Sklavin. Zur realistischen Methode« enthält nicht nur das Protokoll des Films, Gedanken zu seiner Fortsetzung und Erläuterungen zu einzelnen Sequenzen, sondern auch einen Bericht von seinen Vorstufen, erste Drehbuchentwürfe und Seitentriebe (nämlich ein anderes, thema-

Abschied von gestern

tisch verwandtes Drehbuch, das wiederum aus einer bereits veröffentlichten Kurzgeschichte hervorgegangen ist); zuletzt detaillierte Repliken auf schriftliche oder mündlich geäußerte Kritiken des Films, sowie allgemeine Überlegungen und Thesen »zum antagonistischen Realismusbegriff«. Damit koppelt Kluge seine Filmästhetik an die umfangreichen erkenntnistheoretischen und soziologischen Untersuchungen an, die er zusammen mit dem befreundeten und geistig – durch die gemeinsame »Frankfurter Schule« T. W. Adornos – verwandten Philosophen Oskar Negt unter dem Titel »Öffentlichkeit und Erfahrung« 1972 veröffentlicht hat.

»Öffentlichkeit und Erfahrung« war bereits rein typografisch (und inhaltlich erst recht) das absolute Gegenstück zur klar fortschreitenden Logik eines Wittgensteinschen Traktats, eher durch halbfette Hervorhebungen, Kursivsatz, lange Zwischentitel, ausgedehnte Anmerkungen, die nicht selten umliefen, ein wildes Buchstaben- und ein ausuferndes Gedankengewimmel.

Abschied von gestern

In der Buchveröffentlichung der »Gelegenheitsarbeit« hat Kluge diese »unreine«, provozierend brüchige Anti-Methode noch weiter getrieben durch leere Seiten, eingesprengte Illustrationen aus alten Büchern, eine Inhaltsangabe, die von der linken zur rechten Seite springt und die der Leser – wie die im Laufe des ab- und ausschweifenden Romans nachgelieferte Dedikation des »Tristram Shandy«, der eigentlich zu Kluges Lieblingsbüchern zählen müßte – erst nach einer zweieinviertelseitigen Zitatsammlung aus »Öffentlichkeit und Erfahrung« (in der auch wieder mit halbfetten Hervorhebungen, zu Zwischentiteln erklärten Satzanfängen und kleingedruckten Anmerkungen gearbeitet wird) eher zufällig findet.
Die spielerischen Kapriolen, die Kluge mit Typografie und Umbruch seiner Bücher treibt – und die er doch auch didaktisch ernst nimmt –, diese extremen Mischformen des Sprachstils, -duktus und -tempos, diese Sprünge von Diskursivem zu Narrativem und in der Erzählerhaltung, diese verschiedenen Dichte-

grade von Aphorismus, Parabel, Wortwitz, Zitat, Skizze, Fragment –: diese (frühromantisch-vexatorische?) Prosa ist nichts anderes als: – die Poetik auch seiner Filme.
Dieser Schriftsteller, der Filme macht und dieser Filmemacher, der erzählende und theoretisierende Bücher schreibt – beides gleichzeitig und ineinander übergehend – (im Gegensatz zu den »reinen« Filmautoren Herzog und Straub) anerkennt keine trennenden Gattungsgrenzen und Kunstformen, keine Werte- und keine Wahrnehmungshierarchie. Alles ist mit allem verbunden, treibt und blüht und träumt: dialektrisierte Phantasie. »Alles hat den Charakter einer Baustelle«[6]; das Material zu den Filmen, Erzählungen und Theoremen wird von überallher herangezogen und herbeigeschafft: welche Fülle von Zitaten, Assoziationen – als Sentenzen, Verse, Bilder, Musik; alle festen Formen – erzählerische, bildliche, musikalische und logische –, die Petrifakte herrschender, tradierter gesellschaftlicher Macht

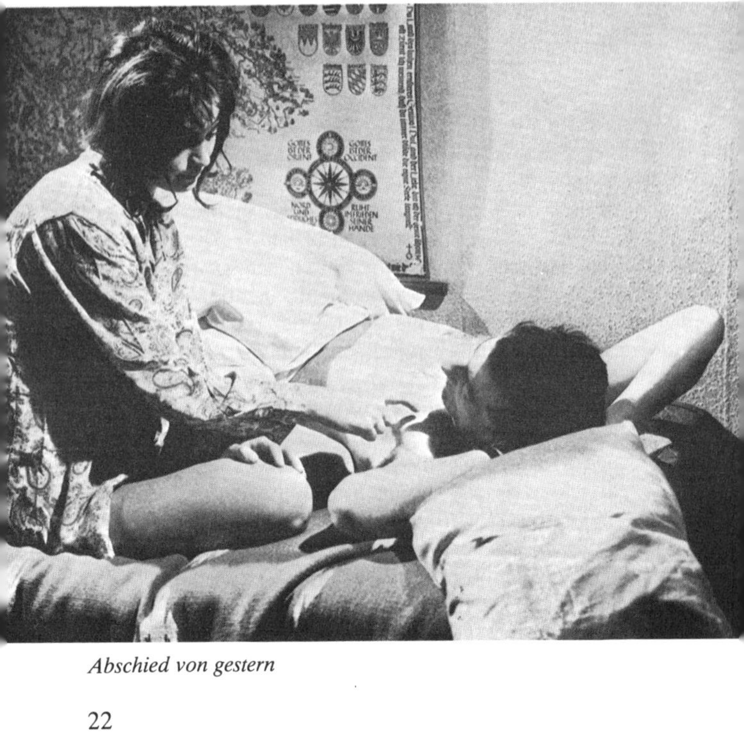

Abschied von gestern

und gebundene Phantasiestücke sind, gilt es hinzuzuziehen, aufzulösen, zu untersuchen und in ein neues, bewußtes (unterbewußt-gewußtes), Phantasie entbindendes und mobilisierendes Produktionsverhältnisses zu versetzen. »So wie sich ideologischer Realismus, Logik, Bedeutungsdramaturgie, offizieller Bewußtseinsapparat miteinander verbinden, so kann die Gegenbewegung dazu nur in der Allianz eines radikal analytischen Verfahrens mit denjenigen Eigenschaften in der Wahrnehmung des Zuschauers entwickelt werden, die gegenüber dem Erziehungsbewußtsein eine unterdrückte Klasse bilden[7].« In gewisser Weise sind die Filme Kluges, die großen zumindest, Traumstücke, die den Zuschauer nachträumend zum Erwachen bringen sollen. Die Utopie der Klugeschen Ästhetik – die seiner Filme mehr als die seiner Bücher, welche »nur« die »Kristallisationszweige« liefern – ist es, sich ganz aufzulösen in die Produktivkraft Wahrnehmung, sinnliche Erkenntnis, allumfas-

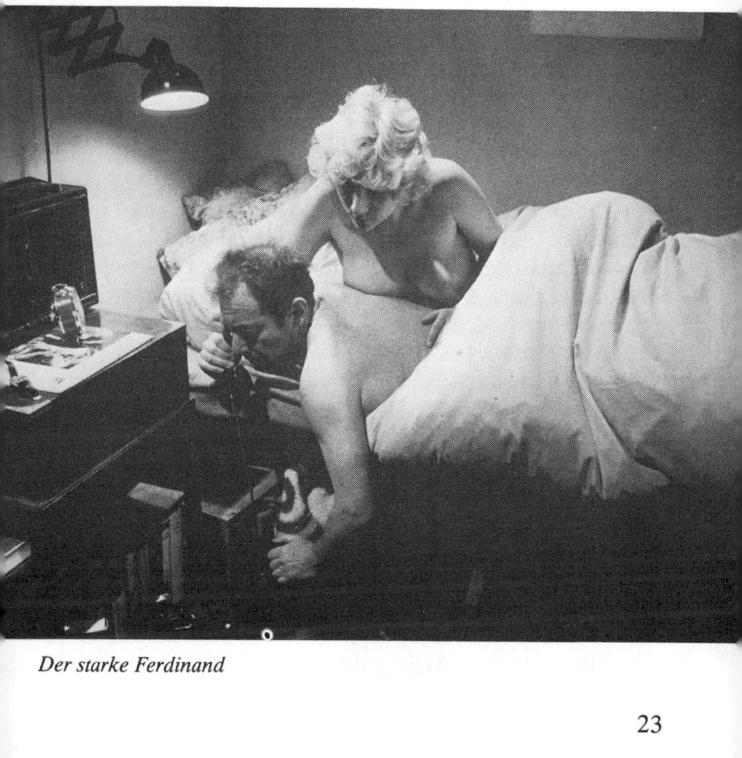

Der starke Ferdinand

send. Die versteinerten Verhältnisse, von denen Marx sprach, sieht Kluge nicht nur in den Klassenverhältnissen, der ökonomischen Abhängigkeit und in den Machtapparaten – Parteien, Justiz, Polizei, Armee, Werkschutz, Presse etc. –, sondern auch in der Art und Weise, in der wir etwas wahrnehmen, klassifizieren, wie wir moralisieren, fühlen, denken. Seine Filme, in denen Wertowsches Kameraauge & Beobachtungsinteresse und Godardsche Nervosität & dessen Assoziationsfieber sich verbinden, möchten die unterdrückten, spielerischen Kräfte der Phantasie, die in der Kindheit noch vorhanden war, hervorlokken, aus uns herauskitzeln und mobilisieren. Deshalb sein häufiger Rekurs auf den Stummfilm, den Slapstick, auf das Kasperletheater und den Erzähler, der immer wieder einfällt, lenkt, Harmonien zerstört; deshalb auch die von gesellschaftlichem Gebrauch (und Mißbrauch) verzerrten und verfremdeten Musikstücke: das alles sind Querschläger, Destruktionsappelle, sich von den Reglements der gesellschaftlichen Vernunft loszusprengen, frei flottierend in den Filmen herumzuzigeunern, wie Anita G. oder die »Gelegenheitsarbeiterin« Roswitha, wohingegen die Leni Peickert in den ARTISTEN und DER STARKE FERDINAND Rieche »Lebensprogramme«[8] verfolgen, sich an der Wirklichkeit abarbeiten.

Am nächsten ist Kluge jedoch der Utopie der »Kristallisation« von Erfindung, Zufall und der Gesellschaft im Zustand gärender Erhitzung gekommen, als er seine Beischlafdiebin und seine DDR-Agentin – zwei Frauen in der langen Galerie weiblicher Zentralfiguren seiner Filme – durch das karnevalistische Frankfurt, durch Polizeieinsätze, Häuserräumungen, Astrophysikerkongresse jagen konnte. IN GEFAHR UND GRÖSSTER NOT BRINGT DER MITTELWEG DEN TOD ist die gewagteste, experimentellste von Kluges Ausfahrten in die bundesdeutsche Gegenwart. Ein Film über eine Stadt, wie er seit Ruttmanns *Berlin – Symphonie einer Großstadt* im deutschen Kino nicht mehr dagewesen war. Er legte auch ein Moment von Kluges Werk frei, das bisher weder von der literarischen noch der Filmkritik so recht beachtet worden war: Kluges sardonische Komik, das »Karnevalistische« seiner Kunst[9]. Die Radikalität, mit der Fiktion und Fakten, die individuellen und gesellschaftlichen Bewegungen, die Gleichzeitigkeit und gleichzeitige Fremdheit aller dieser bornierter Anstrengungen gegeneinander bewegt, ineinander montiert wurden, offenbart rücksichtslos und befreiend die Absurdität unseres gesellschaftlichen Lebens, gesehen mit den Augen eines, der Habermas' »Legitimationsprobleme im Spätkapitalismus« ebenso kennt, wie er die Hanswurstiaden der Kindheit nicht vergessen hat.

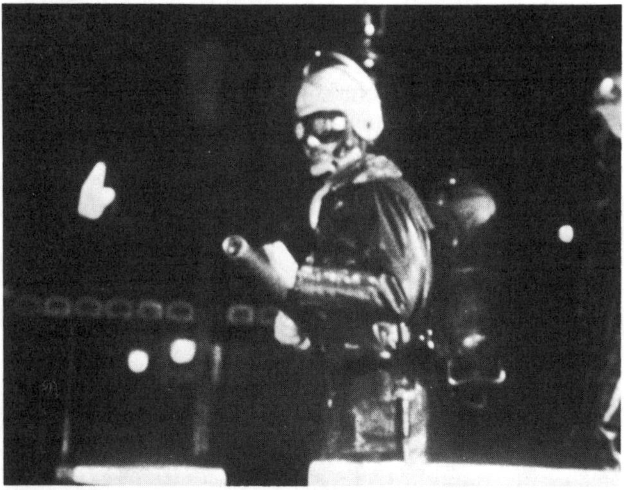

In Gefahr und größter Not bringt der Mittelweg den Tod

*

(Ich) habe Sachen gesehen, die man noch nicht gesehen hat und noch nicht kennt. Das will ich anderen . . . sichtbar machen. *Werner Herzog*

Während Alexander Kluges Filme und Erzählungen – ebenso sein marxistisch-hegelianisches Denken, dessen anarchistische Destruktionskraft sich parteipolitisch nicht festlegen läßt, anders als seine reformerischen filmpolitischen Aktivitäten – ganz von der gesellschaftspolitischen und historischen Situation der Bundesrepublik geprägt sind, hat sich Werner Herzog so gut wie gar nicht auf Gesellschaft und Politik seines Heimatlandes eingelassen. An Versuchen, in einigen seiner Filme dennoch mögliche aktuelle Beziehungen zu politischen Ereignissen zu erkennen, hat es nicht gefehlt. AUCH ZWERGE HABEN KLEIN ANGEFANGEN wurde als Kommentar zur Studentenrevolte gedeutet: als höhnische Abfuhr rebellierender Aktivitäten. Die zeitliche Nähe legte diese Interpretation nahe. Aber sie greift zu kurz, geht an der Paradigmatik des Herzogschen Ansatzes vorbei. Ein Interesse für politische und soziale, insbesondere für spezifisch deutsche Probleme – wie es in ästhetisch so unterschiedlichen Werken wie ABSCHIED VON GESTERN und GEFAHR UND GRÖSSTER NOT ... und MACHORKA-MUFF und NICHT VERSÖHNT dominant ist – findet man bei Herzog so gut wie gar nicht. Seine Dokumentarfilme, die in der Bundesrepublik gedreht wurden – z. B. BEHINDERTE ZUKUNFT und LAND DES SCHWEIGENS UND DER DUNKELHEIT – lassen nur am Rande und eher beiläufig soziale Konkreta ein. Wie in seinen Spiel- und anderen Kurzfilmen werden solche zeitlichen und örtlichen Bedingtheiten überlagert und aufgesogen von einem grundsätzlich anthropologischen und existentialistischen Interesse, wobei man metaphorisch sagen könnte, daß Herzog dem Existentialismus des Algerien-Franzosen Albert Camus, des Autors, der »Le Mythe de Sisyphe«, die Erzählungen und Meditationen »L'Etranger« und »L'envers et l'endroit«, »L'été« und »Noces« – geschrieben hat, näher steht, als der urbanen, pro-

Lebenszeichen

gressistischen Philosophie Jean-Paul Sartres. Die existentialontologischen Kategorien des »Anderen« und der »Fremdheit«, die zwischen allen Menschen anthropologisch und existentiell waltet, die »Absurdität« unseres Daseins, welche keine gesellschaftliche oder politische Veränderung grundsätzlich aufhe-

Auch Zwerge haben klein angefangen

ben könnte, sind zentral für Herzogs Filme, obgleich sie selten direkt ausgesprochen werden (z. B. in der Sequenz, in der Kaspar vom »Gebrüll« der Gemeinde verstört, aus der Kirche stürzt in JEDER FÜR SICH . . .); immer wird aber davon ausgegangen oder dorthin geführt. In einem relativ nebensächlichen Werk wie der Auftragsproduktion DIE FLIEGENDEN ÄRZTE VON OSTAFRIKA, wo Herzog eigentlich PR-Arbeit für die aufopferungsvolle Arbeit eines europäischen Ärzteteams machen soll, stellt er die anthropologischen und kulturhistorischen Differenzen in den Vordergrund, die zwischen europäischem medizinischem Denken und den Lebenstatsachen der dortigen Menschen klaffen. Sie reichen von der Stammes-Überlieferung, man müsse einem Verletzten (der eben operiert wurde), stärkendes Essen eingeben (was dann oft zum Exitus geführt hat), bis zu der Erfahrung, daß die Afrikaner ihre Umwelt ganz anders wahrnehmen als die Europäer, z. B. die Vergrößerung (Abstraktion) eines Auges auf einer Schautafel nicht erkennen. An einer Stelle fällt dann, bezogen auf einen Jungen, den seine Eltern verstoßen haben und der nun taubstumm ist, die Bemerkung des Kommentators Herzog: »Vielleicht wäre die einzige Chance für den Jungen, aus seiner Isolation herauszufinden, eine moderne Ausbildung zu bekommen. Wer will entscheiden, ob das und was das für ein Vorteil wäre.« Solche skeptischen Bedenken gegen einen Fortschritt im Geiste mitteleuropäischer Aufklärung und Wissenschaft – in denen gewisse verhängnisvolle romantisch-deutsche Traditionsaporien von Ursprung und Wurzellosigkeit, Leben und Intellekt, Natur und Gesellschaft, Kultur und Zivilisation anzuklingen scheinen – haben Herzog in den Verdacht gebracht, ein verkappter Prediger der Reaktion zu sein. Dieses, gewiß, naheliegende Mißverständnis, mit dem man die bestürzende und befremdliche Radikalität des Blicks, den Herzog auf Menschen und Dinge wirft, zu neutralisieren und zu kategorisieren versuchte, wurde auch dadurch befördert, daß die Welt seiner Filme von Wahnsinnigen und Verrückten, Zwergen und Krüppeln, »vom Himmel Gefallenen« (Kaspar über sich) und Sprachlosen, Tauben und Blinden bevölkert ist; und weil seine Filme seit der ironischen Konfrontation von Bodybuilding und herkulischen Aufgaben, die als moderne Zivilisationserscheinungen (Autorennen, Müllhalde, Flugzeugunglück etc.) dargestellt waren (HERKULES), über den selbstentzündeten Wahnsinn derer von

DEUTSCHKREUTZ, der Weigerung zu sprechen (LETZTE WORTE), dem sinnlosen Aufstand gegen die Sonne, das Licht, die Landschaft und die Untätigkeit (LEBENSZEICHEN), die zwergenhafte groteske Revolte im Erziehungsheim (AUCH ZWERGE HABEN KLEIN ANGEFANGEN) bis zu Aguirres totalem Krieg gegen Gott und die Welt: – weil alle diese teils strengen Chroniken, teils sich in Fata Morganen und Delirien, in kreisende und strudelnde Bewegungen auflösende (höhnische) Filmerzählungen von vergeblichen, scheiternden »titanischen« (LEBENSZEICHEN) menschlichen Anstrengungen und Rebellionen gegen die Welt berichten. Was zuvor im Aktiv erzählt worden war – auch als Beschreibung einer Aktivität Stroszeks, der Zwerge, Aguirres – gibt die Lebens-Geschichte Kaspar Hausers im Passiv wieder: als Leidensstationen eines Einsamen, Fremden, eines anderen – unter den Menschen.

Daß sich Werner Herzog so frei, so souverän und nicht belastet von unseren insgeheimen oder offenbaren Vorurteilen gegenüber »den Anderen«, den »Nicht-Normalen«, den Verkrüppelten, Tauben, Blinden, Stummen verhalten kann, sollte uns eigentlich nicht aggressiv gegen ihn machen, sondern gegen uns. Filme wie BEHINDERTE ZUKUNFT, LAND DES SCHWEIGENS UND DER DUNKELHEIT und AUCH ZWERGE HABEN KLEIN ANGEFANGEN vermitteln Erfahrungen mit menschlichen Existenzformen, von denen unsere Normalität sich allenfalls (alp)träumen läßt. Herzogs Erkenntnis-Interesse – das möglicherweise aus einer ungestillten anthropologischen und metaphysischen Protestenergie gegen die Leiden der Existenz herrührt – richtet sich aber gerade auf die Randzonen, die Ausnahmen, die extremen (biologischen, nicht sozialen) Lebenssituationen und -bereiche menschlicher Existenz. Seine Anteil nehmende Aufmerksamkeit, seine unverkennbare Sympathie gilt der physischen und psychischen Energie, dem Mut und der Lebenskraft solcher Menschen. Der Fini Straubinger etwa, die unaufhaltsam »ins Land des Schweigens und der Dunkelheit« versunken ist, in ein taubblindes Dasein, die aber sich nicht mit dieser extremen menschlichen Verminderung und Einschränkung abgefunden hat, sondern sich aktiv ihren »Schicksalsgenossen« zuwendet, fürsorglich tätig ist. Ihre Besuche bei Menschen, die in die gleiche Zone absoluter Isolation geraten sind – oder nie, durch das angeborene Leiden, aus ihr entlassen und befreit werden konnten – und ihre Berichte über »die rauschende Stille im

Kopf«, über ihre Erinnerungen an die Farben, Tiere, Pflanzen aus der Zeit, als sie noch mit »unserer Welt« verbunden war, über ihre poetischen Vorstellungen von der eigenen Lage: diese Entdeckungen hat Herzog zu einer Reise montiert, die immer tiefer, in immer dunklere und schweigendere Bereiche führt. Die Behutsamkeit seines Umgangs mit diesen Menschen entspricht auch der Methode, mit der er den Zuschauer und -hörer seines Films in das »Herz der Finsternis« (Joseph Conrad), ins

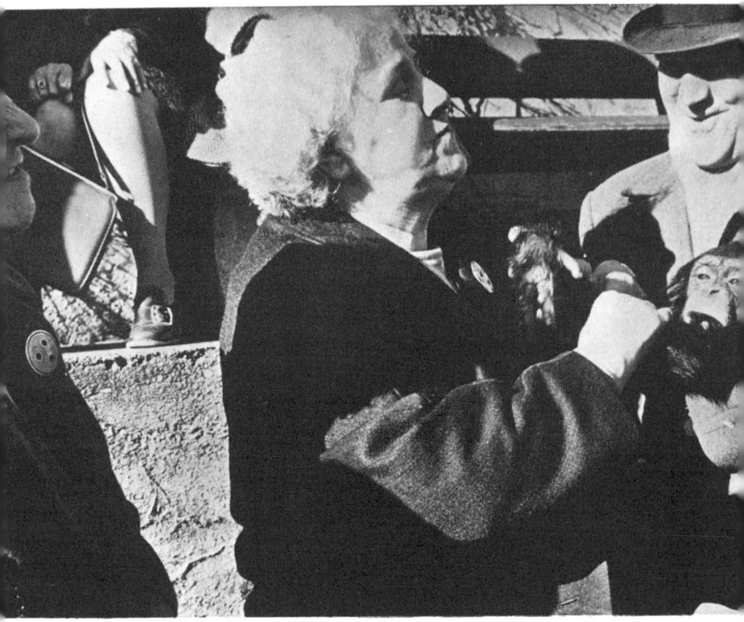

Land des Schweigens und der Dunkelheit

Zentrum äußerster Isolation, Verlassenheit, minimalster Menschlichkeit führt: zu dem jungen Igor, einem geborenen Taubblinden, der von fast allen menschlichen Äußerungsformen und Tätigkeiten abgetrennt ist. Der Film – keine sensationshascherische Reportage, sondern eine behutsam durch Wort und Musik kommentierte, zärtliche Liebeserklärung für diese Menschen – enthält zahlreiche Sequenzen, deren poetische Realkraft, unprätentiös und aus dem Augenblick entwikkelt, an nichts heranreicht, was der Film, die Literatur, die Kunst überhaupt (Herzogs eingeschlossen) bisher erfunden oder gefunden haben: z. B. die Sequenz, in der die Taubblinden zum erstenmal fliegen und ihnen, was zu sehen ist, durch Blindensprache übermittelt wird; oder jene, in der ein Bauer, der sich langsam von der menschlichen Kommunikation abnabelte und jahrelang unter Tieren im Stall leben mußte, durch einen Garten geht, einen Ast zu fassen bekommt und sich nun vortastet zu dem blühenden Baum, den er wie den Körper einer Geliebten erkennt und umfaßt. Ich behaupte, daß es nach Luis Buñuels *Las Hurdes* – dieser aufrührerischen Dokumentation über unerträgliche soziale Verhältnisse in einem Gebiet Spaniens, einer seiner dichtesten, bittersten Arbeiten überhaupt – keinen Film mehr gegeben hat, der unsere Erfahrung über uns (denn es ist auch ein Film über unser Sehen, Hören und Empfinden) und über die menschliche Existenz derart erweitert und intensiviert hätte wie LAND DES SCHWEIGENS UND DER DUNKELHEIT. Auch BEHINDERTE ZUKUNFT erreicht seine größte Dichte und Wahrheit dort, wo Herzog sich ganz auf die Erfahrungswelt der Kinder und ihrer Eltern einläßt, wo er Menschen porträtiert. Etwa einen Jungen, Kurt, der über seine Träume ebenso prägnant erzählen und sprechen kann wie über seinen Alltag, seine Beobachtungen auf der Straße. Dabei zeigt sich, daß diese abnormalen Kinder »normaler«, psychisch gefestigter sind als manche ihrer Eltern, wie Kurts Mutter z. B., deren langer Monolog über die gehässige Umwelt das Krankheitsbild einer psychisch geschädigten und zutiefst verletzten Frau enthält. JEDER FÜR SICH UND GOTT GEGEN ALLE, der Kaspar-Hauser-Film, scheint aus solchen Realerfahrungen des Dokumentaristen Herzog hervorgegangen zu sein. In JEDER FÜR SICH UND GOTT GEGEN ALLE hat er, als Passionsgeschichte, am bisher umfassendsten und polemischsten seine radikale These erzählerisch entfaltet, daß die Gesellschaft (hier die biedermeierliche) die Abweichung, den anderen (sei es Kaspar, aber auch ein Fremdoder im verhüllenden Sprachgebrauch scheinbar freundlicher: ein Gastarbeiter), den Fremden nicht als anderen, Fremden dulden will. Er wird einem peinlichen und für ihn peinsamen Unterweisungs- und Einweisungsprozeß unterzogen, um »integriert«, um »einer von uns« zu werden. Die Differenz zwischen »ihm und uns« soll schwinden – nachdem sich Kaspar, zusammen mit anderen Menschen, die in derselben Situation waren

Fata Morgana

(der Liliputaner, der Indio und der »kleine Mozart«), der anderen Existenz-Möglichkeit in der »Gesellschaft der Normalen« entzogen hatte – nämlich als exotisches Monstrum, als Ausnahmeerscheinung voyeuristisch bestaunt und circensisch ausgebeutet zu werden. Herzog spart den ganzen widerspruchsvollen Prozeß aufklärerischer »Erziehung zum Menschengeschlecht« aus, den Truffaut in den Mittelpunkt seines *L'enfant sauvage* gestellt hatte, zeigt eher, daß die kulturelle Erziehung Kaspars nur Tünche bleiben muß, die immer wieder abbröckelt (die musikalische Soiree mit dem englischen Lord), daß sich primitives Denken gegen die nur auf abstrakte Schlüssigkeit versessene Logik durchsetzt (Gespräch mit dem Philosophie-Professor) und Anschauung, Animismus die Evidenz naturwissenschaftlicher Gesetze infrage stellen kann. Die Humanität Herzogs beweist sich gerade am ganz anderen. Deshalb – und nicht, weil er vom »Abnormen« voyeuristisch fasziniert wäre, wie ihm oft vorgeworfen worden ist – seine Herausforderungen: wie leben die, welche von allen Lebens-Möglichkeiten psychisch und

Aguirre, der Zorn Gottes

physisch ausgeschlossen sind? Wie leben die, welche nicht von unserer Kultur und Zivilisation berührt wurden? Und wie bewähren wir uns, unsere Menschlichkeit, an »den Anderen«? Herzogs Kritik an unserem Alltag, unserem geistigen Überbau orientiert sich an dem, was nicht darunter zu subsumieren ist. Sein Programm: das Unmögliche wagen, das Undenkbare tun, an die Grenzen gehen, seinem Traum folgen. Das fasziniert ihn sowohl an dem Skiflieger Walter Steiner als auch an der Prosa und Existenz Herbert Achternbuschs: die Unbedingtheit, mit der da Existenz und Kunst als Einheit gewagt werden. Herzog – eine Abenteurer- und Entdeckernatur wie T. E. Lawrence –, der in der ganzen Welt umhergeschweift ist und die persönliche Gefahr, die Herausforderung der Physis, die Mutprobe und die Todesnähe sucht als könnte er sich (wie Stroszek in LEBENSZEICHEN, der ihm autobiografisch sehr nahe sein soll) im Kampf gegen die Widerstände der Welt seiner Existenz, seiner »Lebenszeichen« versichern, hat davon überwältigend fremdartige, außerordentlich intensive, noch nie gesehene, leuchtendglühende, ans Unwirkliche grenzende Bilder übermittelt: Phantasmagorien, magische Beschwörungen. Die Geschichte des Films als dokumentarische und poetische Landschaftskunst, an der Regisseure wie Dowshenko, Renoir, Murnau, Stiller und Sjöström teilhatten, wurde durch Herzog wie von kaum einem zweiten gegenwärtigen Filmemacher fortgesetzt und um neue Prospekte der Landschaft erweitert. Fast alle seine Filme sind aus landschaftlichen Gegebenheiten entwikkelt, werden von einem faszinierenden Naturempfinden umfaßt. So mythisch naiv dieser Ekstatiker einer gleichgültigen, menschenfremden Natur mit diesen Landschaftsbildern (auch als Traumfluchtpunkte wie in JEDER FÜR SICH UND GOTT GEGEN ALLE) gegen die Zwergenhaftigkeit menschlicher Tätigkeit polemisiert, so steckt doch, subdominant, in diesen sprachlosen Gesichtern, in diesen befremdlich musikdurchstrahlten Totalen noch ein anderes: der Gedanke, daß diese Naturhymnen ein Rettendes, ein zu Rettendes meinen. Es könnten auch Appelle sein, an keiner Stelle ausgesprochen (vielleicht sogar noch nicht einmal bewußt verfolgt), angesichts dieser Naturabbildungen eines drohenden, schon weit fortgeschrittenen Verlusts innezuwerden. Denn auch die Natur – neben den »abnormalen« Menschen sein zweiter Hauptgegenstand – ist »ein Anderes«, uns »Fremdes«, das es zu bewahren, zu retten gilt. Die Emphase, mit der Werner Herzog anthropologisch, existentiell für »das Andere« eintritt – nämlich unbedingt, mithin auch undifferenziert – macht ihn manchmal blind und taub für Veränderungen und Hilfen, die im Bereich realer Möglichkeiten liegen, ohne daß dadurch fortzeugend grundlegend zerstört würde, was auch und vor allem von linkem Denken und Wünschen zu retten, zu bewahren ist vor der ausbeuterischen Verwandlung in Profit. Herzogs Versuche – etwa am Ende von BEHINDERTE ZUKUNFT oder DIE FLIEGENDEN ÄRZTE VON OSTAFRIKA – solche dialektischen Bewegungen nachzuvollziehen, bleiben Akte des goodwill. Es sind Grenzen, die zu überschreiten seinem eigenartigen, singulären Zugriff und seiner Wahrnehmungsfähigkeit nicht möglich scheinen.

*

Meine Filme werden immer unfilmischer werden, weil die Filme, die man zu sehen bekommt, immer filmischer werden.

Jean-Marie Straub[10]

Die Filme Straubs sind unter größten persönlichen Opfern zustande gekommen, buchstäblich von der Existenz abgespart. Und sie sind, wie in unserem Jahrhundert allenfalls noch die Neue Musik der Wiener Schule, mit Hohn und Entrüstung vom Publikum und der Kritik empfangen worden. Es gibt kein Werk im modernen Film der Gegenwart, das derart viele und derart lange die Aggressionen des Publikums und großer Teile der Kritik auf sich gezogen hat wie das Straubs. Kaum aber auch ein Autor, der sich unbeeindruckter und unbeeinflußbarer von diesen Ablehnungen gezeigt hätte als Straub; kaum ein Werk – unkorrumpierbar durch die Verweigerung nur des minimalsten Zugeständnisses an Geschmack, Käufer oder Zuschauer –, das so sehr ganz es selbst ist vom ersten Augenblick an wie das Straubs. Der »Autorenfilm« wurde von keinem unserer (unserer? wessen ist Straub?) Filmemacher radikaler und umfassender verstanden und in Praxis umgesetzt als von ihm. Nicht nur durch die Ästhetik seiner Filme, sondern zuförderst auch durch die Absolutheit, mit der die Straubs (Jean-Marie und Danièle) ihre Werke gegen die Zugriffe und Übergriffe derer verteidigen, die glauben, weil sie darin Kapital investiert haben, auch nach Belieben über die daraus entstandenen Kunstwerke verfügen zu können. Der Kampf, den die Straubs seit MACHORKA-MUFF gegen Verleihe, Autoren, Verleger, Produzenten, Erben, Fernsehanstalten[11] führen – weil sie sich über die eingeschliffenen Absprachen, nicht selten auch über geltendes Recht hinwegsetzen – hat den Eindruck entstehen lassen, sie mystifizierten und fetischisierten ihre Filme, es sei eine Marotte, möglicherweise sogar Publizitätsrummel (wie besonders Dämliche denunziatorisch vermutet haben). Dabei demystifiziert dieser laufende, immer wieder aufgenommene Kampf um das eigene Werk den ökonomischen Prozeß und die Abhängigkeiten, unter denen Filme gemacht und verschlissen werden, wie wenig anderes; die Einsprüche der Straubs sind antizipatorische Akte menschlicher Souveränität und Freiheit, hier wird das Naturrecht des Kreativen, der Aufrechte Gang verteidigt, aufrecht gehend. Und wer darin eine Marotte sieht oder eine Fetischisierung der Filme, der hat ein Wegwerf-Bewußtsein: von sich und

Die Chronik der Anna Magdalena Bach

den Dingen. Schließlich können Filme, die jeder für sich »die Wechsler aus dem Tempel treiben«, aber unter den gegenwärtigen gesellschaftlichen und ökonomischen Bedingungen nur »unter Wechslern« vertrieben werden können, ihnen nicht resignierend und widerstandslos ausgeliefert werden. So verzweifelt einsam, manchmal auch fast vergeblich der Kampf der Straubs ausschaut: – dem einen oder anderen auf die Finger geklopft, dieses verhindert und jenes (dennoch) erreicht zu haben, das sind, wenn auch bescheidene, Erfolge. Solange man das, was – als »Skandal« skandalisiert – um Straubs Filme immer wieder entstanden ist (und wohl auch zukünftig entstehen wird), nicht als integralen Teil des Gesamtangriffs begreift, den Straubs œuvre gegen die Filmindustrie, das Filmemachen und Filmesehen (und -hören) führt, wird man keine wirkliche Vorstellung von ihm erlangen.

Der Wind, dessen Wehen wir an den Bewegungen der Äste und Blätter in einigen Filmen Straubs wahrnehmen, ist wie ein letzter Ausläufer des vehementen Sturms, der die Leinwand von den falschen Bildern des Kinos freigefegt hat, bevor Straubs Filme beginnen. Straub ist so etwas wie ein Adolf Loos des Kinos. »Ornament und Verbrechen« hieß eines der pamphletistischen Bücher des Wiener Architekten, des Freundes von Karl Kraus und Ludwig Wittgenstein. Loos forderte, die Architektur von allem schmückenden Beiwerk, vom Zierat, den das Großbürgertum an seine Häuser klebte, zu befreien; er wollte eine »sachliche Architektur« (und hat sie selbst verwirklicht, das »Bauhaus« ist ihm darin gefolgt). Will Straub den »sachlichen Film«? Nur im Vergleich mit dem, was unter der Illusionsmaschine Film verstanden wird, sind Straubs Filme sachlich; und nur wenn man an die optisch-akustische Opulenz denkt, mit der »das Kino« allgemein arbeitet – einem Luxus, den Straub als »Pornografie« empfindet –, kann man die Reduktionen, den »Puri(tani)smus«, die äußerste Gedrängtheit des Stoffes, die Elliptik, welche für Straub charakteristisch sind, in

Nicht versöhnt

Beziehung setzen zu Becketts Werk. Jedoch im Gegensatz zur Poetik des irischen Dichters, die für die moderne Literatur so provozierend und signifikant ist wie Straubs œuvre für den heutigen Film – nur daß man das eine längst erkannt, das andere längst noch nicht begriffen hat –, ist Straubs Filmen ein pessimistischer Grundton, eine Thematik des Untergangs, des Verlöschens, eine Tendenz zum Schweigen nicht eigen. Ohne die Kunst Becketts, dieses äußersten poetischen Vorposten des radikalen Pessimismus der europäischen Kulturgeschichte, zu

mindern, wenn man sie der Decadence zuzählt – zumindest einer ästhetischen Grundströmung, welche sich den Vorstellungen der Utopie verweigert –, müssen die aktiven, nicht-resignativen, auch die utopischen Momente in den Werken Straubs als überlegene erkannt werden. Wenngleich Utopie, höchst merkwürdig – und vielleicht nur »abstrakt« – bei Straub sich allein in Blicken der Kamera, in Einstellungen und Schwenks auf Natur oder Landschaft, vornehmlich Bäume und Himmel formuliert sieht: in der CHRONIK, dem BRÄUTIGAM, OTHON und in MOSES UND ARON. Es sind Augenblicke, die ganz jenem von Karl-Heinz Bohrer entdeckten Einbruch des »Plötzlich« in der Gegenwartsliteratur entsprechen[12]. Keine Fluchtsekunden, wenngleich auch wie detonierende Granaten in die Gefängnisse der Gesellschaften und Lebensläufe geworfen, von denen die Filme (wie die CHRONIK, OTHON und DER BRÄUTIGAM ... vor allem) berichten; sondern Atempausen der Geschichte, Vorschein einer Zukunft, von der sonst im Werk Straubs sowenig die Rede (und ein Bild ist) wie bei Beckett.
Aber: diese Hilfsersuchen bei Loos und Beckett deuten nur Nahtstellen an, wo Straubs cinematografisches Werk und seine grundsätzliche Haltung mit Rigorositäten aus anderen Kulturbereichen lose verknüpft ist. Damit soll allein darauf verwiesen sein, daß der terroristische Schreckensmann, als der Straub von

Nicht versöhnt

der bundesdeutschen Filmkritik fast ausnahmslos wie ein steckbrieflich gesuchter Schänder des Kinos angeprangert und ausgeschrie(b)en wurde, der noch zugleich mit seiner CHRONIK DER ANNA MAGDALENA BACH und MOSES UND ARON auch einer Reihe von bundesdeutschen Musikkritikern[13] die Gelegenheit bot, ihre musikalische Inkompetenz und ihre korrupten und arrogant-verächtlichen Vorstellungen vom Film zu entblößen: – daß dieses Singularereignis Straub eben doch nicht so einsam, so ganz seltsam und sturmläuferisch in der Kulturgeschichte unseres Jahrhunderts dasteht.

Jedoch die Totale erweitert zwar den Blick, entschärft aber den Gegenstand; erst die Nah- & Großaufnahme entdeckt die ganze Sprengkraft, die in Straubs Werk steckt und die soviel kopf- und hilflose Gegenwehr hervorgerufen hat. Seine Filme sind nicht allein Ein- und Widersprüche gegen fast das gesamte herkömmliche »Kino« (und dessen Filme), sie gleichen einer Zurücknahme. Wenn Film Sprache wäre, so käme Straub mit wenigen Worten aus, genau gewählten, auch wiederholten; allerdings wären seine Texte umsomehr von syntaktischen und phonetischen Zeichen übersät. Denn seine »Minimal Art« und die langen Einstellungen (und Einstellungen auf das, was im herkömmlichen Film als nebensächlich und unbedeutend entweder gar nicht ins Bild oder ganz schnell wieder aus ihm käme: also der Kamerablick auf leere Zimmerstücke, Wände, Telefone, Wege etc.) brutalisieren oder barbarisieren den Film keineswegs; sonst wären, was Straub vorausläuft in den Werken Dreyers und Bressons – solche lange Einstellungsperioden, harte Fügungen und Ellipsen im Sehbaren – bereits Barbarei und Brutalität. Davon kann keine Rede sein; es ist vielmehr eine Tradition der Stilisierung, in der Straub steht; und daß man seine Stilisierungen so direkt wahrnimmt – obgleich doch auch die Filme z. B. Resnais, Godards, Antonionis, Viscontis und Fassbinders stilistische Eigenarten, konstante Grundzüge enthalten – liegt daran, daß Dreyer, Bresson und Straub (er vor allem) so radikal gegen die allgemeine Vorstellung vom bewegten, von Bewegung erfüllten, auf Bewegung dressierten Bild verstoßen – wie Duchamp gegen die Vorstellung, ein Bild in der Malerei müsse gemalt sein, statt die pure Materialität von (alltäglichen Gegenständen) plastisch auf einer umrahmten Fläche im Raum zu sammeln. (Zu den readymades Duchamps, ihrer Verbindung aus dokumentierendem Naturalismus und ästhetischer Stilisierung unterhält Straubs Ästhetik vielleicht von ihm gar nicht gekannte, zumindest an keiner Stelle ausgesprochene Kontakte.) In gewisser Weise stellt Straub das Bild ab (wie andere den Ton abdrehen); jedes Bild, d. h. jede Einstellung erhält den Charakter eines Tableaux, einer in sich geschlossenen Einheit, die von der nächsten durch die unüberbrückbare Lücke des Schnitts getrennt ist. Jeder Schnitt bricht wenn nicht eine Bewegung, so doch eine Kontinuität der Zeit ab. Das Dunkel, das dazwischen liegt, (wie beim Lidschlag des Auges), das an manchen Stellen in Straubs Werk – zuletzt in MOSES UND ARON – als Schwarz- oder Weißfilm kenntlich gemacht wurde, wird vom herkömmlichen Film durch Montagen, Überblendungen von Bildern und Tönen unterschlagen – als gelte es, den Zuschauer keinen Augenblick aus der Kontrolle des Films zu entlassen oder als müsse der Film ein Innerer Monolog Molly Blooms sein, in dem alle Satzzeichen getilgt sind. Straub dagegen, ein Materialist des Films, unterläßt keine Gelegenheit, das Synthetische seiner Filme – Mosaike in Nahaufnahme statt Pointillismus aus der Ferne – hervorzukehren. Nur so kann er den dokumentarischen Charakter seiner Einstellungen, seiner synchronaufgenommenen Originalbilder & -töne retten. Die Schnitte in Straubs Filmen wirken auch deshalb so schmerzhaft (für unser angelerntes Seh- und Zuschauempfinden), weil die Einstellungen durchstilisiert sind. Richard Roud hat auf Straubs bevorzugte Einstellungsart hingewiesen. Zur CHRONIK (und das gilt für die Filme davor wie danach) schreibt Roud: »Viele Sequenzen finden ein schöpferisches Äquivalent für die barocke Qualität der Musik, indem sie gewisse Prinzipien barocker Malerei verwenden, ganz besonders durch das, was man die gewaltsame Diagonale nennen könnte. Wir haben bereits in NICHT VERSÖHNT gesehen, daß Straub den (Kamera)Schuß aus den Diagonalen bevorzugt. Aber hier machen viele Sequenzen einen weitaus systematischeren Gebrauch von dem barocken Prinzip, ›die Logik der Fläche aufzulösen, um dem Raum eine beunruhigt ausgerichtete Energie, einen zwingenden und versteckten Schwung zu geben‹ durch die Verwendung von Diagonal(perspektiven)«[14]. Jede Einstellung enthält diese Energie, die – weil sie nie den »Schnittrand« überschreitet – ganz gesammelt ist und bei sich bleibt. Das gilt auch für langsame Kamerabewegungen (welche, wie z. B. in der CHRONIK, den Bildraum verengen[15]), für weitausholende Panoramaschwenks und -fahr-

ten (wie zu Beginn von OTHON und DER BRÄUTIGAM, DIE KOMÖDIANTIN UND DER ZUHÄLTER), den 360 Grad-Schwenk im ersten Teil von MOSES UND ARON oder jene Fahrten durch das gegenwärtige proletarische Rom in GESCHICHTSUNTERRICHT, wo die starr im Rücksitz fixierte Kamera, von schiefer Position aus auf die Straßen, Hauswände und -eingänge blickt, an denen sie die Fahrt in dem Auto vorbeizieht.
Die optischen Mittel Straubs sind zwar, entgegen einem ersten Eindruck, variabel. Nicht nur würde man alle optischen Ausdruckmittel in seinen Filmen entdecken, die im Laufe der Geschichte des Mediums entwickelt wurden, sondern auch der Gebrauch, den er von ihnen macht, ist absolut professionell. Aber dennoch sind sie minimalisiert, ihre Variabilität ist eingeschränkt; deshalb besitzt jede (minimale) Veränderung eine solche Intensität – von jenen »großen Sprüngen« wie dem Schauplatzwechsel von Rom in ein alpines Gebirgstal (in GESCHICHTSUNTERRICHT) und den zwei Nilpanoramen und dem Viehauftrieb in MOSES UND ARON gar nicht zu sprechen. Der Blick, den wir in Straubs Filmen auf Personen (1. Einstellung von MOSES UND ARON) oder Dinge (Einstellung auf Telefon in MACHORKA-MUFF) werfen, fällt immer aus einer danebenstehenden, seitlichen erhöhten oder erniedrigten Perspektive. So wird

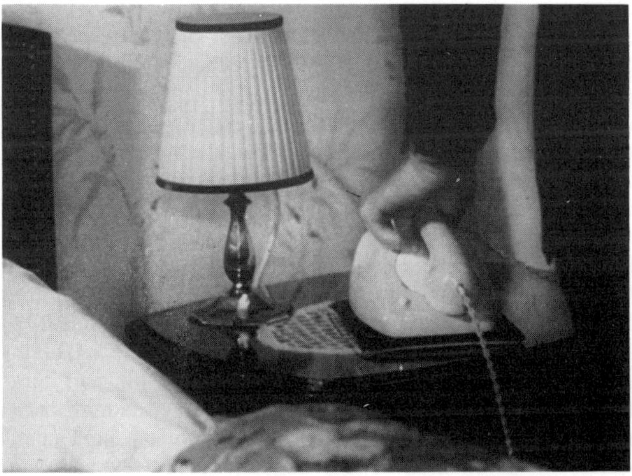

Nicht versöhnt

die Kamera nie zum »Auge des Erzählers«, gestattet sie keine Identifikation, Psychologie ist ausgeschlossen. In jedem Moment des Films als optischem Gestus ist seine materialistische Entstehungs- und Produktionsgeschichte enthalten.
Das gilt auch für die Sprache, die Straub der gleichen Stilisierung unterwirft: die Laien (selten professionelle Schauspieler/Sänger) werden angehalten, ihre Texte ohne psychologisch interpretierende (spielende, imitierende) Beimischung zu sprechen. Sprache wird auf ihren Materialwert reduziert. Erst auf dieser Basis – gewissermaßen einem Gleichheitszeichen aller Sprache in den Filmen Straubs – können sich die individuellen Merkmale der Sprecher – Tonfärbung, Dialekteinschlag, Fremdsprachigkeit etc. – wie sie schon in MACHORKA-MUFF provozierend hervortraten, mehr noch im »Kölschen« von NICHT VERSÖHNT oder dem holländischen Einschlag im Sprechen des Bach-Darstellers Gustav Leonhard und schließlich in den vielfältigen Brechungen des französischen Corneille-Textes von OTHON durch die überwiegend nicht-französischen Darsteller voll entfalten. Solche Farbgebungen der Sprache werden von Straub noch weiter differenziert durch gegen den Strich gesetzte Zäsuren und Rhythmisierungen (vor allem in OTHON und sehr auffällig, an Ekkehard Schalls Berliner-Ensemble-Duktus erinnernd, in den Passagen des Schönberg-Briefes, die Peter Straschek liest in EINLEITUNG . . .), oder durch verschiedene Sprechtempi (OTHON). Schließlich wird der gleiche Respekt, der gegenüber den Personen und ihren Sprecheigenheiten gewahrt wird – denn darin haben sich Traditionen nicht nur individuellen Lebens sondern auch kollektiver Geschichte abgelagert –, auch der Sprache selbst gegenüber eingenommen. Straub hat den Text von OTHON weder gekürzt noch bearbeitet, und er läßt Leonhard in der CHRONIK Bach-Texte vorlesen, deren befremdliche Ferne zum heutigen Deutsch die ganze geschichtliche Distanz aufspannt und hält, die uns von Bach und seiner Zeit trennt. Überspitzt könnte man sagen: Straubs Filme sind mit den Ohren zu sehen und mit den Augen zu hören, eine Tendenz, welche sie eher in die Nähe der Musik – die doch so oft ihr unmittelbarer Gegenstand ist – als in die der Plastik, der Literatur oder des Theaters drängt[16]. Und zwar zu der naturalistischsten unter den modernen Musikrichtungen, welche ihre Gegenstände am materialistischsten behandelt: der musique concrète. Sie macht sich nicht allein bemerkbar in den Zufälligkeiten der

Geräusche (und in den Bildern: in zufälligen oder spontanen Bewegungen, wenn etwa in GESCHICHTSUNTERRICHT ein Blatt in einen Bildausschnitt fällt und der Darsteller darüber lächeln muß), welche die gewollten, geplanten Geräusche – Sprache und Musik – überdecken, sich mit ihnen verbinden (das Blöken des Viehs in MOSES UND ARON, die Geräusche des heutigen Roms in OTHON, der Hall in den Gewölben in NICHT VERSÖHNT); konkret »musiziert« auch Straub mit der Sprache, dem Sprechen – wobei er deren semantische Schicht eher außer acht läßt als ihre rhythmischen, temporalen, akustischen Obertöne, die ihm oft wichtiger sind als das volle Verständnis auf den ersten Anhieb. Was hier, in der ästhetischen Struktur dieser Filme herrscht, ist ein Urkommunismus aller ihrer Elemente: Liberté der zufällig beim Drehen einwirkenden Geräusche und Bewegungen und der Eigenarten der Personen und Orte; Egalité von Bild, Sprache, Musik und Nebengeräuschen; Fraternité der Originalbilder und -töne, deren gleichzeitiges Hier und Jetzt. Straubs Ästhetik ruht auf nichts anderem als der stetigen Weigerung, die vom Bild- und Tonapparat vermittelten »Augenblicke der Wahrheit«, welche ganz in der Materialität der jeweiligen Wirklichkeitsmomente und -ausschnitte verschlossen sind, aufzulösen und der Kino-Magie zu überantworten.

1 Titelgeschichte der Ausgabe vom 2. Februar 1976, S. 42–46.

2 Auf einer Diskussion während der Duisburger Filmtage 1976 drohte ein Oberhausener Theaterbesitzer damit, zukünftig keine bundesdeutschen Filme mehr in seinen Kinos zu spielen, falls sie nicht »eine bessere Kasse« versprächen. Er hat diese Drohung mittlerweile in der Fachzeitschrift Filmecho/Filmwoche wiederholt. In vielen Kinos ist es ohnehin schon Praxis »junge bundesdeutsche Filme« gar nicht zu spielen.

3 Vgl. FAZ v. 4. 2. 76, S. 23 »Die Amerikaner drängen ins deutsche Kinogeschäft« von Klaus Broichenhausen.

4 Vgl. »Perspektiven kommunaler Kulturpolitik« Hrsg.: Hilmar Hoffmann, edition suhrkamp Nr. 718, Suhrkamp Verlag, Frankfurt am Main 1970.

5 Vgl. Reihe Film Band 2 »R. W. Fassbinder«, 2. Auflage 1976.

6 »Gelegenheitsarbeit einer Sklavin«, edition suhrkamp Nr. 733, Suhrkamp Verlag, Frankfurt am Main 1975, S. 220.

7 a. a. O., S. 209.

8 Ein Begriff, der in Kluges jüngsten Erzählungen immer wieder dafür verwandt wird, um die biografische, aktivische Tendenz einer Figur zu umreißen. Ein Begriff aus der Kybernetik. Kluges Affinität zu technokratischem Denken, zu naiven und intellektuellen Planspielen wäre einer Untersuchung wert. Der Kritiker der Technokratie – gerade einer ins Private verlängerten (z. B. probt DER STARKE FERDINAND Weihnachten im voraus, »damit es klappt« –, ist nicht ganz frei von der Versuchung, alles auf solche Planskizzen zu reduzieren. Kluges Humoristik bezieht aber aus seiner Darstellung und Kritik der

Technokratie als Lebensweise und Lebensrichtung (in Widersprüchen mit anderen individuellen und gesellschaftlichen Tendenzen) große Gewinne.

9 Vgl. Michael Bachtin »Literatur und Karneval«, Reihe Hanser 31, Hanser Verlag, München 1970.

10 Die drei Zitate von Kluge, Herzog, Straub sind Kluges GELEGENHEITSARBEIT EINER SKLAVIN (1. Einstellung) und dem Buch »Die Filmemacher« von Barbara Bronnen und Corinna Brocher, München 1973, S. 11 und 42 entnommen.

11 Wegen MACHORKA-MUFF gegen den Atlas-Verleih; wegen NICHT VERSÖHNT gegen den Verleger Witsch und Heinrich Böll; wegen OTHON gegen die bornierte Linke; wegen GESCHICHTSUNTERRICHT gegen den Suhrkamp Verlag und die Brecht-Erben; wegen MOSES UND ARON gegen die ARD-Rundfunkanstalten, welche die Holger-Meins-Widmung entfernt hatten, die FSK, die den Film nur freigeben wollte, wenn die Widmung fallengelassen würde und gegen den Mitproduzenten, die Firma Beta, München, die sich weigert, den Film einem englischen Verleiher zu überlassen. Eine Auswahl.

12 Vgl. Karl-Heinz Bohrer »Der Lauf des Freitag«, Reihe Hanser 123, C. Hanser Verlag, München 1973.

13 Besonders die Rezensionen von H. J. Herbort und Dietmar Polaczek in der »Zeit« und der »Süddeutschen Zeitung« zu MOSES UND ARON (vgl. Daten). Obgleich die Möglichkeiten dieser Musikkritiker, sich unwidersprochen zu dem Film zu äußern, auf Schwächen der jeweiligen verantwortlichen Filmkritiker der Zeitungen beruht. Als Gegenlektüre seien Michael Gielens Äußerungen in einem Interview zu MOSES UND ARON zu lesen (s. Daten).

14 »Straub«, London 1971, S. 77.

15 Vgl. »Präsens-Futur-Präteritum, Zu einer Einstellung von Straubs CHRONIK« von Wolfram Schütte in Herman K. Ehmer (Hrsg.) »Visuelle Kommunikation, Beiträge zur Kritik der Bewußtseinsindustrie«, Köln 1971.

16 Was die enthusiastische Zustimmung K. H. Stockhausens zu MACHORKA-MUFF – fast das einzige positive Echo, das der Film damals fand – und Michael Gielens kompetente Ausführungen über Straubs Musikverständnis belegen. Die gegenteiligen Ansichten einiger bundesdeutscher Musikkritiker beweisen dagegen nichts.

17 Vgl. Richard Rouds Hinweis auf die Bedeutung der Tonmontagen in den Filmen Grémillons, die für Straub prägend waren. a. a. O. S. 177ff.

Musik für Film – Film für Musik
Annäherung an Herzog, Kluge, Straub

Von Rudolf Hohlweg

Mißtraut der Musik. Es ist einfach, sich der Musik zu bedienen, um gewisse Gefühle oder Empfindungen auszudrücken. Wenn man sich zu sehr auf die Musik verläßt, endet es damit, daß man das Bild verrät. Luis Buñuel

Ich kann gar nicht verstehen, daß man Filmemacher ist, ohne eine über das Gewohnte hinausgehende Beziehung zur Musik zu besitzen. Wolfgang Ramsbott

1. Werner Herzog

Am Ende von AGUIRRE, DER ZORN GOTTES erscheint im Titelnachspann der Name »Popol Vuh«, der Name einer Pop-Gruppe, die unter Anleitung des ehemaligen Musikkritikers Florian Fricke in einem oberbayerischen Pfarrhaus lange mit dem Synthesizer, diesem elektroakustischen Musikerzeugungsgerät, experimentiert hat. Aus jener Entwicklungsstufe der Gruppe stammt die Musik für zwei Filme von Werner Herzog, für AGUIRRE und DIE GROSSE EKSTASE DES BILDSCHNITZERS STEINER.

Was man in AGUIRRE neben menschlichen Stimmen, Urwaldgeräuschen, Vogelrufen und Wasserrauschen zu hören bekommt, hat den Charakter magischer Signale. Es sind ungewohnte Klänge, seltsam ungreifbar. Ist ein Streichorchester am Werk, ein Frauenchor, ein Streichquartett, Schlagzeug? Die Synthesizer-Klänge können alldem ähnlich sein. Sie ertönen sanft und gedehnt. Es entsteht ein Ton-Environment, das weite, ferngerückte Horizonte vorgaukelt. Die Intervalle sind schlicht, die Rhythmen simpel, durch übermäßig langsame Ausführung dem Vergleich mit anderer Musik entrückt. Man hört in Zeitlupe gefilmte Klangfarben. (Etwas Ähnliches hat Ennio Morricone

in *Once Upon a Time in the West* erprobt.) Der Musik von Popol Vuh fehlt alles Laute, Grelle, Scharfkantige. Diese Klänge sind Illusionswerkzeug, Transportgeräte des Unwahrscheinlichen, Rätselhaften, Irrealen. Man trifft auf Musik im Schwebezustand, auf Klangschäume, Traummusik.
AGUIRRE beginnt mit dem Abstieg der spanischen Eroberer von der Paßhöhe der Anden. Er dauert im Film 4 Minuten 45 Sekunden. Während dieser Zeit begleitet die Musik, das immer gleiche Motiv wiederholend und dabei unmerklich ändernd, die Abenteurer. Die Klänge illustrieren den Weg herunter ins Tal, indem sie selber tiefer sinken, sich langsam in immer tiefere Tonlagen entfalten. Schließlich ist der Klangvorhang entrollt und taucht in das Rauschen des Flusses. Die Expedition verweilt am Ufer, zieht dann durch den Dschungel weiter. Aus dem Wasserrauschen erhebt sich erneut Musik und begleitet, wieder in Gestalt des Bewegungsmotivs vom Anfang, den Marsch der Gruppe bis zum Lager, dreieinhalb Filmminuten lang. Das Kreisen des musikalischen Motivs wirkt wie ein Auf-der-Stelle-treten. Obwohl es sich bewegt, kommt es nicht voran, kennt keine Entwicklung, nur Variation, wirkt statisch[1]. Gleichnis für das Schicksal der Abenteurer, die nie Eldorado erreichen werden? Für das Verirren auf den Flüssen des Dschungels?
Die Expedition teilt sich, der Erkundungstrupp bricht auf, den der Film begleitet. Von diesem Punkt der Geschichte an gibt es nur noch wenig Musik, obwohl man einen anderen Eindruck gewinnt. Wieder sind es Synthesizerklänge, die auftauchen, sehr zart und leise, kaum wahrnehmbar im Rauschen des Wassers und in den Geräuschen des Urwalds. Es sind jetzt sehr kurze Musik-Tupfen, zwischen fünf und vierzig Sekunden lang, meist auf Bilder gesetzt, die eine der beiden Frauen zeigen, die Tochter Aguirres oder die Frau des spanischen Edelmanns, der von den Meuterern abgesetzt wurde. Längere Klangepisoden – auch sie sehr leise – findet man nur nach dem Todesurteil für den Edelmann und später, wenn Aguirre dem Pferd nachblickt, das am Ufer zurückbleibt. Die Musik deutet an, daß Aguirre wieder einen point of no return erreicht hat.

1 Man sollte das Wort »Motiv« besser durch die unhandlichen, aber treffenderen Bezeichnungen »Entwicklungsform« oder »Bewegungstyp« ersetzen. Aber »Motiv« ist bekannter und eingängiger. Deshalb wird es – obwohl zu eng – hier weiter verwendet.

Das ruhige Bewegungsmotiv, das Anfang und Schluß beherrscht, schiebt sich im großen Mittelteil des Films einmal deutlich in den Vordergrund, drei Minuten lang, nach dem Tod des Kaisers von Eldorado. Diese musikalische Usurpation des Bildes korrespondiert mit dem Bewußtsein Aguirres und mit dem usurpatorischen Akt, mit dem er – der nun keine Rücksichten mehr zu nehmen braucht – den ihm von der spanischen Krone vorgesetzten, unter seinem Einfluß jedoch entmachteten Führer der Expedition endlich töten läßt. Die Autorität ist aufgelöst, der Wahn hat freie Bahn.
Die Popol Vuh-Musik ist später dem Film – kommentierend – hinzugefügt worden. Im Mittelteil von AGUIRRE jedoch gibt es

Aguirre, der Zorn Gottes

eine Musik, die mit der Geschichte direkt zu tun hat und live bei den Dreharbeiten gespielt worden ist. Ein Indianersklave, der zur Besatzung von Aguirres Floß gehört, bläst eine seltsame Flöte, in einem stoßend-hüpfenden Rhythmus, oft fast tonlos: zum erstenmal nach der Machtergreifung Aguirres; dann auf Befehl, um die deprimierten Soldaten aufzuheitern; ein drittes-

mal, wenn die Kamera das Leben auf dem Floß zeigt, Angeln, Fischebraten, den schlemmenden Kaiser; und zuletzt ertönt die Flöte zu Bildern, die Schmetterlinge und blühende Bäume am Flußrand zeigen. Obwohl also die Flötenmusik anders als die nachträglich hinzugefügten Popol Vuh-Klänge aus der Handlung des Films entsteht und in sie eingebunden ist, löst sie sich immer mehr und deutlicher von der Aktion, wird immer weniger als Aktion vorgeführt und festgehalten – und gewinnt, aus dem Film selbst hervorgehend, die Qualität einer den Fortgang des Films kommentierenden, ja mitbestimmenden unabhängigen Stimme. Es ist, wiederum anders als die absolut künstlichen Popol Vuh-Klänge, die Stimme des Landes selbst, des Urwalds, des Dschungels, der undurchdringlichen Wildnis, die allmählich Herrschaft gewinnt über die Usurpatoren, deren Ordnung sich aufzulösen beginnt schon mit der umstürzlerischen Machtergreifung Aguirres und über die schließlich Schmetterlinge und blühende Bäume die Oberhand behalten werden.
Über den letzten zehn Minuten von AGUIRRE liegen üppig und ausschließlich wieder die Klänge von Popol Vuh. Die Irrfahrt scheint kein Ende nehmen zu wollen. Aguirre steigert sich in die Vision, »Geschichte zu inszenieren, wie andere Stücke auf dem Theater«. Die letzten Einstellungen, mit gleißender Sonne, während die Kamera das Floß umrundet, werden überwölbt von verzierten Varianten des Hauptmotivs. Der Bogen ist, auch musikalisch, geschlossen, die Bewegung des Anfangs endet im ziellosen Kreisen.
Was Kamera, Floß und Musik am Ende von AGUIRRE in konzertierter Aktion vollführen, entspricht dem Strukturprinzip von Herzogs Filmmusikdramaturgie aufs genaueste: sie folgt der Rondoform, deren Ende zum Anfang zurückkehrt. Während die Filme, was ihre Handlung angeht, eine Entwicklung anzeigen, wird das Kontinuum der Bilder (und der Zeit) durch den musikalischen Kontext nachdrücklich dementiert. Es gibt, sagt der Musikaufbau der Filme, keinerlei Fortschritt, es gibt nur die Wiederkunft des Anfangs, die Einschließung in den Kreis, und jede Anstrengung darüber hinaus ist vergeblich.
Deutlicher noch als in AGUIRRE wird das in JEDER FÜR SICH UND GOTT GEGEN ALLE, obwohl Herzog sich von dem Prinzip abwendet, nur eine bestimmte Art Musik überwiegen zu lassen und einzubinden in einen Strom von Geräuschen und sonor vorgetragener Sprache. Unter den Musikstücken (nicht für den Film

Jeder für sich und Gott gegen alle

komponiert, sondern vorgefunden), die insgesamt eine Atmosphäre von Biedermeierlichem erzeugen (in den Wiedergaben zumindest, die Herzog auswählte, und wie er sie im Film präsentiert), sticht vor allem ein Chorwerk von Orlando di Lasso hervor, a capella gesungen, ohne Orchester. Diese ernste, kraftvolle und herbe Musik – die im Widerspruch steht zu der eingeebneten, fast gefälligen Tonalität der anderen Stücke – kommt zweimal vor, an Stellen, die für die Geschichte Kaspar Hausers von zentraler Bedeutung sind.

Von dem Unbekannten aus dem Turmverlies geholt, liegt Kaspar nach den ersten Gehversuchen erschöpft auf einer Anhöhe. Die Kamera zeigt wogende Felder, ein Tal, Bäume, ein Städtchen, Dächer, eine Turmuhr, eine Gasse mit Kopfsteinpflaster. Zu dieser romantisierenden Bildfolge ertönt, Widerspruch im Widerspruch, das Chorwerk von Orlando di Lasso, 155 Sekunden lang: Kaspar wird in eine Wirklichkeit entlassen, die ihm nicht entspricht. Der Chor erklingt ein zweitesmal, diesmal nur 30 Sekunden lang, als der Unbekannte versucht, Kaspar zu töten: es ist für ihn, der gerade erst begonnen hat, in die Wirk-

lichkeiten des Lebens einzutreten, die Vollendung des Widerspruchs seiner Existenz. Eine andere Funktion dieser Musikmontage (der Wiederkehr desselben Musikstücks) weist über die innere Struktur des Films hinaus. Der Zuschauer verbindet seit den Bildern von der Anhöhe und der romantischen deutschen Landschaft das Chorwerk auch mit der Gestalt des Unbekannten; indem er die Musik wiedererkennt, »erkennt« er auch den Unbekannten, der Kaspar zu töten versucht, als einen »Bekannten«. Die Freisetzung ins Leben wird zurückgenommen durch dieselbe Figur und dieselbe Musik.
Was sich am Einzelbeispiel beobachten läßt (wie schon bei der Schlußsequenz von AGUIRRE), kehrt wieder in der Aufgliederung der Musikmontage für den Film insgesamt (noch auffälliger als bei AGUIRRE). Prüft man nämlich die Liste der im Film verwendeten Musikstücke, wann sie zu hören sind, und wie oft, so ergibt sich ein verblüffendes Schema:

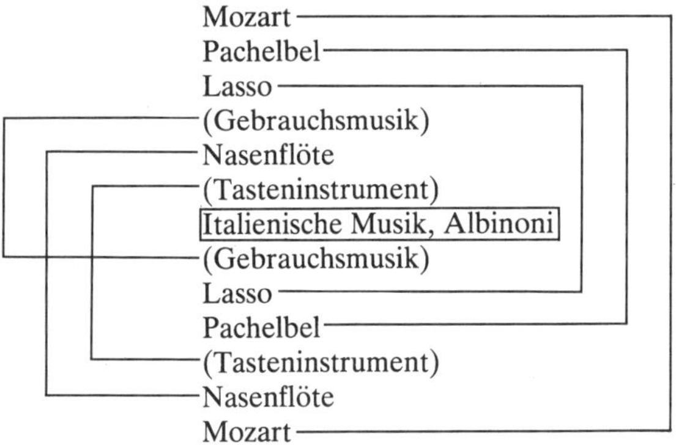

In der Rondoform des Musikarrangements bestätigt sich die Unausweichlichkeit, mit der Kaspar Hauser konfrontiert ist. Wie ein starres Korsett ist die Musik dem Film und damit der Geschichte Kaspar Hausers auferlegt, von irgendeinem Ausweg, von Hoffnung kann nicht die Rede sein. Das Schema zeigt zugleich, wie bewußt und kalkuliert Werner Herzog seine Filme zu komponieren versteht, bewußter jedenfalls, als die betont antirationalistische Haltung des Films auf den ersten Blick und mit den denunzierend gemeinten letzten Sätzen vermuten läßt, die der Stadtschreiber nach der Obduktion der Leiche Kaspar

Hausers spricht: »Ein schönes Protokoll. Ein genaues Protokoll. Ich werde zu Protokoll geben, daß man an Hauser Deformationen entdeckt hat. Wir haben endlich für den befremdlichen Menschen eine Erklärung, wie man sie besser nicht finden tun kann.«
Der Zuschauer, der auch ein Zuhörer ist, aber als Zuhörer viel weniger aufmerksam und bewußt, wird mit Hilfe des Musikarrangements in den intellektuellen Duktus des Films hineingenommen, auf ihn verpflichtet. Das wird nicht zuletzt durch eine konsequente Engführung der Musikmontage erreicht, wobei ein und dasselbe Musikstück durchweg einer ähnlichen oder verwandten Stimmung oder Situation zugeordnet ist (oder vom Zuhörer/Zuschauer zugeordnet werden soll).
Der Film beginnt und endet mit Klängen der sogenannten Bildnis-Arie aus dem ersten Akt der *Zauberflöte.* Man hört am Anfang die Arie bis zum Takt 16: »Dies Bildnis ist bezaubernd schön, wie noch kein Auge je gesehn! Ich fühl es, wie dies Götterbild mein Herz mit neuer Regung füllt . . .« Hier reißt die Musik ab. Kleinstadt-Idylle ist ins Bild gekommen, Flußufer mit Häusern, eine bewachsene Mauer, eine Wäscherin. Gleich wird, im Fortgang der Handlung, Kaspar befreit und Regungen des Gefühls kennenlernen. Am Schluß des Films wird die Arie genau an der Stelle wieder aufgenommen, wo sie vorher abbrach: »Dies Etwas kann ich zwar nicht nennen, doch fühl ich's hier wie Feuer brennen. Soll die Empfindung Liebe sein? Ja, die Liebe ist's allein . . .« Und wieder bricht Herzog die Arie ab, die im Original noch weitergeht, und kommt mit einigen Holterdipolter-Schnitten im Orchesterpart zu einem überstürzten Ende der Musik. Sie endet wegen der Manipulation offen, nicht mit dem regelrechten Schluß auf dem Grundton, vielmehr mit einem Trugschluß. Offen bleibt auch der Film, das Rätsel um Kaspar Hauser ungelöst – und vielen Trugschlüssen offen, wozu auch die dem Zuschauer/Zuhörer durch die Fortsetzung auferlegte Assoziation von Idylle gehört, an diesem Schluß des Films schon mehr als eine ironische Pointe. Doch daß die Vorstellung von Idylle selbst eine falsche Idee, ein Trugschluß in sich ist, gibt immerhin die akustische Qualität der Mozart-Arie zu bedenken: man hört sie von einer abgespielten, zerkratzten alten Platte.

2. Alexander Kluge

Er habe noch keinen Film ohne Musik gemacht, sagt Alexander Kluge, aber nur beim erstenmal habe er Filmmusik in Auftrag gegeben, bei dem Münchner Komponisten Hans Leopold Posegga für BRUTALITÄT IN STEIN – EWIGKEIT VON GESTERN. Seitdem bevorzugt der Regisseur »Nichtfilmmusik« (wie die polnische Theoretikerin Zofia Lissa es in ihrem Buch *Ästhetik der Filmmusik* nennt). Er verwendet Musik, die nicht eigens für einen Film erdacht und in Klang umgesetzt worden ist. Vielmehr ist die Musik von Kluges Filmen fast immer Werken und deren Wiedergaben entnommen, die für andere Aufgaben aus anderen Anlässen entstanden sind. Kluge benutzt Teile aus Musik, die für sich allein, ohne Kino, bestehen kann: Ausschnitte von Schallplatten, Hörfunk- und Fernsehproduktionen, Filmen, auf Tonband mitgeschnittene Geräuschkulisse von Veranstaltungen und ähnliches.
Die folgende Liste wurde aus Notizen zusammengetragen, die während des Sehens von Kluges Filmen entstanden sind. Alles andere als vollständig, erlaubt sie, sich eine Vorstellung von dem Material zu machen, mit dem Kluge als sein eigener Musikdramaturg im Schneideraum arbeitet:
... Militärmusik, Caféhausmusik, Drehorgelmusik, Orgelmusik, Musik von einem verstimmten Klavier, Musik von Chopin, Deutschlandlied, US-Song, »Sie hat mich nie geliebt« aus *Don Carlos* von Verdi, Tango, Blasmusik, Walzer, Zirkusmusik, Tusch, Tanzmusik im Stil des Barnabas von Géczy, Matrosenlied, Triumphmarsch aus *Aida* von Verdi, Schnulze für Violine und Klavier, »Bel Ami« (gepfiffen), »Sag beim Abschied leise Servus«, Festlich-Barockes (vielleicht Händel), Gassenhauer, Volksmusik, Polka von Johann Strauß, »Stille Nacht, Heilige Nacht«, Ouvertüre *Rienzi* von Wagner, »God Save the Queen«, Beat, *Carmen* von Bizet, Chanson, Unterhaltungsmusik, »Romanze des Nadir« aus der Oper *Die Perlenfischer* von Bizet (gespielt als Tango), Revolutions-Etüde für Klavier von Chopin, Musette-Walzer, Soldatenlied, Trauermarsch aus *Götterdämmerung* von Wagner, Akkordeonklänge, Karnevalsmusik, Chorlied »Im Morgenrot«, Opernduett, Massengesang vom Sportplatz, »Näher mein Gott zu Dir«, Männerchor im Liedertafel-Stil, Opernouvertüre (von Karussellorgel geleiert), »Aufforderung zum Tanz« von Weber, Kinoorgel, Fuge von

Bach in Orchesterfassung ... dazwischen immer wieder Klavier, Tango, Blasmusik ...
An diesem riesigen Fundus von Gebraucht-Musik fällt zunächst eines auf: die Melodien, Texte, Rhythmen, Orchester-Sounds sind bekannt, manchmal bis zum Überdruß und zur Aufdringlichkeit populär. Kluge scheut nicht vor dem ewigen Vorrat der sogenannten Trivial-Musik zurück. Weil er unentwegt Bekanntes bringt, kann man sagen, daß er unablässig zitiert. Ein musikalisches Zitat muß vom Hörer erkannt werden. »Es bringt«, schreibt Zofia Lissa, »unabhängig vom Inhalt der Szene, in der es auftritt, inhaltliche und emotionale Assoziationen mit sich, fügt also zum Filmbild etwas hinzu, spricht sozusagen für sich selbst.«
Ein Zitat wirkt erst, wenn es Fremdkörper ist, in einer Umgebung erscheint, in der es auffallen kann. Tauchen in einer für den Film komponierten Musik plötzlich »Gaudeamus igitur«, die »Internationale« oder die Anfangstakte von Beethovens fünfter Sinfonie auf, hört der Betrachter im Kino »Zitate«. Diese klassische Rolle des Zitats hat die Musik bei Kluge nicht mehr. Einmal, weil er Musik zum Film nicht komponieren läßt und dadurch nicht für »autonome« Musik eines wie auch immer gearteten Stils sorgt, von der sich ein Fremdkörper deutlich abheben kann. Hinzukommt, daß in einer Fülle von Zitaten das einzelne Zitat als Zitat entwertet wird. Kluges Verfahren, immerfort zu zitieren, nähert sich wieder dem Stummfilmkino. Die musikalische Untermalung bestand damals aus einer durchlaufenden Aneinanderreihung von Zitaten, von sofort in die Ohren springenden Klängen. Der »Moldau« konnte des »Sommers letzte Rose« folgen und danach vielleicht der »Walkürenritt«.
Die Zitatenkette in Kluges Filmen sollte vielleicht als Collage von musikalischem Material beschrieben werden, das von Assoziationen besetzt ist. Die Klänge lösen Erinnerungen im Hörer aus, Ideen, Gefühle, Reaktionen der Psyche. Diese Wirkung ist dem Regisseur Kluge sehr willkommen. Denn er möchte, daß jeder Zuschauer seine Filme im Kopf ergänzt und, der jeweiligen Erlebnis-Situation des Zuschauers entsprechend, jedesmal anders. Dafür eignet sich ein mit assoziationsträchtigen Zitaten angereicherter Film besonders gut.
Bei näherer Betrachtung des Klangmaterials in Kluges Filmen fällt auf, daß die Klänge beschädigt sind. Sie zeigen »Benützer-

spuren«, sind Gebrauchtware. Sie stammen von alten Schallplatten, die rauschen und knacken, von einem akustisch unebenen Mitschnitt einer Opernaufführung oder einer Zirkusvorstellung. Kluge montiert Musik alter Wochenschauen in seine Filme ein, schneidet sich Fernsehprogramme mit, stellt sein Tonbandgerät in Kneipen und Sängerlokalen auf. Auf Hochglanz polierte Musik wird man in seinen Filmen nicht finden. »Perfektion macht Musik kaputt«, sagt er; Musik mit Benützerspuren reichere den Film mit poetischen Elementen an.
Braucht Kluge Musik, die aus zweiter Hand nicht zu haben ist, bleibt ihm nichts übrig, als sie zu verfremden, in unerwarteter Gestalt vorzuführen oder – allerdings selten – die kleinen Schäden selber anzubringen. Musik von Verdi kann man dann auf dem Harmonium hören; Anfänger singen Opernarien, und der Korrepetitor spielt dazu Klavier. In einem der Science-fiction-Filme dringt Musik verstümmelt aus einem krächzenden Lautsprecher. Kluge hatte bei seinen Arbeiten über Stalingrad einen Bericht gefunden, in dem es hieß, Soldaten hätten Musik über ihre Funkgeräte empfangen; er übernahm Ähnliches für den Film.
Ein großer Teil der Nichtfilmmusik Kluges läßt sich auf die Jahre des Dritten Reiches zurückführen. Auf sie werden damit auch Stimmungen in den Filmen, wird latentes Bewußtsein – so lautet der musikalische »Kommentar« – zugeordnet: etwa durch die Tangos in ABSCHIED VON GESTERN oder durch die Aufnahmen des Berliner Orchesters Adlon aus dem Jahr 1936 in DER STARKE FERDINAND. Ein charakteristisches Beispiel für die Mehrfachbedeutung der Musikarrangements bei Kluge findet sich im ARTISTEN-Film: gleich am Anfang zeigt eine Sequenz Dokumentaraufnahmen vom Festzug zum Tag der deutschen Kunst 1939 in München. Dazu hört man eine spanisch (!) gesungene Version des Songs »Yesterday«. Das kann nur heißen: das alles war »gestern«, als in München die deutsche Kunst gefeiert wurde von Leuten, die dem faschistischen Regime in Spanien in den Sattel geholfen hatten; aber andererseits ist »Yesterday« ein Evergreen.
Kluges filmische Erzählmethode ist oft ein sehr kompliziertes Geflecht von Assoziationen, Andeutungen, Beziehungen, Verweisen, verteilt auf Bild, Text und Musik. Es beruht auf dem Prinzip des »Fortspinnens«, wobei das Interesse des Betrachters weitergereicht wird vom Bild auf den Text und vom Text

Die Artisten in der Zirkuskuppel: ratlos

wieder aufs Bild oder auf die Musik. Das Detail ist dabei genauso wichtig wie der Zusammenhang der Erzählung, es gibt keine Hierarchie der Mittel.

Die Methode läßt sich deutlich an der vierten Minute von ARTISTEN zeigen. Manfred Peickert berichtet, daß er dem Zirkusdirektor vorgeschlagen habe, Elefanten in die Zirkuskuppel zu hieven. Dem Direktor ist das zu irrational. Peickert: »Aber ich sage, es bringt ein starkes Gefühl.« Beim Wort »bringt« setzt Klaviermusik ein, man hört das erste Stück aus Robert

Schumanns »Kinderszenen« mit dem Titel »Von fremden Ländern und Menschen«. Nach fünf Sekunden steigert der Off-Kommentar die emotionalisierende Wirkung der Musik mit dem pathetischen Satz: »Genie ist die Kraft, sich unendliche Mühe zu geben.« Nach diesem Höhepunkt schraubt immer unverhüllter werdender Spott im Kommentartext die hochgespannten Gefühle allmählich wieder herunter. Schließlich heißt es lapidar: »1945 war für Manfred Peickert der Weg offen, als Ölverkäufer nach Australien zu gehen. Aber auch dort keine neue Welt. Manfred Peickert ging zum Zirkus.« Erst danach endet das Zitat aus Schumanns Klavierstück »Von fremden Ländern und Menschen«.

Schon 50 Sekunden später steigen wieder romantische Klavierklänge auf, diesmal ein Stück von Chopin. Es folgt unmittelbar einigen Takten St. Louis-Blues im Glenn Miller-Sound, die noch zu den vorhergehenden Bildern eines Manegenauftritts von Zebras gehören, gespielt von der Zirkuskapelle. Das Chopin-Zitat ist 75 Sekunden lang; die Bilder dazu zeigen Tiger, Elefanten, einen Mann mit Krokodil, Wohnwagen. Aber die Chopin-Klänge sind nicht alles, was der Zuschauer/Zuhörer zu hören bekommt. Nach 42 Sekunden wird die Klaviermusik leiser, lärmende Zirkusmusik steigt auf, überlagert, verdrängt den Klavierklang. Dann blendet die Zirkuskapelle zurück, wird ihrerseits überlagert vom Klavier, das allmählich akustisch die Oberhand gewinnt, bis es klar und laut ist wie am Anfang. Der Einbruch der Zirkusmusik dauert nur 15 Sekunden, aber die Montage zeigt deutlich ein Strukturprinzip (und das von Kluge oft gewählte Verfahren, Klänge zu vermengen, verschiedene Musikausschnitte unterschiedlichsten Charakters übereinander zu legen), dessen Funktion es ist, zusammengehörige Teile über disparate Einschübe und Einbrüche hinweg miteinander zu verklammern, Disparates (scheinbar) zu integrieren.

Ein anderes Beispiel für das Klammer-Prinzip findet sich gleich am Anfang des ARTISTEN-Films. Nach der Verleihfanfare zeigt das Bild Leni Peickert. Dazu gibt es Musik aus Verdis *Troubadour*, gespielt auf einem Harmonium und dadurch stark verfremdet. Die Stimmung von Fremdheit überträgt sich und wird fortgesetzt durch die im Soundtrack unmittelbar angeschnittene spanische Version von »Yesterday«. Wenn nach 90 Sekunden die Musik zurückspringt zu Verdi, diesmal zu einem »echt« gesungenen Duett, hat das Bild den Tag der deutschen Kunst

mit der Nazi-Prominenz verlassen; es zeigt den Zirkus.
Wer ARTISTEN IN DER ZIRKUSKUPPEL: RATLOS zum erstenmal sieht, dem kann der Film unübersichtlich erscheinen, verwirrend üppig in seiner Mehrgleisigkeit. Doch was zunächst wie ausladendes Barock wirken mag, erweist sich beim Nachprüfen als erkennbar bewußte, oft sogar symmetrisch gefügte Struktur. Das dichte Geflecht der Soundtrack-Struktur gibt den meisten Filmen von Kluge ein selbst in den Beschädigungen solides, tragfähiges Unterfutter für das filmische Konterfei einer Wirklichkeit, die nur noch aus Disparatem zu bestehen scheint, wobei die Widersprüche einander bedingen.
Wie wenig zufällig der Soundtrack zu den Filmen Alexander Kluges zustandekommt, wie sehr – im Gegenteil – ausgerechnet, auf Funktion und Wirkung kalkuliert die Montage erfolgt, läßt eine Analyse des Kurzfilms PORTRÄT EINER BEWÄHRUNG erkennen. Von den 12 Minuten 30 Sekunden dieses Films über einen vorzeitig pensionierten Polizeibeamten werden etwa 4′30″ von Musik begleitet. Sie prägt vier deutlich voneinander getrennte Abschnitte, deren Aufbau sich nicht gleicht.

Die Artisten in der Zirkuskuppel: ratlos

Polizist mit Tschako in Vorortstraße		Sprecher: »Bei einer Straßenunruhe 1926 schlug ein von mir gefaßter Nationalsozialist so heftig aufs Pflaster, daß er verstarb. Mein Name wurde in diesem Zusammenhang nicht genannt. Ich wurde auf Grund des Vorkommnisses zur Lebensmittelpolizei versetzt.«
Zwischentitel: »Neue Bewährung«	0'09"	Stille
2'55" I (Parade)		
(Berlin. Tag von Potsdam)		
Militärkolonne marschiert mit Musikkapelle / Fahnenträgergruppe / marschierende Soldaten nah	0'10"	Marsch
	0'07"	Marsch
Fahnenträger marschieren durch Tor / Blick von Fenster über Platz mit aufmarschierten Kolonnen / Fahnenträger im Stechschritt	0'20"	Marschlied, zugleich auch ein anderer Marsch hörbar
Matrosen im Stechschritt / SA mit Fahnen/ Polizei marschierend / reitende Polizei mit gezogenem Säbel /SA grüßt mit Vorbeimarsch	0'20"	Marsch
		Marsch langsam weg
Gesicht des Porträtierten	0'11"	Stille
Zwischentitel (mit Hinweis auf SA-Standartenführer und 9. November) (anschließend sofort)		
4'03" II (SA-Sportfest)		
(Sporthalle mit Publikum auf Tribüne, dazu NS-Prominenz)		
Fahnenschwinger / Tribüne mit Göring / Sportler im Trikot mit Medizinball / Göring leutselig / Sportler mit Medizinball marschieren und gruppieren sich / marschieren am Ort / Zuschauer auf Tribüne	0'47"	Marsch
		Marsch langsam weg
Sportler werfen Bälle hoch, fangen sie auf, legen sie ab	0'07"	Stille
Sportler nehmen Haltung an, lokkern sich / Göring freut sich / wieder Werfen der Bälle / Zurückwerfen	0'16"	Marsch
		Marsch rasch weg
Haltung annehmen, lockern, Bälle ablegen	0'05"	Stille
Tribüne / Sportler formen Hakenkreuz / Fahnen in der Mitte	0'11"	Marsch
		Marsch langsam weg
Zwischentitel: »Im Krieg bereit«		Stille

Wieder Gesicht des ehemaligen Polizisten Dokumentarische Bilder aus Krieg in Rußland		Sprecher: »Ab Februar 1942 gelangte meine Polizeieinheit in den Osteinsatz, Mittelabschnitt. Hervorzuheben ist das Bezirkssportfest in Minsk.«
Häuser in München		Sprecher: »Nach Bewährung im Osten jetzt Bewährung unter den Alliierten . . . Ich wurde nunmehr zur Einstellung als Polizeihauptwachtmeisteranwärter vorgeschlagen und bestätigt.«
	0′06″	Stille
6′30″ III (Kirchentag München)		
Menschenmenge auf Platz von oben	0′45″	Barock-Musik, verfremdet; offenbar Rezitativ-Begleitung ohne dazugehörende Stimmen / darüber Sprecher: »An den Absperrmaßnahmen anläßlich einer großen kirchlichen Veranstaltung nahm ich gern teil. Hervorzuheben war die Gefahr von Taschendieben, gegen die vorzugehen war . . .«
Offenes Fenster, auf dem Fensterbrett Kissen, darunter Stuhl / ehemaliger Polizist vor dem Haus		Sprecher: ». . . bewährt und gleichermaßen als ein Werkzeug des Volkes wie als Diener der Vorgesetzten oder als Diener des Volks, so wie es gelernt worden ist und eingeübt.«
10′50″ IV (Polizeisportfest)		
Sportplatz mit Zuschauern und alliierten Militärkapellen / Schwenk über Platz / Schimmel springt über Hindernis / zwei Schimmel springen / Sportler springen über Kraftrad / Sprünge / Motorräder kreisen in Formation / fahren durcheinander / vom Sprungbrett Sprünge von Sportlern über	1′03″	Marsch
fahrendes Motorrad	0′02″	Marsch
Zwischentitel: »Ich werde jeden in die Fresse schlagen, der sich nicht demokratisch benimmt.«	0′15″	Marsch

Ende des Films

Von diesen vier Komplexen ist der dritte ziemlich konventionell. Es handelt sich um eine leicht ironische Untermalung der Bilder von einem evangelischen Kirchentag mit Musik. Über eine wochenschauartige Bildfolge wird ein einziger Musikteil und darüber noch Sprechertext gelegt. Bemerkenswerter ist die Musik. Kluge wählte Klänge, die sich anhören wie ein Rezitativ aus einer Passionsmusik der Generalbaßzeit. Man hört nur den Instrumentalpart. Die Singstimmen, die er als Begleitung stützen soll, fehlen. Eine Ruine evangelischer Kirchenmusik wird präsentiert, die Feierlichkeit des Ereignisses mit beschädigter Barockmusik unterlaufen.
Ähnlich verhält es sich mit Teil vier. Wieder verklammert ein größeres Stück (Marsch)Musik eine Reihe von Reportage-Einstellungen von einem Polizeisportfest der Nachkriegszeit. Text fehlt. Die Montage paßt sich dem Rhythmus der Musik an. Viele Schnitte liegen präzis auf Akzenten der Musik. Kurz vor Schluß »stolpert« die Musik. Man hört plötzlich zwei Sekunden lang ein anderes Stückchen Marsch. Dann folgt 15 Sekunden lang wieder ein Marschstück, das langsam verstummt, während der letzte Titel erscheint. Das Schneiden auf Musik gibt den Bildern mit Sportartistik einen Anflug von choreographischem Arrangement.
Der Komplex eins, die Parade, ist exakt auf Marsch-Musik geschnitten. Die Musik setzt ein, wenn eine Marschkolonne mit Musikkapelle an der Kamera vorbeimarschiert. Der zweite Marsch wird angeschnitten auf nah gefilmte Soldaten im Marsch. Beim Schnitt auf die Fahnenträger erklingt ein Marschlied. Es wird zum Teil überlagert von einem Instrumental-Marsch. Das Musikgemisch ertönt genau dann, wenn die Kamera von oben auf den Platz hinunter mit den stehenden Marsch-Kolonnen blickt. Es ist die einzige Einstellung, in der sich im Bild nichts bewegt und nur die Kamera eine kleine Bewegung ausführt. Wenn Lied und Marsch sich wieder trennen, das Lied allein zu hören ist, zeigt der Film Fahnenträger im Stechschritt. Es folgt der vierte Marsch zu mehreren Einstellungen von paradierender SA und Polizei. Die Musik dieses Komplexes besteht aus vier verschiedenen Teilen. Sie ist sorgfältig durchtaktiert, der Pulsschlag bleibt trotz des häufigen Wechsels der Stücke unverändert, ungestört. Die Märsche wirken wie aneinander geschnitten. In Wirklichkeit sind sie sehr schnell ein- und ausgeblendet. Dadurch entsteht eine sehr schmale,

aber merkbare Zäsur, die sich exakt mit dem Bildwechsel verbinden läßt.
Im musikalischen Arrangement seiner Filme gibt sich Alexander Kluge zu erkennen als ein Filmemacher, bei dem der Hauptakzent seiner Kreativität auf der Kombinatorik liegt. Der Kontext aus Bild, Text und Musik mit der Fülle an Assoziationen und Verweisen sowie dem permanenten Einsatz von Verklammerungen weist ihn aus als einen Regisseur, dessen technisches Instrument Nummer Eins weniger die Kamera zu sein scheint als der Schneidetisch.

3. Jean-Marie Straub

Im Hinblick auf »Musik im Film« nach Gemeinsamkeiten zu suchen zwischen Herzog und Kluge einerseits und Jean-Marie Straub auf der anderen Seite, bringt kaum Ergebnisse. Straub hat, wie noch kein anderer, die Beziehung zwischen Musik und Film radikalisiert. Manchmal entsteht der Eindruck, er wolle die Leute im Kino nur zum Abhören von Musik versammeln und die Augen allenfalls notdürftig beschäftigen (oder: sie mit Bildern nicht von der Musik ablenken). Der Regisseur Bernardo Bertolucci hat gesagt: »Schaut Euch Straubs Tonband über Bach an!« Er meinte die CHRONIK DER ANNA MAGDALENA BACH, jene erstaunliche Mischung aus Konzertfilm, Filmkonzert, biographischem Film, Kostümfilm, love story, Dokumentarfilm, geschichtlicher Rekonstruktion, Melodram, eine Mischung, die von allem etwas hat und nichts von alledem ist. (Mit der CHRONIK hat sich Richard Roud in seinem Buch über Straub eingehend beschäftigt.)
In den Filmen von Herzog und Kluge kann man sich damit auseinandersetzen, welche Ausdehnung und welchen Ort die Musik einnimmt. Bei Straub kann man das nicht immer. In den beiden Filmen auf Musik von Arnold Schönberg zum Beispiel werden Musikstücke vollständig gespielt, und die Filme richten sich danach. Statt Analyse ist deshalb Beschreibung angebracht. Sie beschäftigt sich kurz auch mit zwei Filmen Straubs, die Musik kaum oder gar nicht enthalten, es auf unerwartete Weise aber doch tun.
Bis zum Frühjahr 1976 hat Jean-Marie Straub drei Kurzfilme, einen mittellangen und vier lange Filme gedreht. Als Urheber

von Musik in diesen Filmen nennt er: Johann Sebastian Bach und François Louis für MACHORKA-MUFF; Béla Bartók und J. S. Bach für NICHT VERSÖHNT; J. S. Bach für CHRONIK DER ANNA MAGDALENA BACH, DER BRÄUTIGAM, DIE KOMÖDIANTIN UND DER ZUHÄLTER, GESCHICHTSUNTERRICHT; Arnold Schönberg für EINLEITUNG ZUR BEGLEITMUSIK ZU EINER LICHTSPIELSCENE und MOSES UND ARON. Von François Louis abgesehen, alles Namen von Rang, erste Adressen in der Musikwelt.

Hauptwerk von Straubs »Bach-Phase« (1962–1968) ist die CHRONIK. In den andern Filmen kommt Bachmusik vor, als stimulierendes, meist jedoch provozierendes Zitat, das mit der »Handlung« des Films wenig zu tun hat, ihrem Ablauf so etwas wie aseptische Akzente aufsetzt. Bachklänge neutralisieren Stimmungen. (Erzeugen aber auch andere, wovon die CHRONIK einen großen Teil ihrer Wirkung bezieht.) Eine Folge bekannt anmutender Bach-Takte, der Choral aus der Kantate Nr. 11 zu Fest Christi Himmelfahrt mit dem Text »Der Tag, wenn wirst Du sein, daß wir den Heiland grüßen. Komm, stelle dich doch ein!«, als hehres Kulturgut längst in jenem Teil des Musik-Museums aufgebahrt, wo man am wenigsten Sinn für Ironie und Zweckentfremdung kennt, diesen Choral läßt Straub zu einer Fahrt von 150 Sekunden spielen, vorbei an Münchens ödem Strich an der Landsberger Straße. So geschehen in DER BRÄUTIGAM.

Ein Jahr danach, 1969, entstand OTHON , die Wiedergabe des Schauspiels von Corneille in Parks und Villengärten von Rom. Es gibt keine Musik mehr, nicht einmal die der Sprache. Die Verse laufen eilig vorbei wie die Zeilen in einem Fernschreiber. Dafür trägt sich im akustischen Hintergrund Erstaunliches zu. Der Verkehrslärm, das ferne, nie abreißende Dröhnen von den Straßen, dieses dünne Dauergeräusch über jeder Szene wird langsam Klang, je länger der Film dauert. Der Leerraum, den konventionale Musik durch ihr Ausbleiben zunächst hinterlassen hat, füllt sich mit Klängen, die in der Nähe von »musique concrète« zuhause sind. (Konkrete Musik arbeitet mit Klang in seinem ursprünglichen Zustand, mit Geräuschen.)

Im Verzeichnis der Mitwirkenden von GESCHICHTSUNTERRICHT ist auch J. S. Bach erwähnt. Von ihm stammt freilich nur der jubilierende Chor am Ende des Films, wenn die Kamera den berühmten römischen Brunnen mit einem Frauenkopf zeigt. Die langen, schier endlosen Fahrten der Kamera, zwischen neun und elf Minuten lang, die den Film gliedern, bringen indessen ihre eigene Musik hervor. Die Kamera hockt in einem kleinen Auto, das sich in Rom mühsam und krächzend den Weg durch die engen Straßen eines alten Viertels bahnt. Im Auto ist auch das Mikrophon. Es nimmt ganz nah und direkt auf, was auf diesem Weg zu hören ist. Die Schaltung des Wagens kreischt, der Motor heult. Worte, Huptöne, Rufe, Lärm von außen. Die Musik der Straßen Roms wird eingefangen. Motorenkrach als klingendes Objekt. Verkehrslärm als musikalische Struktur.

Im gleichen Jahr wie GESCHICHTSUNTERRICHT, 1972, entsteht der erste Film auf Musik von Arnold Schönberg. Zum erstenmal seit der CHRONIK ist Musik wieder die Hauptsache. Man hört diesmal ein vollständiges Werk, während die CHRONIK noch heftig darum bemüht war, aus jeder Gattung, für die Bach etwas komponiert hatte, ein Werk zu präsentieren, und sei es nur ausschnittsweise.

Überrascht stellt man fest, daß jeder der zwei Schönberg-Filme einen Wortteil ohne Musik mitbringt. Der dritte Akt von MOSES UND ARON wird gesprochen, weil es Musik dazu nicht gibt. DER BEGLEITMUSIK gehen die vom Wort beherrschten Abschnitte voraus. Der vollständige Titel EINLEITUNG ZU ARNOLD SCHOENBERGS BEGLEITMUSIK ZU EINER LICHTSPIELSCENE trifft die Sache deshalb sehr genau. Die Einleitung ist mit 7′10″ fast so lang wie die Musik (8′50″). Der Film beginnt mit dem Schlußbild aus GESCHICHTSUNTERRICHT, mit dem Blick auf den römischen Brunnen. Dann plaudert Straub auf einer Terrasse über Schönberg. Dazwischen werden einige der Selbstporträts des malenden Komponisten gezeigt. Im Bild erscheinen ferner als Sprecher oder Vorleser: Danièle Huillet, der Filmemacher Peter Nestler (er verliest im Sprecherstudio einen gesellschaftskritischen Text von Bert Brecht) sowie der Filmemacher Günter Peter Straschek. Er verliest, ebenfalls im Studio, einen Brief, in dem Schönberg seine Weigerung mit Kandinsky zusammenzuarbeiten, mit der antisemitischen Einstellung des Malers begründet. Straschek liest gegen den Strich des Textes, setzt Einschnitte, wo sie nicht erwartet werden, kerbt die Sätze an »unpassenden« Stellen, um sie fremder zu machen und dem Text erhöhte Aufmerksamkeit zu sichern. Dahinter erklingt, endlich, die Musik, als würde sie dem Vorleser ins Studio gespielt.

Das Orchester nicht zu zeigen, die Zulieferer von Worten hingegen vor die Kamera zu bringen, diese Arbeitsweise steht in diametralem Gegensatz zur CHRONIK, wo Musik im Vollzug gezeigt wird und das Wort fast ausschließlich aus dem Off kommt, und andererseits in engem Zusammenhang mit der Art, wie Straub Schönbergs Oper anpackte. Wieder hat er es bei MOSES UND ARON mit einem latent politischen Text zu tun. Da er genug kritische Brisanz und Radikalität birgt, konnte sich der Regisseur ganz der Vermittlung des Werkes widmen. Sein Film ist, um eine Bemerkung Mozarts abzuwandeln, schlechterdings der Musik gehorsamer Sohn geworden. Noch nie ist ein bedeutendes Werk des modernen Musiktheaters mit mehr Respekt gefilmt worden. Ob das optische Ergebnis den Rang des akustischen erreicht, darüber aber gibt es noch keine Einigung.

Von einigen Musikern abgesehen, dürfte kaum jemand Schönbergs Oper so gut kennen, wie Jean-Marie Straub und Danièle Huillet. Sie wußten von Anfang an genau, welchen Typ von Dirigenten sie für die Musikaufnahmen nicht wollten. Sie hatten die Geduld zur Suche. Das Projekt war, als endlich gedreht werden konnte, schon an die 15 Jahre alt. Als Dirigenten fand man Michael Gielen und im Österreichischen Rundfunk einen Partner, der Sinfonieorchester und Chor für die lange Zeit der Musikproduktion bereitstellen konnte.

Der Regisseur verfügte, als er im Sommer 1974 in der alten Arena neben der römischen Siedlung Alba Fucense bei Avezzano zu drehen begann, über ein Tonband, das in mehrfacher Hinsicht ungewöhnlich war. Es enthielt nur den Orchesterpart der Oper und zwar in branchenunüblicher Trockenheit. Die Aufnahme hatte nur ein Minimum an Hall. Da jede Sprech- und Singstimme fehlte, mußten alle, die in der Oper den Mund aufzumachen hatten, dies in der Arena vor Kamera und Mikrophon tun. (Ausnahme: das Zwischenspiel mit Chor und Orchester vor dem zweiten Akt.) Studio-Klang des Orchesters mit Freiluft-Akustik hinter den Stimmen zu vereinen, das war neu. Die Vorteile des Verfahrens: Spannung einer live-Aufführung, verbunden mit Perfektion in den instrumentalen Teilen. Dank der Fähigkeiten des Dirigenten, die komplizierten Strukturen des vielschichtigen Orchesterparts aufzulichten und durchhörbar zu machen, besitzt der Soundtrack des fertigen Films eine Brillanz und Klarheit, die sogar von den unzulänglichen Lautsprechern der Fernsehgeräte nicht ganz verschluckt wird.

Der Koloß *Moses und Aron* hat sich noch bei jeder Bühnenaufführung der Szene widersetzt. Ausdruck und Gefühlsbewegung ist in den handelnden Personen gesammelt, Aktion in den Stimmen konzentriert. Die Oper ist ein Oratorium. Straubs Methode, diesen Film zu machen, kommt dem statuarischen Charakter des Werks entgegen. Die Anstrengung und Konzentration bei der Arbeit vor der Kamera verdichten sich zum dramatischen Impuls. Dem Mangel an Aktion entsprechen Kamera und Montage durch einen Hang zum Verharren, zu lastend-schwerem Fortschreiten, zu einem schier mühseligen Tempo.

Moses und Aron

Im Schnitt hantiert Straub zusätzlich mit Schwarzfilm, Weißfilm und einigen Bewegungen der Kamera, die zunächst meist als unerklärlich, verstörend empfunden werden.
Schwarzfilm hilft dem Regisseur auszusparen, was ihm entweder überflüssig oder unmöglich erscheint, dargestellt zu werden. Dazu gehören Vorspiele des Orchesters bis zum Einsatz der Stimmen im ersten Akt, das Zwischenspiel vor dem zweiten Akt mit den gezischelten Worten »Wo ist Moses? Wo ist der Führer?« sowie zwei Stellen im Abschnitt »Das Goldene Kalb und der Altar« im zweiten Akt. Straub hat hier zwei besonders grausame, blutrünstige Vorschriften Schönbergs durch

Schwarzfilm ignoriert und regelrecht unsichtbar gemacht: Vieh ist zu schlachten, ein Jüngling zu erschlagen. Diese schwarzen Momente finden sich im Film genau an den Stellen, denen in der Musik zwei formale Einschnitte entsprechen, Takte, in denen die Musik stockt, langsamer wird, sich staut. Im Takt 353 der Partitur schreibt der Komponist vor, die Lautstärke von ganz leise zu ganz laut zu steigern und dabei das Tempo ein wenig langsamer werden zu lassen. Am zweiten Staupunkt, Takt 597, heißt es »stark zögern« und dabei die Lautstärke von ganz laut auf leise zurückzunehmen.

Weißfilm kommt im Zusammenhang mit dem Goldenen Kalb vor. Er erscheint, hart hineingeschnitten, als Aron das Volk auffordert, Gold herbeizuschaffen. Der Weißfilm steht somit für die Erschaffung des Goldenen Kalbs, die nicht gezeigt wird. Das zweitemal verwendet ihn der Regisseur, als Moses nach seiner Rückkehr vom Sinai das Kalb verflucht. »Vergeh, du Abbild des Unvermögens, das Grenzenlose in ein Bild zu fassen!« schreit Moses. In einer Überblendung auf Weißfilm löst sich das Kalb in Nichts auf. Die beiden Weißfilmstellen stehen in Verbindung mit Chorpartien, mit Äußerungen des Volks, in denen es sich zuerst beim Erscheinen des Kalbs über das Glück freut, das mit Sichtbarem, mit Farben, mit Gegenwart verbunden ist. Beim Verschwinden des Kalbs klagt das Volk über das Trübe und Lichtlose des unsichtbaren Gottes.

Die Kamera blickt auch in diesem Film Straubs meist starr vor sich hin, keineswegs immer frontal, sondern aus geschrägten Winkeln, die auf den Akt des Zeigens aufmerksam machen. Sie unternimmt – und das entspricht durchaus wieder der Arbeitsweise der CHRONIK – nichts, um die Musik zusätzlich (für Straub: falsch) zu akzentuieren oder zu illuminieren: die Elemente, das heißt: die elementaren Bestandteile des Films werden nicht bis zur Unablösbarkeit des einen vom anderen miteinander und ineinander verhakt und verschliert; sie üben keine Herrschaft gegeneinander aus und erzeugen keine Abhängigkeiten; jedes Element ist und bleibt für sich erkennbar und in seiner Beziehung zu jedem anderen Element. Diese Rigorosität (oder auch Sprödigkeit) im Respekt vor der Individualität des filmischen Materials bestimmt die Konsequenz des Straubschen Filmwerks, das sich folglich auch in der Behandlung der Musik grundsätzlich von den erzählenden Filmen anderer abhebt, prinzipiell und unvergleichbar auch von Herzog oder Kluge, die bei aller Unterschiedlichkeit ihrer Filme dem musikalischen Arrangement mehr oder weniger melodramatische oder zumindest »kommentierende« oder Zusammenhänge, Bedeutung, Stimmung, Bewußtsein stiftende Funktionen zuweisen. Dennoch gibt es gerade (und überraschend) in MOSES UND ARON Kamerabewegungen von einer Sinnlichkeit, die umso stärker wirkt, als sie in einem im übrigen herben Bildkontext steht. Diese Momente werden deutlich von der Musik (und dem gesungenen Text) bestimmt. Auch dort gibt es ein ruhiges, cantables Thema, das sich deutlich heraushebt. Es hat mit Textstellen zu tun, in denen von der ungelenken Zunge des Moses die Rede ist, von seinem Unvermögen, Gedachtes überzeugend in Worte zu fassen, Ideen in sinnlich erfaßbare Bilder umzuwandeln. Wenn dieses Thema zu den Worten »Ich kann denken, aber nicht reden« zum erstenmal erklingt, wird die Kamera ganz unerwartet »befreit«. Sie blickt um sich und zeigt in einem Fünf-Minuten-Schwenk die Arena, bezieht dann die Umgebung ein, Sträucher, Büsche, Steine, Hügel, Wolken, bis sie auf den Gipfeln des weit entfernten Monte Velino innehält.

Verhält sich die Kamera an dieser Stelle kontradiktorisch, kontrapunktisch zu Musik und Text, indem sie quasi ausspricht, was Moses nicht in Worte zu fassen versteht (sinnlich erfaßbare Bilder), so funktioniert sie an einer anderen, ganz ähnlichen Stelle durchaus konform zu Musik und Text. Auch hier erhebt sie frei den Blick, holt Atem und saugt Freiheit ein. Es ist der Nil, den sie überschauen darf. Das ereignet sich in der vierten Szene des ersten Akts. Aron jauchzt, daß Pharao im klaren Wasser des Nils untergehen werde, und da sieht man den Strom auch schon, gezeigt in zwei großen Bewegungen von links nach rechts. Der Chor, das Volk, bricht in Jubel aus: »Allmächtiger, Du bist stärker als Ägyptens Götter.« Diesem optischen und musikalischen Aufschwung folgen 135 Sekunden Schwarzfilm über dem Zwischenspiel zum zweiten Akt.

Trotz solcher Aufhellungen empfindet man (empfinde ich) MOSES UND ARON als ein auf Musik gestülptes Bilderrätsel. Das rigoros konstruierte Form-Gerüst, das der Film über die Musik baut und an ihr festmacht, muß mühsam enthüllt werden.

Der Leser sollte jetzt nochmal auf Seite 45 zurückblättern, die beiden Vorbemerkungen lesen und sich auf die Suche nach den

Betrügern machen. Es könnte sein, daß er keinen findet, nur auf einige der bestimmten Fälle stößt und auf wenig Feigheit. Vielleicht wird mancher, der es mit Buñuel für gefährlich hält, sich zu sehr auf Musik zu verlassen, einen vorwurfsvollen bedenklichen Blick auf Jean-Marie Straub werfen. Verläßt sich Straub zu sehr auf Musik? Er baut Filme auf Kompositionen wie er sie auf Theaterstücke baut und auf Bücher. Er errichtet sich seine Filmwelt zwischen den Stühlen, weil er nicht erzählen will, vielmehr dozieren und desorientieren. Musik ist ihm dafür manchmal Fundament und Gerüst zugleich.
Alexander Kluge, der Filme ohne Musik gar nicht machen kann, nutzt sie bewußt und listig, wertet sie zum selbständigen Erzählelement auf und verweigert ihr zugleich die Verführungsmacht der Perfektion. Die Musik seiner Filme ist ungeniert mit Gefühlen liiert und oft randvoll mit Sentimentalität beladen. Deshalb wird sie knapp am Zügel geführt.
Werner Herzog überlegt sich gut, wann und wo er Wohlklang im Film erscheinen läßt. Klangsinnlichkeit präsentiert er unbefangener als Straub und Kluge, kalkuliert dabei sparsamer als vermutet. Er weicht weniger vor den Fallgruben des Irrationalen und Unbewußten zurück, die Musik bereithält, geht übers Seil ohne das Sicherheitsnetz aus Verfremdungstechnik und ohne die Leitschnur eines Dogmas. Straub zeigt das Gorgonenhaupt, Kluge tänzelt drumrum, während Herzog es küßt.
Die Widersprüche zwischen dieser Praxis und Buñuels These können gelöst werden. Buñuel hat Hollywood im Ohr. Er meint Filmmusik vom Schlage André Previns. Doch Herzog, Kluge und Straub verwenden Nichtfilmmusik. Sie bevorzugen Musik, die dem Bild nicht angepaßt und auf den Szenenhintergrund gepinselt ist nach Produzenten-Kriterien. Für sie ist Klang der Partner, nicht ein bestellter Komponist.

Der Musikkritiker kann sich oft an Noten halten oder wenigstens an den Konzert-Mitschnitt seines Kasettenrecorders. Dem Kunstkritiker läuft der Gegenstand oder wenigstens dessen Abbild nicht davon. Wer über Filme schreibt, hat weder Partitur noch Kopie, nur sein Gedächtnis, Notizblock, allenfalls den Soundtrack-Mitschnitt. Darum wird wahrscheinlich nicht wenig von diesen Anmerkungen, Vermutungen, Feststellungen verändert, berichtigt, ergänzt werden müssen – nach dem Wiedersehen der Filme.

innen/außen/innen
Funktionen von Raum und Landschaft

Von Peter W. Jansen

1.1

Francis Ford Coppola, so wird berichtet, habe JEDER FÜR SICH UND GOTT GEGEN ALLE für den Verleih in den USA unter anderem erworben, weil man bei Werner Herzog lernen könne, wie Landschaft zu filmen sei. Coppola scheint FATA MORGANA nicht zu kennen. Und: warum hält er sich nicht an Filme von John Ford? Vielleicht weil das Monument Valley – zum Beispiel *Stagecoach; Fort Apache; She Wore a Yellow Ribbon* – für das amerikanische Kino längst standardisiert ist und vernutzter als Dinkelsbühl? Bei Ford (oder Hawks oder Walsh) ist Landschaft immer zugleich Bühne und Motiv von Aktion, sie bestimmt das Verhalten, die Reaktionen, die Handlungen der Personen; sie ist die konkrete räumliche Dimension von konkreter Zeit (wie lange braucht eine Patrouille zurück zum Fort?); sie definiert Entscheidungen und Bewußtsein der agierenden Personen, ist selbst ein Agens und: sie wird dem Zuschauer über Handlung, Pragmatismus oder Versagen der Personen im Film vermittelt; sie tritt ihn nicht unmittelbar an.
In den Filmen von Werner Herzog ist Landschaft Fiebertraum (JEDER FÜR SICH), Obsession (LEBENSZEICHEN), reine Vorstellung (LAND DES SCHWEIGENS UND DER DUNKELHEIT) der Personen, und sie funktioniert vor allem an ihnen vorbei, über sie hinweg, ohne von ihrer Anwesenheit Notiz zu nehmen oder sie zu prägen, menschenleer, direkt an Gefühl, Bewußtsein, Erinnerung, Stimmung des Zuschauers appellierend (die meisten Panoramen in AUCH ZWERGE HABEN KLEIN ANGEFANGEN, fast alle im Kaspar-Hauser-Film, total in FATA MORGANA). Aktion- und personenvermittelt ist Landschaft allenfalls in AGUIRRE, DER ZORN GOTTES, fast könnte man versucht sein, an die Funktionsweise von Landschaft in amerikanischen Western, dem US-Landschaftsfilm par excellence, zu denken; aber anders als im

Western haben die Eroberer in AGUIRRE, von Anfang an deutlich, nie die geringste Chance, mit der Raum-Zeit-Dimension des Amazonasdschungels fertigzuwerden oder wenigstens zu akkordieren. Landschaft ist in den Filmen von Herzog nicht nur eine elementare Gewalt, an die es ebensowenig Anpassung geben kann wie menschliche Usurpation gelingen könnte, sondern, innerhalb des Funktionszusammenhangs der Filme, eine den internen Kontext überspringende direkte Adresse an den Zuschauer.

2.1

Absolute Landschaft, wie bei Herzog, gibt es bei Alexander Kluge allenfalls als Zitat oder in zitathaft knappen Bildern segmentierter Blicke, die dann niemals den Eindruck erwecken, daß jenseits des Bildrands noch mehr Landschaft zu sehen wäre. GELEGENHEITSARBEIT EINER SKLAVIN (1973) enthält am Anfang, in der Mitte und am Ende Landschaftsbilder aus *Tschapajew* (R: Georgij und Sergej Wasiljew. 1934), die dunkle Herbstnacht, in der Weißgardisten Tschapajews Quartier überfallen und den Revolutionär töten: ein Feindbild im Sinne des Wortes, das hier eine ganz andere Funktion erfüllt als zwei Jahre zuvor in Herzogs LAND DES SCHWEIGENS UND DER DUNKELHEIT (1971), wo die verdunkelte, wolkenverhangene Landschaft (viel Himmel über einer schmalen Erde) für den Zuschauer ein Bild insinuiert, das die taubblinde Fini Straubinger niemals sehen kann, aber als gesehen empfindet; der Zuschauer wird an die Empfindung mit einer Bildvorstellung angebunden, während Kluge seine Roswitha Bronski in den Rahmen des erfolgreichen Revolutionsfilms politisch einbindet.
Kluges Statement zur Bedeutung, die er der absoluten Landschaft, das heißt der nicht direkt handlungs- oder personenvermittelten Landschaft, für den unmittelbaren, »kommentierenden« Kontakt zum Zuschauer einräumt, findet sich ganz ausgeprägt in DIE ARTISTEN IN DER ZIRKUSKUPPEL: RATLOS und ist von ihm bisher nicht durch andere Bilder widerrufen worden: ein in Abschattierungen von Grau liegender Regentümpel, dessen Oberfläche von Windstößen flirrig bewegt wird. In diesem Bild, das am ehesten an vom Wind bewegte Baumwipfel bei Jean-Marie Straub erinnert, ist der Himmel, der bei ausgesproche-

nen Landschaftsfilmern meist den größeren Teil der Leinwand für sich beansprucht, zum Gegen-Bild geronnen, in dem man ihn allenfalls vielfach gebrochen widergespiegelt sieht.

3.1

In Straub/Huillets CHRONIK DER ANNA MAGDALENA BACH gibt es zwei personengebundene Blicke in die Außenwelt und zwei unvermittelte, absolute Exterieurs. Einmal geht der Blick Anna Magdalenas nach außen, schweifend-absichtslos, nicht mit der Intention: etwas zu sehen; sie liegt im Bett und erinnert sich an eine Aufführung in Leipzig: »Mit Freuden sei die Welt verlassen« – und die »Welt«, das sind sanft im Wind sich drehende Blätter von Bäumen vor einem fast farblosen Himmel mit leichtem Wolkenzug. Das anderemal steht Bach am Fenster mit Blick nach draußen, die Kamera erfaßt ihn von hinten und schräg von unten, und man sieht wieder Bäume, aber Bach

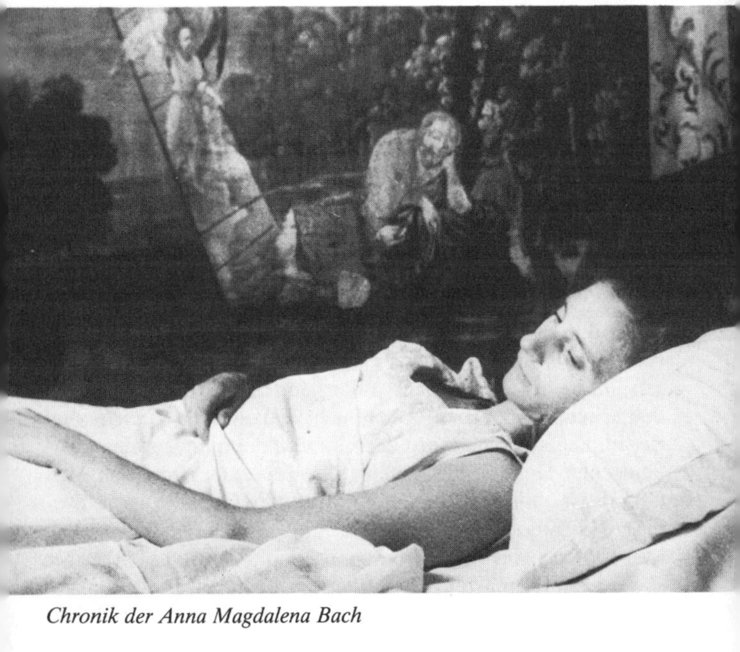

Chronik der Anna Magdalena Bach

selbst sieht sie nicht, Straub läßt ihn einen Blick in die Außenwelt erst tun, wenn er erblindet ist: einen Nichtblick. Die beiden absoluten Landschaften sind dagegen nicht von innen nach außen gefilmt, sondern nur außen: Sonne über dem Meer, Steine im Vordergrund. Anders als bei Herzog sind diese personenunabhängigen Einstellungen keine Privatadresse des Filmemachers an sein Publikum (das sich hüten sollte, Symbolisches darin zu sehen), sondern ganz praktisch an die Mittelsperson des Vorführers: an das Ende der Filmrollen geschnitten, sollen sie bei der Projektion verhindern, daß, wie sonst üblich, in sich abgeschlossene und vollständige Einstellungen/Szenen überblendet werden, wodurch das Ende der einen und der Anfang der anderen beschädigt wird.
Die absolute Landschaft bei Straub/Huillet soll kein Gefühl machen. Es fällt auf, daß zumal in den Filmen, die nur aus Außenaufnahmen bestehen und die Gelegenheiten genug gegeben hätten zu einer Verselbständigung des Blicks, genau das nicht geschieht, weder in OTHON noch GESCHICHTSUNTERRICHT noch MOSES UND ARON. Selbst wenn in MOSES UND ARON die Kamera zweimal das Realitätsfeld der Personen zu verlassen scheint, bleibt sie innerhalb des musikalisch-textlichen Zusammenhangs des Oratoriums. Der Landschaft wird in den Filmen von Straub ebensowenig wie anderen Parametern und Konstanten erlaubt, sich in den Vordergrund zu wölben und Herrschaft auszuüben. Auch sie ist nur Teil, nur gleichrangiges Element vollkommen demokratischer Verhältnisse.

Exkurs: Tradition sowie Fassbinder, Wenders

Das Bild der Landschaft hat Tradition im deutschen Film. Sie reicht von Murnaus *Nosferatu* und Wendhausens *Chronik von Grieshuus* bis zu Murnaus amerikanischer Produktion unter deutschem Vorzeichen (Drehbuch: Carl Mayer) *Sunrise* und tief in die dreißiger Jahre der Ufa und die fünfziger des westdeutschen Heimatfilms hinein. *Die verkaufte Braut* von Max Ophüls ist ohne Wiesen, Felder, hügeliges Gelände ebensowenig zu denken wie *Die goldene Stadt, Immensee* und andere Melodramen von Veit Harlan; und Arnold Fanck, Luis Trenker sowie Leni Riefenstahl (*Das blaue Licht*) ließen sich zumal auf Berglandschaften ein, wie später die Förster- und Wilddieb-

Spiele der Adenauerzeit, bis ihnen der kritische Heimatfilm der siebziger Jahre ebenfalls mit Landschaften zu widersprechen schien (etwa *Jaider, der einsame Jäger* von Volker Vogeler).
Neben dieser Tradition,die freilich nicht akademisch und so zu verstehen ist, als seien Bilder von Hand zu Hand gereicht worden, sondern die eine weitgehend unreflektierte vor-bildliche Disposition des Bewußtseins ist – neben dieser Tradition kennt der deutsche Film die extrem andere des gebauten, eingegrenzten Raums, auch der Enge. Es ist eine eher architektonische Aneignung, für die Namen wie Fritz Lang seinerzeit und Rainer Werner Fassbinder heute stehen können. In *Metropolis* oder *Angst essen Seele auf* – um zwei sonst ganz unvergleichbare Filme gerade deshalb zusammen zu nennen – dominieren die Bauten, Räume, Hallen, Treppen, Zimmer; Landschaft wird in ihnen nicht wahrgenommen. So sehr sie aus der ornamentalen Welt von *Metropolis* von vornherein ausgeschlossen ist, soviel Chancen hätte sie in Fassbinders Gastarbeiterfilm gehabt. Aber der Urlaub, in den Emmi und Ali fahren und der das Scharnier darstellt, um das man die beiden Teile des Films (zuerst die Feindschaft, dann die Ausbeutung) deckungsgleich aufeinanderklappen könnte – dieser Urlaub, der in der Mitte des Films Landschaft als eine Möglichkeit von (positiver) Gegenwelt ins Bild hätte führen können, wird in der Handlung ausgespart, er findet als Ellipse (und das heißt im Bild nicht) statt.
Fassbinders Menschen bleiben in Kneipen, Stuben und Höfen gefangen (*Katzelmacher; Warum läuft Herr R. Amok?; Der Händler der vier Jahreszeiten; Angst essen Seele auf; Faustrecht der Freiheit*), können den zuweilen preziösen Dekor, der sie mit seiner Verführung beherrscht, nicht verlassen (*Whity; Warnung vor einer heiligen Nutte; Die bitteren Tränen der Petra von Kant*), oder sie werden eingeschlossen in den Horror eines großen Hauses (*Effi Briest*; *Martha*). Bei der ersten Begegnung mit Helmut in Rom bleibt Martha stehen, so daß die Kameras sie und ihn umkreisen, einkreisen kann in einen magischen Zirkel, aus dem es einen Ausweg nicht mehr gibt.
Wo nicht die Einschließung der Menschen durch den ihnen vorgegebenen, gesellschaftlich vermittelten Raum manifest ist, werden die Menschen durch die Kamera gegen Außenwelt (Kontakte, Kommunikation) abgeriegelt. Das Melodram entwickelt sich bei Fassbinder aus dem Versuch der Menschen, die Verriegelung aufzubrechen – womit ein ferner, noch zuweilen

psychosomatisch verschatteter Horizont auf die Hoffnung geöffnet wird (die nur scheinbar, weil nicht in ihrem Sinn erkannten, ziel-losen Straßenbahnfahrten in *Ich will doch nur, daß ihr mich liebt*).
Anders leben die Filme von Wim Wenders »außen«, leben seine Figuren in Bewegungen, die nicht primär Aktionen einer dominierenden Kamera sind; obwohl man sich nicht täuschen sollte: die Kamera stiftet auch bei Wenders Zusammenhänge, die man gleichwohl als frei empfindet. Schon sein Kurzfilm *Same Player Shoots Again* zeigt die Faszination seines Autors durch die Doppelbewegung von Mensch und Kamera, genauer: durch die den vorwärtsgehenden (und hier: stolpernden) Menschen in Parallelfahrt begleitende Kamera. Solche auf Kamerabegleitung instrumentierte Szenen und Sequenzen finden sich später in *Summer in the City, Die Angst des Tormanns beim Elfmeter, Alice in den Städten.* In der *Falschen Bewegung* ist die Schienenfahrt der Kamera neben den Menschen her quasi »natürlich« geworden, wenn sich Wilhelm und Therese zum erstenmal sehen: zwei nebeneinanderfahrende Züge verlassen Hamburg, und Wilhelm (und mit ihm die Kamera) sieht am Fenster des anderen Zuges Therese, wie Therese (und mit ihr die Kamera) am Abteilfenster des gegenüber fahrenden Zuges Wilhelm erblickt. Eine Parallel-Szene dazu zeigt *Im Lauf der Zeit*, wenn, gegen Schluß des Films, Bruno in seinem Möbelwagen und Robert im Schienenbus eine Weile nebeneinanderher fahren: was in der *Falschen Bewegung* ein Anfang (mit einprogrammiertem Ende) ist, ist hier das von Anfang an einprogrammierte Ende selbst.
Eine der schönsten Kamerabegleitungen ist (in *Falsche Bewegung*) eine Parallelfahrt am Weinberg oberhalb des Rheins, der in den Biegungen des leicht ansteigenden Weges, den Wilhelm und der Mundharmonikaspieler gehen, immer wie neu und doch beständig ins Bild kommt. Aber was man dort in der Ferne sieht, ist ebenso weit entfernt von der schmutzigen, stinkenden Kloake der Realität dieses toten Wassers. Die Landschaft ist gereinigt durch Distanz, durch den fernen Blick: als ließe sich das durch Entfernung aufheben. Wenders' Menschen wollen der Kamera nicht entkommen: sie sind – wie Wilhelm vor dem Zugspitzpanorama mit dem Rücken zur Kamera – eher Zutaten zum dominierenden Hintergrund, Figuren in der Landschaft, und sei es die im Morgenlicht silbern glänzende Groß-

stadtsilhouette von München in dem Film *Silver City*, in dem von irgend individuell konturierten Menschen noch keine Spur war.

2.2.

Das Laufpensum, das Kluges Frauen, das Mensch und Kamera bei ihm zu absolvieren haben, scheint seine Filme in unerwartete Nähe zu den Filmen von Wenders zu stellen. Ob Anita G. (ABSCHIED VON GESTERN) oder Leni Peickert (ARTISTEN; DIE UNBEZÄHMBARE LENI PEICKERT) oder Inge und Rita (IN GEFAHR UND GRÖSSTER NOT BRINGT DER MITTELWEG DEN TOD) oder Roswitha (GELEGENHEITSARBEIT): sie sind stets zu irgend etwas unterwegs, Anita und Inge mit ihren Koffern, aber die dominierende Einstellung der Kamera ist dann nicht – wie bei Wenders – die Parallelfahrt. Die Kamera scheint diese Frauen nicht zu begleiten, sondern zu verfolgen, etwa Anita, wenn sie im Licht von

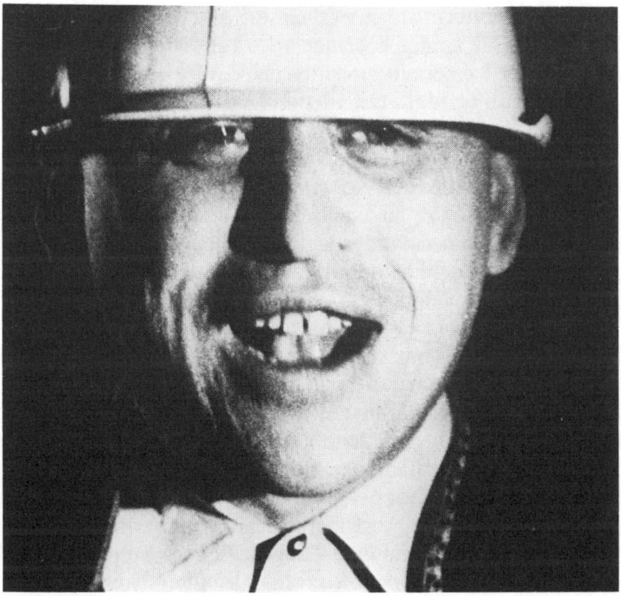

Willi Tobler und der Untergang der 6. Flotte

Abschied von gestern

Autoscheinwerfern an einer Häuserfront vorbeiläuft. Anita und ihre Gefährtinnen scheinen stets auf der Flucht davor zu sein, von der Kamera festgehalten und der Realität der Kamera subsumiert zu werden, mit allen Folgen, die solche Verdinglichung hat. Deshalb hat man in Kluges »realistischen« Filmen stets den Eindruck, daß seine Menschen eine Wirklichkeit auch außerhalb des filmischen Kontextes haben, und zumal Inge und Rita sind nie ganz zu fassen als Teile von und unter unorganisiert wuchernden, einander widersprechenden Wirklichkeitspartikeln, woraus der MITTELWEG selbst organisiert ist. Viel unterwegs sind auch die stärker fiktionalisierten Figuren Willi Tobler (WILLI TOBLER UND DER UNTERGANG DER 6. FLOTTE) und Ferdinand Rieche (DER STARKE FERDINAND), aber es ist bezeichnend für diese Filme, daß die Figuren entschieden in den Blick der Kamera hineinagieren: der Kamera entkommen zu wollen, kann ihnen niemals einfallen.

Seit seinem ersten Kurzfilm (BRUTALITÄT IN STEIN) zeigt sich Kluge vom Architektonischen und dessen Atomisierung oder Zerstörung fasziniert, von Gebäudeansichten und Innenräumen, von Hallen, Zimmern, Gängen, Fluren, Treppen, Dekken, Fußböden, Innenhöfen. In ABSCHIED VON GESTERN schwenkt die Kamera eine zerlöcherte Gipsdecke nebst Kron-

leuchter ab und dann hinunter auf eine betont gepflegt-bürgerlich ausgestattete Restaurationshalle, oder sie zeigt umgekehrt eine intakte, reich verzierte Stuckdecke und dazu einen zerstörten Zimmerboden: den Widerspruch bürgerlicher Existenz in architektonischer Emanenz suchend.
Auch in der Universität und im Justizgebäude begnügt sich die Kamera nicht mit Einstellungen, die für die Handlung erforderlich sind, auch hier präsentiert sie Stein- oder Marmorböden, hohe Decken, Wände, Säulen, Treppen; wenn Treppenhäuser ins Bild und in die Handlung kommen, sind sie fast durchweg sowohl von oben als auch von unten zu sehen; und Brutalität in Stein ist vollends das Gefängnis, in das Anita geht, schon der Innenhof akkurat gepflastert: ein Gitterraster über der Erde.
Das Zirkuszelt (ARTISTEN), aufzubauen und abzubauen, transportabel, veränderlich, beweglich, signalisiert schon Freiheit, doch Leni Peickert scheitert im Winterzirkus, einem Bau aus Stein. Ummauert, eingemauert ist der Blick für Roswitha (GELEGENHEITSARBEIT) durch graue Häuser, meist steil gegen einen lichtlosen Himmel aufgenommen, Enge herrscht in der Wohnung der Bronskis, zugestellt mit Menschen, Gerät und Büchern, und wenn die Abtreiberin Roswitha die Scheide ihrer Patientin weitet, scheint sie den Fötus aus einem Gefängnis zu befreien. Wenn Bronski aus dem Gefängnis heimkehrt, läuft er in seinem Zimmer hin und her, als sei er noch in der Zelle, dann schwenkt die Kamera über Häuser und den Innenhof, und Roswitha geht mit ihren Kindern in einem leeren, grauen Park spazieren. Erst auf den Bildern vom Park berichtet der Kommentar von Roswithas Absicht, politisch und gesellschaftlich aktiv zu werden: ein freier Entschluß zu einer befreiten und befreienden Tätigkeit. Bild (außen) und Entwicklung (innen) scheinen schon fast zu gut, zu banal einander zu entsprechen; aber was sich »außen« (im Freien) ereignet, ist oder insinuiert nicht Innerlichkeit, sondern Emanzipation und Extraversion zu gesellschaftlicher Arbeit.
Kluges Frauen bauen keine Häuser, keine Innenräume (im doppelten Sinn des Wortes), sie agieren vielmehr von innen nach außen. Anders die Männer: sie bauen entweder Raumschiffe und Imperien im All (WILLI TOBLER; DER GROSSE VERHAU) oder einen Befehlsstand in ein schon bestehendes festes Gebäude hinein: das ist des starken Ferdinand erste Tat als

Werkschutzleiter (Mobilität ist Sache seiner Freundin: sie kauft ein Taxi, sie will den Wohnwagen). Dem entspricht, daß nur die Frauen positive Gestalten sind, nur ihnen Befreiung, Änderung oder befreiende, ändernde Kraft und Energie zugeschrieben wird. Ihnen schafft Kluge einen imaginären Raum durch kommentierende Brechungen, Zitate und semantische Verwerfungen, die insgesamt das mythologische, mediale und politische Umfeld dieser positiv-naiven Figuren bezeichnen. Den Männern wird dergleichen auffällig verweigert, konsequent, denn in der gefährlichen Naivität des Radikalen Ferdinand Rieche haben deutsche Präzision und das politische Umfeld, in dem sie sich tummelt, selbst Gestalt angenommen.

3.2.

innen/außen/innen: es findet sich so schnell kein anderer Filmemacher, auf den das dramaturgische Schema noch weniger passen würde, als auf Jean-Marie Straub. Doch wenn es paßt, dann mit absolut zwingender Konsequenz. außen/innen/außen/innen/außen/innen/außen: das ist das szenische Muster von DER BRÄUTIGAM, DIE KOMÖDIANTIN UND DER ZUHÄLTER:

außen	Kamerafahrt Landsberger Straße	Bach
innen	antiteater-Szene	Dialog (Bruckner)
außen	James wird verfolgt	Dialog/Außengeräusche
innen	Trauung James/Lilith	katholische Liturgie
außen	Autoanfahrt Reihenhaus	Außengeräusche/Dialog
innen	Lilith erschießt den Zuhälter	Dialog
außen	Blick aus dem Fenster, Bäume	Gedicht (San Juan de la Cruz)/Bach

Die Filme von Straub/Huillet scheinen von einem strengen Schematismus beherrscht zu sein – und es ist die Konsequenz des Notwendigen, die sich allen Illuminierungen, dem Überflüssigen, den optischen und akustischen Manipulationen und Täuschungsmanövern und allen Überredungsversuchen verweigert. Bei Innenaufnahmen zeigt Straubs Kamera immer zuerst den Raum oder den Winkel eines Raums, ehe er die

Menschen hineintreten läßt, und wenn sie den Raum verlassen, verläßt die Kamera ihn nicht zugleich (NICHT VERSÖHNT): was ist und bleibt, ist der Raum, und die leere Szene macht umso eindringlicher auf die Füllung aufmerksam. Ähnliches gilt für Außenaufnahmen, etwa wenn Schrella auf eine Häuserreihe zugeht oder die alte Johanna Fähmel in das Gewächshaus, wo sie die Pistole holen wird: die Imagination des Zuschauers ist jedesmal schon in die Szene eingedrungen, ist in ihr vorhanden und zu Hause, ehe sich die Gestalten des Films hinzugesellen.
innen/außen/innen/außen usw.: beinahe scheint sich das Muster des BRÄUTIGAM im GESCHICHTSUNTERRICHT zu wiederholen. Aber der Film, der zwischen den beiden »Außen«filmen OTHON und MOSES UND ARON entstand, steht auch der szenischen Struktur nach zwischen ihnen. Der Stadtlärm von Rom, der den akustischen Raum von OTHON konturiert, gliedert mit den Fahrten des Interviewers durch die Straßen Roms den GESCHICHTSUNTERRICHT (und »innen«, im Auto, sind nur Kamera und Mikrofon; der Film ist immer »außen«), wie es Schwarzfilm und Weißfilm und personenunabhängige Rundblicke in MOSES UND ARON tun. Die Beharrlichkeit, mit der die Kamera in der CHRONIK die Geschoßdecken der Räume ins Bild bringt (um zu zeigen, daß der Film nicht im Studio gemacht wurde; denn in den Studios verzichtet man gemeinhin darauf, die – vorgeblichen – Räume mit Decken zu überziehen, sie zu schließen), geht ineins mit der Behandlung des Tons: das Mikrofon ist immer dort, wo die Kamera ist, Auge und Ohr des Betrachters sind eine unauflösbare Einheit, sie werden nicht gegeneinander in Anspruch genommen und ausgespielt.
Schon in NICHT VERSÖHNT wechselt – wie in OTHON und GESCHICHTSUNTERRICHT – mit dem Kamerablick auch die akustische Perspektive; man hört den Redenden, wenn er im Bild ist, aus dem Bild heraus, und man hört ihn, wenn er im Off spricht, wie ihn der Zuhörer hört, dessen Hören man zusieht. Im Wechsel von objektiver und subjektiver Akustik – ein sparsam gebrauchtes, nie vernutzendes Mittel, so adäquat sparsam und unvernutzt wie der Einstellungswechsel in ein und derselben Szene – strukturiert sich der Film bei Straub/Huillet als ein kompletter, in sich geschlossener, in sich ruhender Korpus, so daß man versucht ist, Straubs Ästhetik als »plastisch« zu bezeichnen.
Plastisches braucht Zeit des Betrachters: die lang ausgehal-

tenen Einstellungen lassen ihn die Bilder eher abtasten, total, voll ergreifen, fast schon manuell, wenn das ginge. Es bleibt keine Kante und keine Rundung verborgen, das Licht ist überall, vor und hinter den Gegenständen und Personen, die Perükken der Musizierenden und Sänger in der CHRONIK türmen und kräuseln sich ohne Schatten. Plastizität, das schafft keine kreisende, umkreisende Kamera, denn was sie an plastischen, freistehenden Gegenständen und Personen auch umkreisen mag, sie bildet es ab auf den zweidimensionalen Film und die zweidimensionale Leinwand: es ist der nie gelingende Versuch, den Globus auf eine flache Karte zu projizieren, Verzerrungen sind unvermeidlich. Straub/Huillet dagegen erschaffen Plastizität durch das Gegenteil, durch zweidimensionale Bilder, in denen die dritte Dimension auch nicht durch Schattenfall vorgetäuscht, sondern durch eine Komposition aus Diagonalen hergestellt wird. In MOSES UND ARON wechseln die diagonalen Perspektiven von *schräg/von oben/von hinten* zu *schräg/von oben/von vorn* zu *frontal/von oben/von vorn* zu *schräg/von unten/von vorn* usw., bis aus der Kombination der Einstellungen sich der Eindruck des Körperlichen ergibt.
innen/außen: das Auge ist das Ohr und das Ohr ist das Auge –: der Raum, innen oder außen, wird in den Filmen von Straub/Huillet stets durch Kamera und Mikrofon zugleich errichtet, Bild und Ton sind deckungsgleich (wie Raum und Zeit). Deshalb macht es keinen Unterschied in der Semantik, ob die Filme in Innenräumen oder im Freien spielen, in Zimmern oder Arenen, auf der Bühne des antiteaters oder auf dem Palatin, im Musiksalon des Prinzen von Anhalt-Cöthen oder am Rheinufer zu Köln. Die »Bedeutung« ist vollkommen in den Filmen selbst, nicht neben ihnen oder über sie hinweg. Das macht das Werk von Jean-Marie Straub und Danièle Huillet zu einer moralischen Anstalt des Kinos.

1.2

Fester noch als Wim Wenders hat Werner Herzog den Blick auf die Landschaft geheftet. Auch seine Filmsprache ist, eher als aus einer deutschen Tradition, aus der Begegnung mit amerikanischem Film entwickelt. Doch während Fassbinder und Wenders an Hollywood orientiert sind (am Melodram der eine, am

Western der andere), hat Herzog die Erfahrungen des New American Cinema amalgamiert, freie Bildassoziationen, rhythmische Montagen und Überblendungen, lange unbewegte Einstellungen. Anders als die meisten Filmemacher der Ostküste allerdings hat sich Herzog keineswegs vom narrativen Kino losgesagt. Nur FATA MORGANA will nichts »erzählen«, sondern selbst das Epos sein.

Herzogs Schwierigkeiten beginnen dort, wo die beiden strukturell divergierenden Interessen seines Ausdruckswillens aufeinandertreffen: der poetische Subjektivismus und das Narrative, das seine Rechnung nur mit anderen und deren Wortschatz machen kann. LEBENSZEICHEN, AUCH ZWERGE HABEN KLEIN ANGEFANGEN, AGUIRRE und JEDER FÜR SICH UND GOTT GEGEN ALLE sind – auch in dieser Reihenfolge der Entstehung – durch eine Zunahme des narrativen Elements gekennzeichnet. Das bringt mit sich, daß auch die psychologische Auseinandersetzung mit den Figuren der Filme zunimmt, selbst gegen den Willen des Filmemachers, der psychologische oder physiologische Erläuterungen seiner Figuren ausdrücklich nicht will und Ansätze dazu im Kaspar-Hauser-Film sarkastisch kommentiert. Das Antipsychologische und Antirationale – das seinen Grund in der Überzeugung hat, daß die Ratio den Menschen von sich selbst entferne – sucht nach Ausdruck selbst in jenen Filmen, deren Zeichenwelt nur über quasi-rationale Vermittlung (Vorverständigung) funktionieren kann.

Herzog findet den Ausdruck des Vor-Bewußten immer wieder im Bild der Landschaft; das ist für ihn primär. Nach eigener Auskunft kommen seine Arbeiten »von den Schauplätzen her, die sich für mich plötzlich in einer ganz eigenartigen Weise beleben«, so daß er genötigt sei, die Personen für seine Figuren (in der Landschaft) hinterher zu finden. Diese »archäologische Sehweise« (Herzog) bestimmt seine Haltung gegenüber den Figuren: in LEBENSZEICHEN entfernt sich die Kamera in dem Augenblick von Stroszek, in dem er Nähe und Wärme am dringendsten brauchte; wenn er von titanischem Wahn erfaßt wird, sieht man ihn nur noch aus großer Entfernung herumhasten auf dem Fort, wie ein Partikel unter dem Mikroskop.

Landschaft erscheint in Herzogs Filmen in zweierlei Funktion: als Projektion oder Vision der Personen oder als nicht persongebundenes Signal, das als Kommentar des Filmemachers funktioniert. Im ersten Fall wird das Bild der Landschaft ins

Fata Morgana

Erzählte (Dargestellte) hineingenommen und versinnbildlicht so etwas wie Psyche oder innere Befindlichkeit der träumenden, projizierenden Person; im zweiten Fall ist das Bild der Landschaft ein Element des Erzählvorgangs (des Aktes der Darstellung) selbst. Der poetische Subjektivismus erscheint nur im ersten Fall im Narrativen aufgehoben, auch wenn die Bilder in die Subjektivität einer Figur gestellt werden; im zweiten Fall sind sie Konzentrate aus der Sicht des Filmemachers, was unter anderem daran zu erkennen ist, daß sie fehlen könnten, ohne daß damit die Logik des Erzählten beeinträchtigt wäre. Ihr Fehlen würde allerdings die Auskunft der Filme insgesamt verändern, weil sie vor allem dazu dienen, die Rezeption zu programmieren.

In JEDER FÜR SICH sind die Landschaftsbilder, die Kaspar »sieht«, durch extreme Fremdheit gekennzeichnet: es sind Landschaften, die er – von seiner Lebensgeschichte her – nicht erinnern kann. Diese Fiebervisionen in eigentümlich flackern-

dem Licht sind, da sie unvermittelt im Realitätsfeld des Findlings passieren, doppelt fremd, unerklärliche Prospekte auf ein Wirkliches, das nicht rational zu fassen ist. Es sind fremdartige »innere« Landschaften, Signale eines unaufgedeckt-unaufdeckbar Archaischen in der Figur des Kaspar Hauser, eines Daseins im Mythischen, in einer Einheit, die noch nicht ganz zugeschüttet ist durch Sozialisation, will sagen Objektivierung und Entäußerung.
Es ist bezeichnend, daß Kaspar in seinen Fieberträumen nicht Landschaften projiziert, die er tatsächlich kennt und erinnern könnte. Doch wie deren Wahrnehmung zu verstehen ist, wie und wo und bei wem sie sich vollzieht, das wird durch die Eröffnung des Films einprogrammiert: ein unter Windeinfällen bewegtes, wogendes und schattierendes grünes Getreidefeld ist zu sehen, eine Einstellung, die an die flirrig zitternde Oberfläche des Tümpels in Kluges ARTISTEN erinnern mag – womit

sofort die ganze Differenz zutage tritt, denn was bei Kluge Partikel einer partikulierten Wirklichkeit ist, hat bei Herzog die Funktion einer Ouvertüre: der Grundton wird angeschlagen. Seine Variation folgt, während Kaspar auf einem Hügel schläft: die Kamera schwenkt über das Panorama und zeigt Details einer deutschen Bilderbuchlandschaft wie unter Glas, und dazu ist Musik montiert, ein Choral von Orlando di Lasso, der das ohnehin stilisierte Bild noch einmal stilisiert. Das ist eine für die dramaturgische Logik des Erzählten unnotwendige Montage, die freilich dazu dient, dem Film den inneren Rahmen zu spannen und ihm den Geschmack intensiver Innerlichkeit zu geben. In diesem Augenblick nämlich hat die Passion Kaspar Hausers begonnen: indem er aus dem Kellerloch befreit wird, das bisher der identische Raum seines Realitätsfeldes war. Nicht diese Existenz in extremer Reduktion erscheint als Vergewaltigung des Humanen, sondern die Öffnung des Raumes, die Konfrontation mit anderen Menschen und den Übereinkünften ihres Zusammenlebens.
Sein Erscheinen auf dieser Welt sei ein harter Sturz gewesen, sagt Kaspar. Das Kino der Innerlichkeit bietet sich an als poetisch-mystische Zuflucht für das Ich, das sich durch den harten Sturz der Geburt aus der Unio mystica mit der Natur gerissen und irreparabel verletzt sieht. Das Bild der Landschaft wird zur vagen und in der Schwebe gehaltenen fernen Erinnerung an einen verlorenen Urzustand, in dem Idylle und Gewalt, der einzelne und die Welt, das Ich und der andere noch Facetten ein und derselben Empfindung sind – und weder moralische noch politische Kategorien.

1.2.3

Was in Herzogs Filmen außen ist, zielt nach innen – beim Zuschauer; Herzog verändert Landschaften zur Bedeutung; er macht von ihnen einen manipulativen Gebrauch. Kluges Filme sind von Urbanität bestimmt, seine Architekturen gesellschaftliche Produkte, die den Menschen ummauern, der sich zu befreien sucht. Straub/Huillet lassen in ihren Filmen einen »Bedeutungs«unterschied zwischen Landschaft und Raum nicht zu; ihre »Räume« sind identisch mit Zeit, die es dauert, ein Musikstück zu sehen, sind Produkte absoluter Materialität.

Werner Herzog

Kommentierte Filmographie

Von Kraft Wetzel

Herakles. 1962/65

Herzogs Debütfilm zeigt Muskelmänner abwechselnd beim Krafttraining mit Hanteln u. a. und in Mr. Universum-Posen auf einer Bühne. In diesen Studien spielender Muskeln und wohlgeformter Körperteile wird stellenweise eine an Kenneth Anger erinnernde homoerotische Faszination spürbar, etwa in der Schlußeinstellung, in der die Kamera einem durchtrainierten Negerhintern in einem winzigen weißen Höschen nachblickt, der hinter einem Vorhang verschwindet. Dazwischen sind Schrifttafeln montiert, welche die Muskelmänner mit den herakleischen Aufgaben konfrontieren: »Wird er den Augiasstall säubern?«, »Wird er die Lernäische Schlange bezwingen?« usf. Eingeschnittenes Dokumentarmaterial illustriert diese »Aufgaben«, die damit zugleich in die Gegenwart übersetzt werden: Als Augiasstall figurieren Müllberge, die Rosse des Diomedes sind verunglückende Rennwagen, die in die Zuschauer rasen, die stymphalischen Vögel vertritt eine Bomberflotte.

Die ironische Skepsis des Films richtet sich gegen zweierlei: Er macht sich über die Bodybuilding-Kultur lustig, indem er ihr Unvermögen augenfällig werden läßt, zur Lösung wirklicher Probleme beizutragen; und er diskreditiert den Mythos vom herakleischen Alleskönner, ironisiert sein Titanentum als selbstgefällige Kraftmeierei. Die skeptische Distanz, die Herzog hier zu Herakles und der Haltung wahrt, für die er steht, hat er in späteren Filmen, in LEBENSZEICHEN und AGUIRRE, DER ZORN GOTTES vor allem, schrittweise aufgegeben.

Die beispiellose Verteidigung der Festung Deutschkreutz. 1966

Vier junge Männer dringen in ein leerstehendes, weitläufiges Schloß ein, stöbern Uniformen, Helme, Gasmasken, sogar Waffen auf, drapieren sich als Soldaten und spielen Krieg: Hinter Sandsäcken verschanzt, warten sie auf einen Gegner, vergebens. Als auch Rauchzeichen nichts fruchten, gehen sie zum Angriff über, stürmen über die Felder davon, denn »Kriege sind nötiger denn je, selbst eine Niederlage ist besser als gar keine.« (Kommentar)

Statt Dialogen hat der Film einen durchlaufenden Kommentar, der historische Anekdötchen vom wilden Leben der einst hier ansässigen Grafen, militaristisches Gefrotzel (»Die erste Pflicht des Feindes ist es, Feindseligkeiten zu begehen«), Nonsenssprüche (»Leichen, die fortwährend grinsen, müssen auf den Ernst der Lage hingewiesen werden«) und halbirre Lacher enthält. So bekommt diese antimilitaristische Groteske einen Dreh ins Unverbindlich-Blödsinnige, welche die potentielle Aggressivität des Sujets, durch eine halbherzige, formlose Inszenierung ohnehin gemindert, auf launisches Amüsement herunterbringt.
Im übrigen weist der Film auf LEBENSZEICHEN voraus, in dem seine Grundsituation unter anderen Vorzeichen wieder aufgenommen wird; Herzog selbst hat DEUTSCHKREUTZ deshalb nur »Etüdencharakter«[1] zugebilligt.

Lebenszeichen

Lebenszeichen. 1967

1942 auf der griechischen Insel Kos: Hier soll sich der Fallschirmjäger Stroszek (Peter Brogle) »unbehelligt, fast wie ein Urlauber« nach einem Lazarett-Aufenthalt erholen. Mit seiner griechischen Frau Nora (Athina Zacharopoulou) und zwei Kameraden, Meinhard (Wolfgang Reichmann) und Becker (Wolfgang von Ungern-Sternberg), muß er das Munitionsdepot in einem alten Kastell am Hafen des Inselstädtchens bewachen. Kaum etwas passiert, bis Stroszek die drei anderen vom Kastell verjagt, sich dort verbarrikadiert und droht, sich und das Kastell in die Luft zu sprengen. Wütend erklärt er allen den Krieg und versucht, die Stadt mit Feuerwerksraketen in Brand zu schießen. Nach einem nächtlichen Feuerwerk wird er überwältigt. »Er hatte in seinem Aufbegehren gegen alles etwas Titanisches begonnen, denn der Gegner war hoffnungslos stärker. Und so war er so elend und schäbig gescheitert wie alle seinesgleichen.« (Schlußkommentar)

LEBENSZEICHEN schildert das Scheitern der radikalen Auflehnung eines einzelnen. Wogegen diese sich richtet, was Stroszek zu seiner aberwitzigen Revolte trieb, ist nicht ohne weiteres ersichtlich, auch dem Dialog bzw. dem Kommentar nicht zu entnehmen. Die Krankheitsgeschichte Stroszeks erschließt sich einem jedoch, wenn man berücksichtigt, daß Herzog in seinen frühen Filmen »nicht von Charakteren oder bestimmten Gesichtern ausgegangen (ist), sondern primär von den Schauplätzen«.[2]

Dieser Schauplatz ist vom Rest der Welt in mehrfacher Weise abgetrennt: auf der Insel wurde nie gekämpft, das Städtchen ist gänzlich vom Krieg verschont geblieben; im wuchtigen, uneinnehmbar anmutenden Kastell fühlt sich Stroszek bald eingesperrt. Nicht nur diese außergewöhnliche Isolation teilt sich Stroszek (und dem Zuschauer) mit, stärker noch belastet ihn das mediterrane Klima. Unaufhörlich brennt die Sonne auf das ausgedorrte, verkarstete Land. Grelles Licht durchflutet die Bilder, wird von den weiß verputzten Häusern und den hellen Steinen reflektiert. Flimmernde Hitze ist so allgegenwärtig wie das Zirpen der Grillen.

Die Sonne schlägt Stroszek in ihren Bann wie die U-Boot-Matrosen, von denen er einmal erzählt: Die waren vom Anblick der Sonne so gefesselt, daß sie die feindlichen Flugzeuge übersahen, die auf sie herabschossen. Die lastende Hitze verlangsamt das Leben der Gruppe, die ohnehin kaum etwas zu tun hat. Schon bald beschwert sich Stroszek, er könne die Langeweile nicht mehr ausstehen, die anderen pflichten ihm bei: ». . . in spätestens zwei Tagen gibt's nichts mehr zu tun . . . In zwei Tagen können wir Daumen drehen.« Unmerklich nähert sich ihr Leben dem Stillstand, erschöpft sich in sich selbst, was Herzog gerne als Sich-im-Kreis-Drehen umschreibt, eine Metapher, die mehrfach im Film verwendet wird.

Wo die Zeit still steht, verwischen sich die Grenzen von Gegenwart und Vergangenheit. Diese ist präsent in steinernen Resten im Kastellhof, in Trümmern, Kapitellen und Votivtafeln, die Hinweise auf eine gewalttätige, nicht schon klassizistisch verharmloste Antike geben: »Ihr stellt Euch das falsch vor, die Griechen waren nicht so«, erklärt Becker, »die haben sich die Nasen zu Butter geschlagen.«

Stroszeks Revolte, ausgelöst von einem irreal anmutenden, in einem minutenlangen Schwenk erfaßten Anblick eines Tales voller Windmühlen, richtet sich gegen derartige irritierende Zeichen, von denen er sich umstellt fühlt; kehrt sich gegen Stagnation, Erstarrung und Stillstand, und vor allem gegen die Natur, die sie ihm mit archaischer Gewalt aufzwingt. Der extremen Untätigkeit schleudert er seine extreme Tat entgegen, welche die Dinge und Menschen plötzlich in Bewegung bringt, und für ein paar Tage die Stadt und die Garnison in Atem hält. Mit Beginn von Stroszeks offener Revolte geht die Kamera auf Distanz zu ihm, den man nur noch insektenhaft winzig im Kastell herumrennen sieht. Herzog konzentriert sich auf die (Lebens-) Zeichen, die Stroszek in seinem aberwitzigen Privatkrieg setzt.

Mit ziellosen Schüssen in die Menge scheucht der »tolle Invalide« – die Story des Films hat Herzog Achim v. Arnims Erzählung »Der tolle Invalide auf dem Fort Ratonneau« entnommen – die Leute auseinander. Doch er trifft nur einen Esel, so wie er am Morgen, als er die Sonne attackierte, nur einen Stuhl in Brand zu schießen vermochte. Die sengende Sonne bekämpft er mit Feuerwerk, weil man »Licht nur mit Licht begegnen könne«. Gegen die Gewalt, die ihm durch die Sonne und die Landschaft widerfuhr, setzt er sich mit Zeichen der Gewalt zur Wehr. Irre geworden an der übermächtigen Präsenz der Stadt, bei der er schon zu Anfang eine »Bereitschaft, eine Art Warte-

stellung« verspürt hatte, beschießt er sie; so will er »die Erde zum Beben bringen. Da käme dann schon heraus, was wirklich in den Häusern sei und was wirklich unter den Dingen liege. Er wolle das endlich ans Licht bringen.« (Kommentar)
Von allen Filmen Herzogs ist dies der zeichenhafteste, konstruierteste. Obgleich Landschaft, Natur also, Ausgangs- und Springpunkt des Filmes ist, macht der Film sie nicht direkt (wie später etwa in FATA MORGANA) erfahrbar, sondern mittelbar, durch präzis montierte Details vor allem. Kaum etwas in diesem Film ist allein, was es ist, sondern repräsentiert, »bedeutet« zugleich, wozu auch noch die Kommentarlastigkeit des Filmes beiträgt. Dennoch ist die Geschichte Stroszeks keine Parabel, steht sie, wie in allen Spielfilmen Herzogs für sich. »Die Bilder haben keine Tiefe. Deshalb ist das Allerfalscheste von allem, meinen Filmen Parabelcharakter zuzuschreiben, weil sie ganz ›wörtlich‹, das heißt bildlich gemeint sind.«[3]

Lebenszeichen

Letzte Worte. 1967/68

LETZTE WORTE ist ein Nebenprodukt der Aufenthalte Herzogs in Griechenland, als er dort LEBENSZEICHEN realisierte. Er stellt Material über einen älteren Mann zusammen, der jahrelang allein auf einer menschenverlassenen Insel gelebt hatte und jetzt in einer Wirtschaft virtuos die Lyra spielt. Die Auskünfte, die Herzog bei einem Arzt, bei Polizisten, die den alten Mann von der Insel herbrachten, einholt, sind spärlich: der Alte muß sich von Eidechsen ernährt haben, früher hausten Leprakranke auf der Insel, unter ihnen sollen sich furchtbare Dramen abgespielt haben. »Es gibt da eine Menge solcher Geschichten.«
Die fragmentarischen Hinweise, dazu die überscharfen Einstellungen der Befragten und der wüsten Insel bleiben disparat, fügen sich zu keiner Biographie zusammen, zumal die Hauptperson selbst nachdrücklich darauf beharrt, zu schweigen: »Ich rede nicht, das ist mein letztes Wort.«
Gerade die Hartnäckigkeit, mit welcher der Alte seine abenteuerliche Geschichte für sich behält, seine abweisende Fremdheit und sein Geheimnis bewahrt, scheint den Regisseur an ihm fasziniert zu haben. Nicht über ihn, sondern über die beiden Polizisten, die ihn ins »ordentliche Leben« zurückgeholt hatten, macht sich Herzog lustig, indem er sie ihr Sprüchlein, sie hätten den Alten herübergebracht, immer wieder aufsagen läßt.
Der Zusammenhang von Isolation und Sprachlosigkeit, den LETZTE WORTE anschneidet, kehrt in Herzogs Werk später wieder, mit wechselnden Akzentsetzungen: in LEBENSZEICHEN ist es ein Bauernmädchen, das vor Kontaktarmut beinahe das Sprechen verlernt hat, in DIE FLIEGENDEN ÄRZTE VON OSTAFRIKA und LAND DES SCHWEIGENS UND DER DUNKELHEIT wird Verstummen mehrfach als Resultat von Vernachlässigung, von Liebesentzug ausgewiesen; schließlich zentral in JEDER FÜR SICH UND GOTT GEGEN ALLE, dessen Hauptfigur Kaspar Hauser das Sprechen erst langsam erlernen mußte.
Auch das Titanische, ein ebenfalls häufig wiederkehrendes Motiv Herzogs, wird in LETZTE WORTE angesprochen, wenn auch nur am Rande: einmal ist von einem Mann die Rede, der von sich behauptete, er habe eine ganze Flotte hinter sich; die Schiffe, von denen er sprach, gab es aber nur als Felszeichnungen.

Maßnahmen gegen Fanatiker. 1968

Auf dem Gelände einer Pferderennbahn: Vor der Kamera produzieren sich eine Reihe von z. T. »prominenten« Leuten (z. B. der Regisseur Peter Schamoni oder der Torwart Petar Radenkovic), die mit den Pferden zu tun haben, sie vor Fanatikern schützen sollen, sie trainieren (»immer um den Baum rum«) oder dopen (»mit Knoblauch«). Als ›running gag‹ läuft dauernd ein Einarmiger ins Bild; »Raus hier!« und »Weg muß er!« schnauzt er die anderen an; er hält sich für den einzigen, der die Rosse versteht, alle anderen müßten weg.
Dieser Kurzfilm scheint aus einer Schnapslaune geboren und mit Freunden an einem Nachmittag heruntergekurbelt worden zu sein. Der durchaus lohnende Einfall, die Pferdeschützer als die wirklichen Fanatiker zu denunzieren, was sich auf Staats-, Verfassungs-, Moral- und andere Schützer mühelos übertragen läßt, wird durch die munter drauflos albernde, schludrig improvisierte Ausführung weniger artikuliert als verunklart. So wirkt der Film wie ein launischer Jux, dessen Erzähler ihrer Pointe dadurch aufhelfen wollte, daß er sie immer wiederholte.

Die fliegenden Ärzte von Ostafrika. 1968/69

Dieser Dokumentarfilm berichtet vom »Flying Doctors Service«. Der englische Arzt Dr. Michael Wood hat ihn mit bislang sieben Maschinen aufgebaut. Von Nairobi aus betreut er damit medizinisch, vor allem chirurgisch, in Kenia, Tansania und Uganda riesige Gebiete.
Mehr als für die Ärzte und die Schwierigkeiten ihrer Arbeit interessierte sich Herzog für die Behandelten, und deren – nach unseren Maßstäben nicht selten unsinnige – Verhaltensweisen: ihren zumeist von Tieren oder bei Stammesrivalitäten verletzten Verwandten stecken die Eingeborenen oft Nahrung zu, an der sie dann sterben; damit sie nicht frisch operiert davonlaufen, müssen ihnen die Kleider weggenommen werden; die kleine Treppe an einen LKW-Anhänger trauen sie sich nicht hinauf, deshalb muß die Sprechstunde im Freien abgehalten werden; für mittelbare Behandlungsformen wie regelmäßiges Pillenschlucken sind sie kaum zu gewinnen; den Erfolg einer Operation bemessen sie an der Größe der entfernten Organe.

Daß die Eingeborenen nicht nur anders denken, sondern auch anders sehen als wir, demonstriert Herzog mit einem Test, den er selbst mit drei Plakaten durchführt: viele Afrikaner können mit Bildern nur unzureichend umgehen, nur die wenigsten erkennen zum Beispiel die schematische Vergrößerung eines Auges. »Dieser Test zeigt, daß die Afrikaner etwas ganz anderes sehen, wenn sie das Gleiche sehen wie wir«, resümiert der Kommentar, der auf der Andersartigkeit, der Fremdheit dieser Menschen insistiert und dazu auffordert, die Verständigung mit ihnen erst einmal zu erlernen.

Dieser Appell ist charakteristisch für die Haltung des Dokumentaristen Herzog zu seinem Gegenstand: Hier, wie später in BEHINDERTE ZUKUNFT und LAND DES SCHWEIGENS UND DER DUNKELHEIT, übt er eine geradezu demütige Zurückhaltung gegenüber den Menschen, die er zeigt, läßt er sich mit hartnäckiger Geduld auf sie ein, enthält er sich aller Besserwisserei.

Durch soviel Hingabe ans unmittelbar Faßbare kommen freilich technisch-organisatorische und soziale Aspekte tendenziell zu kurz. Auf die »sozialen Bedingungen«, die der Schlußkommentar verbessert sehen will, wenn die Arbeit der Flying Doctors nicht bloßes Kurieren an Symptomen bleiben soll, verweist der Film, wenn auch treffend, nur an einer Stelle: in anderen Gebieten Ostafrikas, wo die Kolonialherren Ausbeutungsinteressen hatten, sei der zivilisatorische Aufbau sehr viel weiter; deshalb sei dieser Film, der nur aus weitgehend unentwickelten Landstrichen berichte, einseitig.

Formal bedient sich Herzog weitgehend des Formenkanons des TV-Features: Kommentar, Sachverständigen-Statements und Mit-der-Kamera-dabei. Daß trotzdem kein typischer Fernsehfilm herauskam, liegt am sorgfältigen Umgang mit dem gefilmten Material: Jede Sequenz kann ihr Eigenleben entfalten, darf für sich stehen, statt wie üblich auf Linie gebracht (oder nicht verwendet) zu werden. Und wenn er Leute in die Kamera reden läßt, dann sieht man den Einstellungen an, daß Herzog sie so hingestellt hat. An einer Stelle läßt er fünf irische Priester mehrmals etwas vor- und zurücktreten, die »richtige« Aufstellung proben. Da müßten sich die Zuschauer die Augen gerieben haben vor Verwunderung, als das ZDF den Film ausstrahlte.

Fata Morgana. 1968/70

»Die Schöpfung« ist der erste der drei Teile des Films betitelt. Er beginnt mit der Landung eines Flugzeuges, durch eine flimmernde Hitzewand photographiert und von gewaltigem Motorendonner begleitet. Herzog variiert sie so lange, achtmal insgesamt, bis sie sich in eine symbolische Chiffre verwandelt, in die ›Befruchtung‹ der Erde durch immer unwirklicher erscheinende Silbervögel – eine Idee, an der Erich von Däniken seine Freude hätte. In schwerelos gleitenden Fahrten und Schwenks entfaltet sich dann eine menschen- und vegetationslose Urlandschaft in grau-, ocker- und rostfarbenen Brauns. Wollüstig-zärtlich streicht die Kamera über Sanddünen, weiche Rundungen, erstarrte Wellenberge, die oft wie surreale Erfindungen anmuten.

Spuren menschlicher Zivilisation kommen zuerst als futuristische Zeichen, als science-fiction ins Bild: Eine Raffinerie, Öltanks, ein brennender Schlot, eine Radarstation – sie alle scheinen nicht hierher zu gehören, vom Himmel gefallen. »FATA MORGANA spielt auf dem Planeten Uxmal, den Wesen vom Andromedanebel entdecken und über den sie einen Filmbericht anfertigen.« (Herzog)[4]

Häufiger trifft man auf Zivilisationsmüll: Flugzeugtrümmer, Slumhütten aus Auto- und LKW-Wracks, Strohmatten und Wellblech zusammengebastelt, reliefartig in den Sand gebackene Viehkadaver. Dazwischen immer wieder die Wüste, rostiger Sandstein und Dünen, geraffelt wie Großmutters Waschbrett: in ihr wirken Tiere, Kinder und ein kleiner Wasserfall, dessen Wasser in winzige Tröpfchen zerstäubt, paradiesisch.

»Der Schöpfung« wird Musik von Händel, Mozart (»Krönungsmesse«) und der Pop-Gruppe Blind-Faith unterlegt, deren Schmelz den Anblick archaischer Gewalt und die fremde Schönheit der Landschaften zu rauschhaftem Genuß steigert. Dazwischen trägt die Filmhistorikerin Lotte Eisner mit der altershellen Stimme einer Ehrfurcht gebietenden Stammesmutter einen guatemaltekischen Text aus dem 16. Jahrhundert vor, eine mystische Schöpfungsgeschichte, an deren Ende die Menschen vernichtet, ertränkt werden: »Sie waren eben ohne Verstand.«

Überbleibsel dieser Katastrophe, radikal beschädigt wirkende Figuren, führt der zweite Teil, »Das Paradies«, vor: ein

Mädchen, ein plärrendes Kofferradio umgebunden, führt einen alten Blinden vor die Kamera, der eine mit Orden dekorierte Uniformjacke trägt; ein Waranforscher mit Schweißerbrille berichtet mit schwermütiger Stimme vom Leben der Echsen, eine hält er derweil in die Kamera; ein deutscher Gastarbeiter liest einen jämmerlich banalen Brief vor; eine Deutschlehrerin läßt Negerkinder »Der Blitzkrieg ist Wahnsinn« nachsprechen usf. Herzog: »Wer uns über den Weg lief und uns interessant schien, für den habe ich schnell eine Szene geschrieben.«[5]

Fata Morgana

Angesichts der vorgeführten Verhaltensweisen, die vor so übermächtiger Natur deplaziert, verrückt wirken, mutet der Titel wie ein nicht eingelöstes Versprechen an. Seine Trauerarbeit läßt Herzog von Leonard Cohen verrichten. Die melancholische Tristesse seiner Songs kommentiert die endlosen Fahrten entlang weiträumiger wüster Lagerflächen, Tonnenbergen, Waggons, Autoresten, Stapeln und Schuppen in trüben Braun- und Grautönen. Landschaft ist in diesem Teil des Filmes nicht mehr Natur an sich, wie in der grandiosen »Schöpfung«, sondern Natur für den Menschen, von ihm zugerichtet, zuschanden gemacht: ein Ort der Trauer, der Wut, auch des Irrewerdens.

Auf diese katastrophale, ebenso tragische wie aberwitzige Verfassung zielen auch die literarischen Texte, apodiktische Satzbauten wie aus Wolf Wondratscheks Papierkorb geklaut, die Herzog diesem und dem letzten Teil von FATA MORGANA unterlegt; Auszug: »Im Paradies ruft man schon ›Hallo‹, ohne jemand zu sehen. Dort streitet man sich schon mit Fremden, um keine Freunde haben zu müssen. Im Paradies kommen die Menschen schon tot auf die Welt. Während Du schläfst, nagen Säuren und saugen Zotten den Thunfisch auf. Während Du träumst, fällt ein Apfel von einem Baum Dir in die Stirn. Während Du wartest, brechen Züge entzwei, atmest Du leise, als wärst Du schon tot . . .«

Vollends ins Aberwitzige kippt FATA MORGANA im »Goldenen Zeitalter«, dem letzten Teil. Sein Leitmotiv ist ein lächerlich unbedarfter Bordell-Sänger, den eine statuarisch vor sich hin hämmernde Matrone am Klavier begleitet. Landschaftsstrukturen wechseln mit merkwürdigen Zeichen, europäisch gekleidetes Mittelalter produziert sich im Sand und ein Taucher mit Wiener Akzent erläutert, was wir von der Schildkröte lernen können. »Das goldene Zeitalter« endet, wie schon die Teile davor, mit einer Fata Morgana, visuelle Metapher für den Ausgangspunkt dieses Films und aller anderen: Sinnestäuschung.

FATA MORGANA hat eine – selbst für Herzogs Verhältnisse – ungewöhnlich abenteuerliche Entstehungsgeschichte: Zunächst sollte er eine Art Science-Fiction-Film über einen dem Untergang geweihten Planeten werden. In Afrika versuchte Herzog vergeblich, mit schwarzen Revolutionären, Okello und Mulele, zu filmen, das Team wurde mehrfach, einmal als vermeintlicher Söldnertrupp, verhaftet. Das in mehreren Afrika-Exkursionen bis Ende 1969 in der Süd-Sahara, in Ost- und in Westafrika gedrehte Material montierte Herzog schließlich zu einem bildmächtigen mythopoetischen Epos, dem avantgardistischen New American Cinema näher als irgendetwas sonst im Neuen deutschen Kino. Herzogs Faszination von der Landschaft, die ja schon LEBENSZEICHEN und – in geringerem Maße – AUCH ZWERGE HABEN KLEIN ANGEFANGEN bestimmte, wird hier zum ausschließlichen Thema: FATA MORGANA ist eine visionäre »Landbeschau« (Herzog)[6] geworden, zugleich Utopie und Abgesang auf jenes Ganz Andere, das Herzogs Filme vom großen Scheitern immer nur negativ mitformulieren.

Auch Zwerge haben klein angefangen. 1969/70

»Hier müssen wir mal wirklich was anstellen, damit die alte Sau (gemeint ist der Direktor) das auch sieht«, räsoniert einer von den Liliputanern, die in ihrem Erziehungsheim den Aufstand proben. Demonstrativ wird des Direktors Lieblingspalme umgeworfen und angesengt, werden mit dem Erzieher, der sich im Haus verbarrikadiert hat, Drohgebärden ausgetauscht. Die Zwerge brechen die Garage auf, lassen das Auto mit fixierter Lenkung immer im Kreis herum und alles mögliche zu Klump fahren. Dann parodieren sie, mit »das Messer liegt rechts, die Gabel liegt links« und ordentlichem Gebet, ein Sonntagsessen. Doch die Spaghettis werden auf die Teller geklatscht, über den Tisch verstreut, als Wurfgeschoß benutzt; Teller werden zertrümmert und Eier aufgeschlagen. Blumentöpfe brennen und ein Stuhl (wie in LEBENSZEICHEN): Im dichten Qualm veranstalten die Zwerge eine schwarze Prozession, voran ein Kreuz, an das sie ein Äffchen geschlagen haben.

Wie in LEBENSZEICHEN schildert Herzog eine radikale Auflehnung, die in den ZWERGEN von vornherein als gescheiterte ausgewiesen ist: Die Revolte im Erziehungsheim wird im Rückblick von der erkennungsdienstlichen Prozedur aus aufgerollt. Die Revolte scheitert daran, daß die sich entladende Aggression keine äußeren Gegner findet, der Direktor ist momentan abwesend, der Erzieher in Deckung –. So richtet sie sich stattdessen nach innen. Die beiden kleinsten Zwerge werden gewaltsam ›verheiratet‹, sollen miteinander ins Bett, während die übrigen mit voyeuristischer Geilheit an der Zimmertür spicken; zwei blinde, gleichwohl mit gespenstischen Schweißerbrillen bewehrte Zwerge, die nur hilflos mit ihren Stöcken um sich schlagen können, werden von den anderen trickreich gefoppt. In diesen komisch-grauenvollen Szenen weist die Welt der Zwerge eine unerbittliche Hackordnung auf, die der animalischen bei den Hühnern gleicht: Mit hartnäckiger Ausführlichkeit folgt die Kamera räudigen Hühnern, zeigt, wie ein lahmendes Tier von anderen malträtiert und zu Tode gepickt wird.

Die Revolte der Zwerge scheitert auch daran, daß sie sich, ziellos und unproduktiv, in freilich oft reizvoller Destruktivität und großem Theater erschöpft, in sich kreist wie die leitmotivisch wiederkehrende Kreisfahrt des Autos und sich in absurden Wiederholzwängen schließlich totläuft. Am Ende des Films

muß der kleinste Zwerg minutenlang in die Kamera lachen, neben ihm ein Kamel mit eingeknickten Vorderläufen, in sichtlich peinigender Mittellage gehalten zwischen Stehen und Sitzen; gleichzeitig hat sich der irr gewordene Erzieher vor einem Baumstrunk, der ihm einen Ast entgegenstreckt, aufgepflanzt, will ihn mit ausgestrecktem Arm an Ausdauer überflügeln.
Daß in der lächerlichen Pose des Erziehers Stroszeks Aufbäumen gegen die Natur wiederkehrt, wo doch die Zwerge gegen Gesellschaftliches, gegen den Zwangszusammenhang des Heimlebens revoltieren, macht aufmerksam auf die Bedeutung, welche Natur auch in diesem Film besitzt. Die ausgebrannte, fast vegetationslose Kargheit Lanzarotes rings um das Heim läßt raumgreifende Perspektiven nicht zu, vereitelt den möglichen Ausbruch von vornherein; Herzog läßt die Zwerge einmal im bizarr geformten Lavagestein herumklettern, wo sie hilflos und verloren wirken. So werden sie schon von der Natur isoliert und auf sich selbst zurückgeworfen; folgenlos verpufft ihre Revolte ins öde Grau der Landschaft.
In seinen Spielfilmen erzählt Herzog zwar Geschichten, die klare Anfänge und Schlüsse haben, aber die Zeit dazwischen will ihm so recht nicht vergehen. Seine Faszination am Detail, seine maßlose Hingabe an visionäres Spektakel sind der geschmeidigen erzählerischen Funktionalität, wie sie z. B. Hollywood perfektionierte, diametral entgegengesetzt. Soll dennoch das Vergehen von Zeit angedeutet werden, muß Herzog zu Hilfskonstruktionen greifen wie Kommentar (in LEBENSZEICHEN), Tagebuch (AGUIRRE, DER ZORN GOTTES) bzw. entsprechenden Dialogstellen (»Jetzt bist Du schon zwei Jahre bei mir, Kaspar« in JEDER FÜR SICH UND GOTT GEGEN ALLE). In AUCH ZWERGE HABEN KLEIN ANGEFANGEN scheint Zeit sogar gänzlich suspendiert. Die Szenen vor dem Haus des Erziehers, im Hof beim Wagen und die mit den Blinden wurden wohl jeweils als Block inszeniert und erst am Schneidetisch ineinandergearbeitet. Deshalb enthält der Film nur Schauplatzwechsel aber keine zeitliche Progression (wohl in der Erzähl-, nicht jedoch in der erzählten Zeit). Alles scheint gleichzeitig zu geschehen, in einem kontinuierlichen Präsens, was die physische Präsenz der Bilder, die alptraumhafte Wirkung, die von den Zwergen mit ihren scheppernden Stimmen und greisenhaften Kindergesichtern ausgeht, noch steigert.

Auch Zwerge haben klein angefangen

Behinderte Zukunft. 1970

Dieser Beitrag »zur Situation der Körperbehinderten in der Bundesrepublik« (Untertitel) berichtet hauptsächlich über eine von der »Pfennigparade« in der Nähe von München errichteten Wohnanlage speziell für behinderte Kinder und ihre Eltern. Von der Abwehrhaltung der ›normalen‹ Erwachsenen erfährt man, während ›normale‹ Kinder ganz selbstverständlich mit den behinderten spielen. Die Isolierung von der ›normalen‹ Umwelt, die die Wohnanlage mit sich bringt, wird in Frage gestellt. Vor allem aber läßt der Film die Behinderten selbst, mit ihren Erfahrungen, ihrem Selbstverständnis, aber auch ihre Träume zu Wort kommen.

Darin liegt die Stärke von BEHINDERTE ZUKUNFT: Indem Herzog sich den einzelnen Körperbehinderten mit rückhaltlosem Interesse und einfühlsamer Geduld zuwendet, ihnen in hartnäckig langen Einstellungen zusieht, können seine Gesprächspartner ihre Subjektivität, ihre Würde entfalten, statt wie allzuoft im Fernseh-Feature bloß beliebiges Interviewobjekt, menschliches Beispielmaterial zu sein.

Szenen von großer Intensität kommen so zustande: etwa wenn sich Herzog mit dem rundlichen Kurt unterhält und seine Mutter an einem fort dazwischen redet, ihn kaum zu Wort kommen läßt, und sich dadurch nach und nach herausstellt, daß sie mehr unter Kurts Behinderung leidet als er selbst, daß eigentlich sie die ›Behinderte‹ und Kurt der ›Gesunde‹ ist; oder wenn minutenlang ein heftig am ganzen Körper Zappelnder davon erzählt, wie er im Bahnhof Brotzeit machte und man ihm sagte, sein Anblick verderbe den anderen den Appetit.

Als Alternative zur bundesrepublikanischen Lage der Behinderten berichtet der Film von einem Poliogeschädigten, der als Assistent an einer kalifornischen Universität arbeitet und dank adäquater Technologie und »anderem Denken« kaum unter seiner Behinderung zu leiden hat. Das Hohelied auf die amerikanische Leistungsgesellschaft als willkommene Alternative zu Mitleid und christlicher Barmherzigkeit, das dieser Akademiker anstimmt, ist auch dem Filmkommentar suspekt. Dennoch wird am Ende das »andere Denken« in den USA als Vorbild gepriesen, ohne daß seine sozialen Voraussetzungen mitbedacht würden. So ist die angebotene Alternative doch eher Ausdruck uneingestandener Hilflosigkeit gegenüber den bun-

desdeutschen Behinderten.
Darin drückt sich die zentrale Beschränktheit des Dokumentaristen Herzog aus: Weil er sich auf die konkreten, menschlichen Seiten eines Sachverhalts konzentriert, geraten die abstrakteren organisatorischen, sozialen und politischen Aspekte ins Hintertreffen; die eindringliche, manchmal atemberaubende Unmittelbarkeit hat konzeptionelle Vagheit zur Kehrseite.

Land des Schweigens und der Dunkelheit. 1970/71

Herzog porträtiert die 56jährige Taubblinde Fini Straubinger, die nach einem Unfall als Kind zuerst langsam erblindete und dann nach und nach das Gehör verlor. Doch sie kann immer noch sprechen; mittels des Lormen, des Handalphabets der Taubblinden, läßt sie sich von ihrer Begleiterin dolmetschen. Sie hat die ihr aufgezwungene Einsamkeit überwunden und hilft nun anderen Taubblinden, »daß sie nicht über Nacht in das Land des Schweigens und der Dunkelheit hineingestoßen werden«. (Straubinger)
Unaufdringlich beobachtet die Kamera sie auf ihrer Geburtstagsfeier, im Botanischen Garten, im Zoo und bei ihren Besuchen anderer Taubblinder, mit deren Betreuung sie der bayerische Blindenbund beauftragt hat.
Andere Taubblinde: die 48jährige Else Fährer, die »aus Verlegenheit in eine Irrenanstalt eingewiesen (wurde), wo sie gar nicht hingehört«, und wo sie das Sprechen verlernte, apathisch wurde. Das bäuerliche Geschwisterpaar Riedmeier, sie taub und fast blind, er blind und fast taub. Taubblind geborene Kinder beim mühsamen Sprachunterricht: Wieviel Gewalt und Liebe jedes Stückchen Menschwerdung kostet! Wenn er den ersten Begriff erfaßt, erklärt sein Erzieher, spreche man von der geistigen Geburt des Taubblinden. Aber »was sie sich wirklich unter den Worten ›Ehrgeiz‹, ›Hoffnung‹ oder ›Glück‹ vorstellen, wird uns immer verschlossen bleiben«. (Kommentar): wie gegenüber den Afrikanern in DIE FLIEGENDEN ÄRZTE VON OSTAFRIKA insistiert Herzog auch hier auf letztlicher Fremdheit, die hemdsärmelige Subsumption unters Vertraute verbietet.
Dann, wie eine nicht enden wollende Horrorvision; der 22jährige Vladimir, mehr Tier als Mensch. Taubblind geboren, anschließend von seinem Vater betreut: »Man hat nie den Ver-

such gemacht, seinen Verstand zu wecken. Vladimir hat nie richtig laufen gelernt. Er nimmt fast nur weiche Nahrung an, die er mit der Zunge am Gaumen zerdrückt.« (Kommentar) Hier könnte Herzogs Kaspar-Hauser-Version JEDER FÜR SICH UND GOTT GEGEN ALLE seinen Ausgangspunkt gehabt haben.
Schließlich der 51jährige Bauernsohn Heinrich Fleischmann, taub geboren und mit 35 erblindet: »Von da an haben ihn seine Angehörigen so vernachlässigt, daß er Sprache und Schreiben gänzlich verlernt hat ...« Auch er hat, wie Vladimir, die Grenze zum Tierreich überschritten, hat »bei den Tieren Anschluß gesucht. Er hat jahrelang mit dem Vieh im Stall zusammengelebt.« (Kommentar)
Bei allen diesen Besuchen ist Fini Straubinger dabei, widmet sich ihren »Schicksalskameraden« mit geduldiger Aufmerksamkeit und unermüdlicher Zuwendungsfähigkeit. »Immer deutlicher (wird sie) zur Erlöserfigur, die fast stellvertretend ihr Leid überwunden hat, so sehr sie dabei auch auf Beistand angewiesen ist.« (›film-dienst‹ 23/1971) Unter der Hand bekommt Fini Straubinger so einen Zug ins Überlebensgroße; in ihrer radikalen Weltzugewandtheit ist sie positives Gegenbild zu den trotzigen Titanen in LEBENSZEICHEN und AGUIRRE, DER ZORN GOTTES.
Nicht nur in diesem Punkt transzendiert Herzog die Grenzen des Dokumentarfilms. Er reflektiert Kommunikation trotz Nichtsehen und Nichthören als Conditio sine qua non des Menschlichen. Und er dringt mit filmischen Mitteln, mit Sprache und Bild ein in das Land des Schweigens und der Dunkelheit.
Immer wieder fallen Bemerkungen, die diese Welt in einen Moment schmerzhafter Klarheit zusammenziehen: »Wenn Sie meine Hand auslassen, ist es, als seien wir tausend Meilen voneinander entfernt.« Als Schlußtitel: »Wenn jetzt ein Weltkrieg ausbrechen würde, würde ich das nicht einmal bemerken.«
Finis Kindheitserinnerungen ans Skispringen, ihr Versuch, das Bild von der »Seelenqual der Taubblindheit« zu beschreiben, das sie malen würde, wäre sie ein »gottbegnadeter Maler«, geben Einblicke in die uns Sehenden verschlossene Vorstellungswelt der Taubblinden. Als sie im Botanischen Garten einen Bambus betastet, wundert sie sich: »Da schau her, den habe ich mir aber anders vorgestellt ...«

Mit den Händen sehen: Am Ende des Films berührt Heinrich Fleischmann Blätter und Zweige eines herbstlichen Baumes, tastet sich bis zum Stamm vor und umfaßt ihn in einer fast zärtlichen Geste. In der gefühlsunmittelbaren, pantheistischen Naturerfahrung an diesem utopisch-schönen Filmende deutet sich bereits die romantische Position an, die Herzog wenig später in seiner Kaspar-Hauser-Bearbeitung bezogen hat.

Aguirre, der Zorn Gottes. 1972

Peru, 1590/91: Erzählt wird die Suche einer Gruppe spanischer Conquistadores nach dem sagenhaften Goldland El Dorado. Der Trupp wird von Pizarros Anden-Heer zur Erkundung und Nahrungssuche losgeschickt. Statt, nach tagelanger strapaziöser und verlustreicher Floßfahrt die Amazonas-Quellflüsse hinunter, zum Haupttrupp zurückzukehren, erzwingt der Unterführer Lope de Aguirre (Klaus Kinski) die Rebellion. Der Pizarro-treue Edelmann Ursúa (Ruy Guerra) wird niedergemacht. Kraft eigener Erklärung stürzt Aguirre den spanischen König und läßt den ebenso korpulenten wie beschränkten Guzman (Peter Berling) zum »Kaiser von El Dorado« ernennen. Auf eigene Faust macht sich der abenteuerliche Haufen auf die Suche nach dem Goldland. Eigentlicher Führer und treibende Kraft bleibt Aguirre, der vom Wunschtraum besessen ist, ein großer Entdecker vom Schlage Cortez' zu werden, Ruhm, Macht und Reichtum zu ernten. Auf einem großen Floß treiben sie den Strom hinunter, der immer träger wird. Die Lebensmittelvorräte gehen zu Ende, indianische Giftpfeile dezimieren den Trupp, Erschöpfung macht sich breit. Fieber, Erscheinungen, ein Segelschiff hängt im Baum, plötzlich ist das Floß voller Totenkopfäffchen, Halluzination und Wirklichkeit schieben sich ineinander. Zuletzt: Der überlebende Aguirre auf seinem mit Leichen übersäten Floß in der Flußmitte träge treibend, umfaßt von einer kreisenden Kamerabewegung.
»Es ist ein Film, der sehr viel stärker von der Oberfläche her lebensfähig ist als meine anderen (Spielfilme).« (Herzog)[7] In der Tat ist AGUIRRE, DER ZORN GOTTES eine Augenweide: rostangefressene Rüstungen, mattfarbige Ponchos, der Strohschmuck der Indianer; zwei märchenhaft schöne Frauen, weibliche Utopie als Gegenbild zur männlichen Brutalität: Ursúas Geliebte

Aguirre, der Zorn Gottes

Inez (Helena Rojo) in nachtblauem Samt mit weißem Spitzenkragen, und Flores, Aguirres Tochter (Cecilia Rivera), in weinrotem, golden eingefaßtem Samt, mit dichten blonden Haaren. Aguirre wischt sie ihr mit blutigen Fingern aus dem Gesicht, als er sie von einem Pfeil durchbohrt in seinen Armen hält. Schwelgerische Naturlyrik durchsetzt die ins Stocken geratende Handlung, farbsatte Bilder schwimmen auf den schlierenhaften Sphärenklängen der Popol Vuh. Wo das ästhetische Material

sein Eigenleben so wirkungsvoll entfaltet, kann es kaum gleichzeitig einem durchgezogenen dramaturgischen Kalkül unterworfen werden. Als Actionfilm läßt sich AGUIRRE, DER ZORN GOTTES deshalb, dem spektakulären Sujet zum Trotz, kaum goutieren. Zwar verdichtet sich langsam ein Klima anonymer Bedrohung, die nur selten in Gestalt von menschenfressenden, mit Giftpfeilen angreifenden Indianern greifbar wird. Zwar sind Schauplätze und Ausstattung so authentisch wie die Spritzer auf der Kameralinse. Aber Handlungsspannung kommt nicht auf: allzu eindeutig ist der Weg der Truppe vorgezeichnet. Auch gehört handfeste Action nicht zu Herzogs Vorlieben: getötet und gestorben wird ohne dramatischen Aufwand.
Als Tragikomödie läßt sich dem Film schon besser beikommen. Statt seine Protagonisten nur als blutrünstige, goldgeile Krieger zu zeichnen, konzentriert er sich auf die Momente unfreiwilliger Komik in den Handlungen der spanischen Conquistadoren. Sie resultieren aus dem zunehmenden Widerspruch zwischen den objektiven Anforderungen ihrer gefährlichen Lage und dem »europäischen« Verhalten der Truppe.
Farcenhaft wirken Aguirres Rebellion, die Kaiserwahl und der Schauprozeß, den sie Ursúa machen, operettenhafte Laieninszenierungen der Spanier im tropischen Urwald. Lächerlicher noch der Fettwanst Guzman, dem vor Rührung die Tränen kommen, als Aguirre ihn zum »Kaiser von El Dorado« macht: wenn er aufs strohgedeckte Floßklosett muß, wenn er in Feldherrnpose seine Leute ins Uferdickicht ballern läßt oder gegen Ende »feierlich und förmlich« Besitz nimmt vom unbegehbaren Sumpfland beiderseits des Flusses und, seine Aufzeichnungen durchblätternd, stolz verkündet, sein Reich sei jetzt schon um ein Vielfaches größer als Spanien, wird er zur Parodie des europäischen Kolonialismus.
Daß Herzog seinem Aguirre, von Klaus Kinski mit verhaltener Dämonie gespielt, eine komisch wirkende Figur wie Guzman zur Seite gibt; daß er an dieser Revolte gegen Krone, Kreuz und den hinhaltenden Widerstand der Natur die lächerliche Seite so betont, scheint mir von der weniger existentiellen bzw. universalistisch abstrakten (LEBENSZEICHEN, ZWERGE), vielmehr historisch konkreten Sichtweise auf das Titanen-Thema herzurühren. LEBENSZEICHEN spielte zwar gegen Ende des Zweiten Weltkrieges, aber er hätte auch, so Herzog in einem Gespräch, im Siebenjährigen Krieg spielen können; der ZWERGEN-Film bot

historisch keine Fixpunkte.
AGUIRRE, DER ZORN GOTTES jedoch ist historisch und lokal präzise fixiert, stützt sich weitgehend auf das (fingierte?) Tagebuch eines Augenzeugen, des Mönches Caspar de Carvajal. Aguirres Expedition ist Teil der europäischen Welteroberung, seine Hybris deshalb auch kein irgendzufälliges, rein persönliches Syndrom. »Sein Verhalten war ein Zeitphänomen.« (Herzog)[8] Aguirres Größenwahn, seine Maßlosigkeit sind die des Kolonialismus. Nicht an der Natur selbst wird Aguirre schließlich irre, wie Stroszek in LEBENSZEICHEN, sondern am imperialistischen Verhalten zu ihr. AGUIRRE, DER ZORN GOTTES teilt nicht die Hoffnungslosigkeit und Verzweiflung von LEBENSZEICHEN und AUCH ZWERGE HABEN KLEIN ANGEFANGEN, sondern ist mehr Show, Theater, aufwendiges Spektakel, just for fun. Herzog: »Ich versuche jetzt in sehr viel stärkerem Maße, Kino auch für breiteres Publikum zu machen, die Filme zu öffnen, stärker an die Oberfläche heranzugehen, indem sie Spektakel an der Oberfläche sind wie AGUIRRE, und Handlungsspannung haben.«[9]

Die große Ekstase des Bildschnitzers Steiner. 1973/74

Als Beitrag zur ARD-Reihe »Grenzstationen« entstand dieses Portrait des Schweizer Skifliegers Walter Steiner anläßlich eines Wettbewerbes im jugoslawischen Planica. Im Stil einer Reportage, mit dem Mikrophon in der Hand und den Kameras fast überall hautnah dabei, verfolgt und kommentiert Herzog die Stationen auf Steiners Weg zum Sieg: der erste Trainingssprung, der auf Anhieb den Schanzenrekord brach; der Sturz beim zweiten und die Krise danach; Steiners Klagen über den zu langen Anlauf, mit dem er überfordert, zu übergroßen Weiten gezwungen werde: er käme sich vor wie in einer großen Arena, und die Leute wollten sehen, wie er zerschelle; weitere Flüge, bei denen Steiner von sich aus den Anlauf verkürzt; und trotzdem sein souveräner Vorsprung in der Gesamtwertung.
Von Herzogs Dokumentarfilmen, über afrikanische Eingeborene und ihre medizinische Versorgung (DIE FLIEGENDEN ÄRZTE VON OSTAFRIKA), über Körperbehinderte (BEHINDERTE ZUKUNFT) und Taubblinde (LAND DES SCHWEIGENS UND DER DUNKELHEIT) war man eine fast schon demütige Zurückhaltung gegenüber

dem Gezeigten gewohnt. In den genannten Filmen trat der Filmemacher nur als geduldiger Frager auf, er war als aufmerksamer Zuhörer und Zuschauer (wenn überhaupt einmal im Bild) gegenwärtig, und teilte sich selbst allenfalls in spärlichen Kommentaren oder – in LAND DES SCHWEIGENS UND DER DUNKELHEIT – durch die Verwendung von klassischer Musik mit.
In DIE GROSSE EKSTASE DES BILDSCHNITZERS STEINER jedoch ist Werner Herzog allgegenwärtig, nicht nur vor der Kamera, wie es die »Grenzstationen«-Serie von ihren Autoren verlangt. Durch Montagen und Zeitlupen-Aufnahmen dramatischer Stürze läßt er das Skifliegen in einem Maße als gefährlich erscheinen, das weit über Steiners knappe Bemerkungen hinausgeht. Vor dieser emotionalen Kulisse aus Gefahr und Angst stilisiert er den schmächtigen zurückhaltenden Steiner zum Superstar: »Für mich persönlich ist er der größte Skiflieger, den es jemals gegeben hat«; mit seiner »unglaublichen Überlegenheit« gewinne Steiner einen Vorsprung, »wie es das beim Skifliegen bisher noch nicht gab« usf. Angesichts der einander überbietenden Superlative, mit denen Herzog Steiner überhäuft, wäre »Die große Ekstase des Steiner-Fans Herzog« ein treffenderer Filmtitel gewesen.
Am Ende des Films erzählt Steiner von einem zahmen Raben, der von seinen Artgenossen gequält wurde, als er Federn verlor und nicht mehr fliegen konnte; er habe das nicht mitansehen können und ihn erschießen müssen. Indem Herzog von dieser Kindheitsreminiszenz, die Erinnerungen an die Hühner in AUCH ZWERGE HABEN KLEIN ANGEFANGEN wachruft, ein letztes Mal zu einer Flugstudie in Zeitlupe schneidet, nutzt er sie nicht nur als Metapher für die Zwangslage Steiners, immer wieder auch unter gefährlichen Bedingungen fliegen zu müssen. Zugleich deutet er Steiners Sprünge als Fluchtbewegungen, als Sich-Abstoßen von der Welt. »Ich sollte eigentlich«, so ein Text, den Herzog auf Steiners letzten Flug überblendet, »ganz allein auf der Welt sein, ich, Steiner, und sonst niemand . . .«; dann brauchte er wenigstens keine Angst mehr zu haben.
Was als sportfeuilletonistische Gelegenheitsarbeit sich anließ, offenbart sich als höchst persönliches Werk, als Neuformulierung jenes trotzig-titanischen Aufbäumens gegen die Welt, das Herzogs Spielfilme leitmotivisch durchzieht und hier erstmals auf eine authentische Person projiziert, durch den suggestiven Umgang mit dokumentarischem Material evoziert wird.

Jeder für sich und Gott gegen alle. 1974

1828: Aus seinem Kellerloch, in dem er ganz allein, angepflockt wie ein Tier, aufgewachsen war, wird Kaspar Hauser (Bruno S.) von einem älteren Mann herausgeschleppt und nach rüdem Gehtraining in Nürnberg ausgesetzt. Der verwahrloste Findling kommt zunächst in polizeiliche Verwahrung, dann – zur Entlastung des Stadtsäckels – als Kuriosität in den Zirkus. Von dort reißt er aus und findet Unterschlupf bei Herrn Daumer (Walter Ladengast), wo er mit Kunst, Religion und Wissenschaft Erfahrung macht. Aus unbekannten Gründen wird er nach einiger Zeit ermordet.

Das freilich ist nur der äußere, durch die historischen Fakten gesetzte Rahmen, innerhalb dessen Herzog in einer den Stationen einer Passion nachgebildeten Episodenfolge Kaspars intellektuelle und emotionale Entwicklungsgeschichte nacherfindet. Erst Erfahrungen mit Sprache, erste Empfindungen: Schmerz, Angst, freudige Rührung, Ergriffenheit: »Musik fühlt mich stark in der Brust.« Nach einem Zweijahres-Sprung, der die qualvolle Erziehungs- und damit Menschwerdungs-Prozedur ausspart, die François Truffaut an seinem *Wolfsjungen* (1969) interessierte, gerät Kaspar in Konflikt mit Religion und herrschender Rationalität: Ob er denn in seinem Kellerloch keine »natürliche Gottesidee« empfunden habe, fragen ihn zwei Geistliche (Enno Patalas, Volker Elias Pilgrim). Nein, erklärt Kaspar, und an die Schöpfung aus dem Nichts glaube er auch nicht. Wenig später insistiert er auf dem Eigenleben der Äpfel – und der Augenschein gibt ihm recht: ein geworfener Apfel hüpft, weil zuviel Schwung, über den Fuß hinweg, der ihn aufhalten sollte; »Ein kluges Äpfelchen«, freut sich Kaspar.

Das komplizierte logische Problem endlich, das ein Professor (Alfred Edel), von ihm per doppelter Negation gelöst sehen will, knackt Kaspar mit Mutterwitz. Das könne er nicht gelten lassen, moniert der gelehrte Herr irritiert, nicht aufs Erkennen, sondern aufs abstrakte Schließen käme es doch an.

Auch mit den Repräsentanten der herrschenden Ordnung macht Kaspar unerfreuliche Erfahrungen: Den lokalen Beamten (zu Anfang) gilt er als lästiges Unding, das aktenmäßig erfaßt, mißtrauisch getestet und verwahrt werden muß. Später möchte sich ein dekadenter feinsinniger englischer Lord (Michael Kroecher), des Findlings annehmen. Doch Kaspars »bar-

Jeder für sich und Gott gegen alle

barisches«, mechanisch angedrilltes Klavierspiel düpiert den feinen Salon; als Kaspar sich auch noch der beengenden Garderobe entledigt und zu häkeln beginnt, verscherzt er sich die Gunst der hohen Damen und Herren vollends, die in ihm so etwas wie ein bestaunenswertes exotisches Monstrum gesehen hatten. In Kaspar fügen sich Details wie diese zu einer Welterfahrung zusammen, in der Gesellschaft nur als Zwangszusammenhang vorkommt, den er ohnmächtig leidend empfindet. Das drückt er in Sätzen aus, die in der Tonspur stecken wie Granatsplitter: »Ja, mir kommt es vor, daß mein Erscheinen auf dieser Welt ein harter Sturz gewesen ist«; jedes Wort artikuliert Bruno S. so schmerzhaft angestrengt, ähnlich wie die Taubstummen in LAND DES SCHWEIGENS UND DER DUNKELHEIT, daß man es als Zuschauer beinahe körperlich spürt, nicht bloß hört, welche Anstrengung diese Artikulation, das Sprechen, verlangt.

Hinweise auf eine andere bessere Welt enthalten Kaspars Visionen: Auf dem Sterbebett erzählt er von einem blinden Karawanenführer, der den Sand schmeckt und den richtigen Weg weist, wo die Sehenden mit ihren Kompassen scheitern. Konkret werden läßt Herzog dieses im blinden Seher gleichnishaft formulierte Ganz Andere in Bildern von befriedeter, traumhaft schöner Natur, die Kaspars Leidensweg durchsetzen wie Chiffren der Erlösung: »Dies Bildnis ist bezaubernd schön / Wie ich noch keines je gesehn / Ich fühl es, wie dies Götterbild / Mein Herz mit neuer Regung füllt / Soll die Empfindung Liebe sein?« zitiert Herzog aus Mozarts »Zauberflöte«. Taminos Bildnisarie legt sich wie ein Rahmen um das Bildnis dieser Passionsgeschichte.

Derart inbrünstige Naturvergötzung signalisiert einen fundamentalen Wandel in Herzogs Anschauung: In LEBENSZEICHEN und AUCH ZWERGE HABEN KLEIN ANGEFANGEN stand die verkarstete, ausgebrannte Landschaft in unversöhnlicher Gegnerschaft zu seinen Protagonisten, verurteilte ihr heroisches Aufbäumen von vornherein zum Scheitern. In FATA MORGANA erschien Natur noch ambivalent, halb Versprechen, halb Verweigerung: »Man sieht dauernd, was wir haben und wie's eigentlich ausschauen könnte.« In anderem Sinne wurde sie auch in AGUIRRE, DER ZORN GOTTES zwiespältig erfahren: tödlich zwar für die imperialistischen Conquistadores, doch den Indianern lebensspendend – und dem Zuschauer, in schwelgerischen Ein-

stellungen, ein Genuß. Erst JEDER FÜR SICH UND GOTT GEGEN ALLE vollzieht den Wandel zur romantischen Naturverklärung, den LAND DES SCHWEIGENS UND DER DUNKELHEIT schon vorbereitete, wenn der taubblinde Bauernsohn am Ende einen Baum umarmt.
Daß Herzog dem Ganz Anderen in der Natur einen Ort gibt, scheint mir darin begründet, daß er selbst sich hier damit identifiziert. Zum Rebellen Stroszek hatte er in LEBENSZEICHEN noch eine fast klinische Distanz, auf die er auch optisch Wert legte. In AGUIRRE, DER ZORN GOTTES wurde die ironische Distanzierung, die die tragikomischen Akzente setzte, zunehmend aufgehoben durch die unverhohlene Faszination von Aguirres Irrewerden. Kaspar Hauser schließlich scheint Herzogs alter ego zu sein, radikaler Ausdruck seiner eigenen Zweifel am herrschenden Sehen, Empfinden und Denken, an einer gesellschaftlichen Verfassung, deren innere Widersprüchlichkeit, deren Zerfallensein mit sich selbst ihm unzugänglich scheint. So bleibt ihm nur die totale Negation des Bestehenden im Namen nicht seiner unterdrückten Möglichkeiten, sondern im Namen des Ganz Anderen, zu der er sich in Kaspar Hauser uneingeschränkt wie noch nie bekennt: romantischer Affront statt sozialistischer Opposition und Solidarität.
In diesem Sinne ist JEDER FÜR SICH UND GOTT GEGEN ALLE Höhepunkt, vielleicht auch Abschluß von Herzogs bisherigem Werk, dessen Quersumme zugleich gezogen wird: Der Film ist getrüffelt mit Verweisen auf frühere, u. a. tauchen der Pianist und das hypnotisierte Huhn aus LEBENSZEICHEN, der kleinste Zwerg aus AUCH ZWERGE HABEN KLEIN ANGEFANGEN, und der Indianer Hombrecito aus AGUIRRE, DER ZORN GOTTES und Walter Steiner aus DIE GROSSE EKSTASE auf. Doch nicht nur in diesem äußerlichen Sinne faßt dieser die Filme Herzogs zusammen: In der Figur des Kaspar verbindet sich die Weltfeindlichkeit der titanischen Rebellen mit der anderen, fremden Seh- und Empfindungsweise derer, von denen die Dokumentarfilme berichteten. Das macht diesen Kaspar Hauser so widerspenstig und anders, daß der Versuch seiner Integration scheitern muß: Der Lächerlichkeit gibt der Film die Beamten preis, die bei der Obduktion der Leiche Kaspars ein zu großes Kleingehirn und ein zu kleines Großgehirn entdecken und lauthals triumphieren: »Wir haben endlich eine Erklärung für diesen befremdlichen Menschen, wie man sie besser nicht finden tun kann!«

Herz aus Glas

Herzog insistiert auf der provozierenden Befremdlichkeit seiner Figuren und auf seiner eigenen: darum bleiben sie – und er? – radikal einsam.

1 »Werner Herzog im Gespräch mit Günther Pflaum und Wolfgang Ruf«, in: Cinema 69, S. 1129.
2 »Werner Herzog«, in: KINO 1, Berlin (West) 1973, S. 17.
3 »Werner Herzog im Gespräch . . .«, a. a. O., S. 1125.
4 »Werner Herzog«, a. a. O., S. 23.
5 a. a. O., S. 23.
6 »Herzogs Film FATA MORGANA«, in: Filmreport Nr. 21 vom 20. 11. 69., S. 3.
7 »Schauplatz Amazonas«, in: Süddeutsche Zeitung vom 22./23. 4. 1972.
8 a. a. O.
9 »KINO-Interview: Werner Herzog«, in KINO 7, Berlin (West) 1973, S. 38.

Interview

Von Kraft Wetzel

Aus Deinen bisherigen Interviews hat man sich nur ein bruchstückhaftes Bild von Deiner Autobiographie machen können. Gab es da Erfahrungen, die für die Interessen, die Deine Filme zeigen, wichtig wurden?

Ich war viel weg; auch allein. Ich war zum Beispiel in Afrika, obwohl ich nie gerne hin wollte, ich habe immer Angst davor, vor Schwarzafrika. Es gibt Leute, die haben so eine widerwärtige Art Hemingwayscher Afrika-Sehnsucht, mit Kilimandscharo, Großwildgejage und kerligem Auftreten, da gehöre ich gar nicht dazu. Ich habe immer auch das Grauenhafte daran gesehen, das Unausrechenbare . . .

In welchem Sinn?

Da mußt Du nur mal in die Zentralafrikanische Republik gehen, dann weißt Du, was ich meine. Wenn Du in einem Landrover fährst und auf einmal umringt diesen Wagen eine schreiende Menschenmenge, dann gibt's nur eins: Gas zu geben und irgendwie raus. Denn Du überlebst das unter Umständen keine fünf Minuten. In der Zentralafrikanischen Republik oder in kongolesischen Ostprovinzen, wo sowieso dauernd Spannungsgebiet war – vor uns sind fünf Deutsche erschossen worden, ohne daß ein Mensch weiß, aus welchem Grunde, grade so auf Uganda zu – da weiß der Henker, die brechen da auf, weil Vollmond ist und wollen halt Leber essen.
In den USA habe ich eine Zeitlang in einem uralten VW gelebt, der völlig durchgerostet war am Boden. Es war Winter, es gab Schneestürme, nur furchtbar viel schrecklicher als hier. Wenn da Blizzards kommen, ist es gleich 25 Grad unter Null, und Schneewehen kommen von unten ins Auto rein. Ich hatte ein Gipsbein bis zur Hüfte rauf, und weil ich's nicht bewegen konnte, war es immer dran zu erfrieren. Ich hab mir dann dicke Packen Zeitungspapier um die Füße gewickelt, damit sie mir

nicht wegfrieren.
Und nachts, wenn es dann zu kalt wurde, um 3 Uhr, 4 Uhr, in New York, da gibt es ja Menschen, die leben wie Neandertaler, die kommen dann um 3 Uhr, wenn die Kälte so groß wird, daß man's nicht mehr erträgt, dann sammeln sich die Leute auf einer leeren, vollkommen öden Straße und zünden die Aschentonnen an, machen ein Feuer und wärmen sich dort und reden kein Wort. So ist das dort, das sieht nur keiner.

Mit Globetrotter und Reiselust hatten diese Jahre also wenig zu tun?

Das ist so ganz verzweifelte Suche nach ... ja, nach irgendeinem Platz, wo man existieren kann. Ich meine jetzt Existenz im Gegensatz zu dem, was Leben ist. Ich merke das immer stärker, daß es da einen großen Unterschied gibt: zwischen dem, was Leben ist, und dem, was Existenz ausmacht, und daß es etwas Wichtiges ist, überhaupt eine Existenz zu haben. Es gibt eben sehr viele Menschen, bei denen Leben und Existenz auseinanderlaufen und miteinander scheinbar nichts zu tun haben. Ich kann das am ehesten an Biographien sagen: Der Kafka oder Robert Walser. Der Kafka ist eben ein Versicherungsangestellter gewesen. Ich glaube auch, daß es eine neuzeitliche Entwicklungstendenz gibt, die stärker draufhin läuft, daß das, was Leben und was Existenz ausmacht, stärker auseinanderklaffen. Das hat's sicher früher auch sehr viel gegeben, aber jetzt in verstärktem Maß, daß überhaupt existenzlose Menschen da sind, d. h. die haben Leben, aber keine Existenz.
Ich kann's auch vielleicht anders sagen. Ich war jetzt mal in der Bretagne, da sind große alte Bauernhöfe, die haben nur einen einzigen Raum, da hat die Familie und das Vieh zusammen in einem einzigen Raum gelebt. Da kommen viele Legenden und Dichtungen her und Lieder, die die gesungen haben. Ich kann mir vorstellen, daß es für jemand, der damals in so einer Familiengemeinschaft gelebt hat, nicht Leben und Existenz gab, sondern nur etwas, was dieses zusammen und ohne Trennung ausgemacht hat.

Du sagst, Du hättest alle Deine Filme selbst produziert. Aber Dein erster Film, HERAKLES, *war ja laut Filmographie keine Eigenproduktion.*

Doch. Das war so: den habe ich selber produziert, nur den hat dann ein Produzent übernommen, und zwar erst zu dem Zeitpunkt, als ich fürs Drehbuch zu LEBENSZEICHEN den Carl-Mayer-Preis gewonnen hatte. Der (Produzent) hat geglaubt, er würde vielleicht irgendeinen Preis damit kriegen, hat Geld reingesteckt im Nachhinein, hat eine Lichtton-Version davon gemacht; bißchen anders geschnitten habe ich ihn dann nochmal.

Wie bist Du auf dieses Thema gekommen? Beim ersten Film überlegt man sich doch sehr genau . . .

Das war ganz in Ordnung so, weil ich mich damals sehr damit beschäftigt hatte, wie man überhaupt Bilder montieren kann. Das ist eigentlich eine Montage von Materialien, die niemals eigentlich zusammengehen könnten und trotzdem einen Film machen sollten. Insofern war dieser Film wichtig, weil ich sehr viel an Erkenntnissen dabei gewonnen habe. Ich habe ja nie irgendwo was gelernt von irgendjemandem, ich war nie auf einer Filmhochschule oder Assistent von irgendjemandem. Ich habe immer nur gelernt aus dem, wie man's nicht machen soll. Ich habe nie aus guten Filmen gelernt, sondern immer nur aus den mißglückten. Ich habe in radikalster Weise aus der ersten Peinlichkeit sofort gelernt und das war eben HERAKLES. Ich find gut, daß ich ihn gemacht habe, weil: von dem Moment an habe ich gewußt, wie ichs zu machen habe.

Kannst Du etwas zu Deinem zweiten, unveröffentlichten Film SPIEL IM SAND *sagen?*

Da ist ein Hahn im Pappkarton, und Kinder; und das Motiv taucht in LEBENSZEICHEN auf, in milderer Form.

Woher rührt diese Faszination von Hühnern, die ja auch in AUCH ZWERGE HABEN KLEIN ANGEFANGEN *an prominenter Stelle auftauchen?*

Hühner erschrecken mich sehr. Ich bin der erste, der gezeigt hat, daß Hühner kannibalisch und entsetzlich sind. Das Allerentsetzlichste ist, wenn man Hühnern mal genau in die Augen schaut: das ist die Dummheit, die einem entgegenstarrt, der Tod und die Dummheit. Das ist so furchtbar, weil das so vollkommen hintergrundslose Dummheit ist. Ich glaube auch nicht an Teufel, ich glaub nur an die Dummheit.
Ich habe einmal geträumt vor ein paar Jahren (ich träume fast

nie; es wird immer behauptet von Psychologen, jeder Mensch würde jede Nacht träumen: Ich bin der lebende wahrhaftige Beweis, daß es nicht stimmt, weil: ich träume ein-, zweimal im Jahr, wenn überhaupt). Ich habe geträumt von einer Kirche. Meine beste Freundin hat geheiratet. Alle in der Kirche haben mich gehaßt, weil ich eigentlich sie heiraten wollte. Ihr ist aus dem Brautexamen vorne vom Priester vorgelesen worden: Widerstehst Du den bösen Mächten des Teufels? Und sie mußte ganz rituell sagen: Ja, ich widerstehe den bösen Mächten des Teufels. Dann: Schwörst Du den Listen des Teufels ab? Und sie mußte sagen: Ja, ich schwöre den Listen des Teufels ab. Dann bin ich von hinten nach vorne gekommen, den ganz langen Gang, und die Leute haben gesehen, daß ich reingegangen komme in die Kirche, und die wollten mich alle umbringen. Ich bin nach vorne gegangen, hab's Buch zugeklappt und hab statt ihr geantwortet: Ich glaub nicht an den Teufel, ich glaub nur an die Dummheit. Dann sind alle aufgesprungen und hinter mir hergerast. Ich bin aus der Kirche herausgerast, mit der Braut. Dann kam . . . einen ganz bestimmten Platz in Mexico seh ich da vor mir, links ging es einen steinigen gepflasterten Weg hoch, so mexikanische Häuser, und so ein scharfkantiges Hauseck wie ein Schiffsbug. Ich bin links hochgerast und sie rechts, da haben wir uns einen Moment verloren. Ich war schon 20 Meter den Hang hoch, habe angehalten, weil sie den anderen Weg genommen hat und bin zurückgerannt, mit dem vollen Schwung von diesen 20 Metern steil bergab. Genau an der Hausecke ist ein Maultier galoppiert gekommen, und mit dem bin ich so hart zusammengeprallt, daß ich aufgewacht bin.

Wie ist DIE BEISPIELLOSE VERTEIDIGUNG DER FESTUNG DEUTSCHKREUTZ *entstanden?*

Über den Schauplatz. So ist fast alles von mir entstanden: daß auf einmal ein Schauplatz anfängt, Leben zu kriegen, und erst der Schauplatz ist und dann die Personen und die Geschichte. Der Film zeigt keine Wirklichkeit, das zeigen eigentlich alle meine Filme nicht, sondern eher die Wirklichkeit von Träumen. Ich sehe so viele Leute, die sich darüber beklagen, daß der oder der Film ja gar nichts mit der Wirklichkeit zu tun hätte. Ganz einfaches Beispiel: Warum haben die Frauen in AGUIRRE so ganz am Schluß, wo alles vermodert und verrottet ist, noch so schöne Kleider. Da machen sich die Leute Gedanken drüber und regen sich auf. Ich glaube, daß die wirkliche Kraft von Filmen darin liegt, daß sie mit der Wirklichkeit von Träumen arbeiten.

Kraft in welchem Sinne?

Ich meine Überlebenskraft, und daß sie die wahre Chronik von dem sind, was unseren inneren Zustand ausmacht. Schon jetzt, wenn wir uns Musicals aus den 30er Jahren angucken, dann wissen wir, das ist die wahrhaftige Chronik dieser Zeit. Daran erkennen wir, was die Menschen waren in dieser Zeit in den USA, nicht an den Geschichtsschreibern, nicht an den Zeitungen, die wir aus den Archiven hervorholen, nicht aus solchen Sachen, aber aus diesen Filmen, das ist die intensivste Chronik von dem, was den inneren Zustand dieser Menschen ausgemacht hat. Filme, die in so starkem Maße versuchen, wirkliches Leben zu erfassen, die haben nicht solche Kraft . . . das paßt nicht so gut zum Film (Dokumentarfilme sind was anderes, ich mein jetzt Spielfilme). Das ist ein starkes Gefühl, was ich habe, vielleicht auch nur deswegen, weil meine Filme in diese Richtung gehen. Es ist Selbstverteidigung, wenn ich das sage.
Ich glaube auch, daß die Überlebenskraft und überhaupt die Substanz von Film ausmacht, daß sie bis heute noch nicht von Akademikern in Griff bekommen ist, daß grade solche Dinge wie Comics und Film – die sehr stark innere Zustände aufdekken, von ganz unten, vom Jahrmarkt und so herkommen – von Akademikern zuerst völlig übersehen werden als Phänomen und dann, wenn sie versuchen, es zu analysieren und in akademischer Weise aufzuarbeiten, es nicht gelingt. Das zeigt mir, daß da wirkliches Leben drinsteckt: im Film.
Ich sehe mit Begeisterung, daß Leute, die versuchen, Filme zu machen und einen zu akademischen approach dazu haben, scheitern; daß der Film das an sich abprallen läßt. Das Medium selber läßt solche Versuche an sich abprallen. Ein anderes Beispiel ist, wie sich die Cahiers du Cinema kaputt gemacht haben, weil die auf einmal versucht haben, mit strukturalistischen Ideen sich zu erarbeiten, was überhaupt ein Einzelbild auf'm Film ist: der absolut verblasene akademische Quark. Diese Zeitschrift hat also innerhalb von zwei Jahren langsamen Selbstmord begangen. Diesen Selbstmord zu beobachten, der eigentlich gar nicht gewollt war, daß der Film die sozusagen zum Selbstmord gezwungen hat, das sehe ich mit Begeisterung.

War LETZTE WORTE *auch eine negative Lernerfahrung, wie die ersten Kurzfilme?*

Nein, das ist mein bester Film. Ohne diesen Film wäre FATA MORGANA nicht denkbar, wären Erzählformen und Stilisierungen undenkbar, an denen ich dann weitergearbeitet habe. Dieser Film ist wirklich wie ein Durchbruch. Der ist auch so einfach von der Hand gegangen, den habe ich an ein, zwei Tagen gedreht, an einem Tag geschnitten. Es war so vollkommen klar und richtig alles.

Letzte Worte

(LETZTE WORTE) *ist doch eigentlich das Un-Portrait eines Mannes, von dem man nur sehr wenig erfährt.*

Es schimmert halt so eine Vor-Fabel durch, daß es da eine verlassene, verrottende Insel gibt, wo Leprakranke waren, und daß diese Insel völlig evakuiert wurde; daß ein einziger Mann drauf übrig blieb und den Verstand verloren hat und sich weigert, diese Insel zu verlassen und der dann entmündigt wird und gewaltsam von der Polizei hinübergeholt wird aufs Festland, sozusagen in ein dezentes, anständiges Leben und seither sich weigert, zu sprechen und aber nur noch nachts rauskommt und auf dieser Lyra spielt. Das schimmert ein bißchen durch. Aber die Geschichte selber wird ja nicht erzählt, sondern nur . . .

. . . ja, und Wiederholzwänge. Statt Argumentation gibt's nur zwanghafte Erstarrung in Wiederholungen. Zum Beispiel einen Mann, der vom letzten Fußabdruck des letzten Türken erzählt, der erzählt diese Geschichte vom letzten Türken, der also über einen Felsen ins Meer gesprungen ist und dort am Felsen einen Fußabdruck hinterlassen hat, und daß die Griechen da drüber eine Kapelle gebaut hätten. Kaum daß er die Geschichte erzählt hat, im selben Atemzug fängt er sie wieder von vorne an, die selbe Geschichte nochmal, und kaum hat er sie zu Ende erzählt, erzählt er sie gleich noch ein drittes Mal.
Auf einmal, über die Zwanghaftigkeit, in der die stecken, durch diese Qual, schimmert etwas durch, was diesen Mann ausmacht. Dieser Mann, der also da die Lyra spielt, der ist mir so vertraut, der fasziniert mich. Und trotzdem, der redet natürlich völlig normal und ist ein ganz normaler Mensch, der nicht verrückt ist und durchaus redet, aber daß er minutenlang sagt: »Nein, ich sag kein Wort, nicht ein einziges Wort. Ich sag nicht mal nein. Sie hören kein Wort. Nichts sage ich. Wenn Sie jetzt sagen, ich soll nein sagen, dann sage ich nicht mal das«; und minutenlang sagt er, daß er nicht ein Wort mehr sagen würde.

Um zu LEBENSZEICHEN, *Deinem ersten langen Spielfilm, überzugehen: Woher kommt Dein Interesse an radikaler Auflehnung und radikalem Scheitern, das sich ja durch Dein Gesamtwerk hindurchzieht?*

Ich habe versucht, auch schon drüber nachzudenken. Ich bin da eben beschränkt auf diese Art von Thema. Mich wundert's immer, daß andere Filmemacher Auswahl an Themen haben und sich überlegen, welches Buch sie jetzt verfilmen sollten. Bei mir ist es so, daß ich nie die Möglichkeit hatte, das oder das oder das zu machen, sondern eben nur dieses eine. Im Nachhinein sehe ich dann, daß da ein gemeinsames Thema da ist.

Merkst Du das nicht schon während der Arbeit oder erst, wenn die Filme fertig sind?

Hinterher merke ich's natürlich am deutlichsten, aber ich weiß auch, daß die Figuren sehr viel miteinander zu tun haben. Deswegen habe ich die ganze Familie mal zusammengeholt in JEDER FÜR SICH UND GOTT GEGEN ALLE: da ist der kleinste Zwerg aus dem Zwergenfilm, eine Figur aus AGUIRRE, nämlich dieser Indianer, der Walter Steiner taucht auf aus dem Skispringer-Film, und der Pianist aus LEBENSZEICHEN, der auch Komponist von der Musik in AGUIRRE ist, taucht wieder als Pianist auf. Die Familie ist da also mal zusammengerufen.

Zumindest symbolisch, denn eigentlich müßte doch der Kinski dastehen statt dem Indianer.

Richtig, aber das muß nicht sein. Mit die entscheidende Figur in AGUIRRE ist eben nicht nur Kinski, sondern auch dieser schwachsinnige Mann, der die Flöte spielt. Diesem Mann ist nämlich auch der Film gewidmet, das weiß hier kaum jemand. Das ist ein schwachsinniger Bettler gewesen, den wir in Cuzco in Peru auf dem Marktplatz getroffen haben. Der hat so'n bißchen Scheren verkauft und hat also Flöte gespielt und auf einer Blechdose dazu getrommelt. Der war völlig schwachsinnig, wußte nicht mal seinen eigenen Namen, deswegen haben ihn alle ›hombrecito‹ genannt, ›das Menschlein‹. Der hat mich so fasziniert, daß ich ihm gesagt habe, ich möchte ihn dabei haben im Film, ob er nicht mitkommen würde, und er könnte soviel Geld verdienen, wie in zehn Jahren nicht hier beim Betteln. Der hat gesagt, nein, er kann nicht, das darf er nicht, weil: wenn er nicht mehr hier spielt, dann sterben die Leute. Ich hab' jeden Tag versucht, ihn zu überreden, da war gar keine Möglichkeit. Auf einmal aber kam er daher und hat dann doch Freude gehabt und hat gesagt, ja dann sterben die Indianer nicht, die runtergehen in den Urwald. Der war auch so'ne Leidensfigur, weil: er war Bettnässer, und keiner wollte auf dem selben Floß in der Hängematte neben ihm schlafen. Er war wie ein Heiliger, ein wunderbarer Kerl. Er hatte drei ganz dicke Pullover aus Alpakawolle immer an und hat die im heißesten Urwald nicht ausziehen wollen. Jedesmal hab ich ihn überreden müssen, er soll doch diese Pullover ausziehen, fürs Drehen müßte er das. Ja, hat er gemeint, die würden ihm irgendwelche Leute stehlen. Dann haben wir ihm immer eine Plastiktüte gegeben, da hat er sie hineingesteckt und im Urwald irgendwo vergraben und hinterher nicht mehr gefunden. Dann mußte das ganze Team ausschwärmen und nach diesen vergrabenen Pullovern buddeln, was ganz gut war.
Nach der Drehzeit habe ich ihn wieder in Cuzco gesehen, da hat er wieder gebettelt am Marktplatz. Da hatte er statt drei Pull-

overn drei Sakkos übereinander an. Ich habe ihn gefragt: »Hombrecito, warum trägst Du – mich interessiert das schon lang – jetzt drei Sakkos übereinand?« Da hat er gesagt, das wär gegen den bösen Atem der Gringos.

Du sagtest, ein Idiot hätte aus dem Stoff von LEBENSZEICHEN *ein Psychodrama gemacht. Warum eigentlich kein Psychodrama?*

Ich hab was gegen Idioten und gegen Psychologie natürlich auch, weil die mit frecher Stirn auftritt, als wäre es eine gesicherte Disziplin, als wäre es so etwas wie Geschichte oder wie Medizin. Dabei ist der gesicherte Wissensfundus nicht mehr als das, was beispielsweise die Schädelchirurgie zur mittleren Pharaonenzeit geleistet hat. Das zweite ist diese Frivolität und das noch nicht gesicherte Gespür dafür, was man überhaupt mit Menschen tun soll und darf, daß eben Menschen unhauslich, unerträglich werden, die sich zuviel mit sich selber beschäftigen.

Was meinst Du mit »unhauslich«?

So wie ein Zimmer unhauslich wird, also grauenhaft und eine Entsetzlichkeit, dann nämlich, wenn man überall ausleuchtet mit Neonröhren bis unters Bett und bis in den letzten Winkel alles aufhellt, dann kann ich in einem solchen Zimmer nicht mehr wohnen, es wird unbewohnbar. Solche unbehausbaren Menschen gibt's eben zur Genüge und das ist etwas, was die Psychologie angerichtet hat.
Aber es ist nicht nur die Schuld der Psychologie. Das fängt in dem Moment an, wo die ersten Menschen in den Spiegel schauen. Nur jetzt ist es zu einem Symptom der Hilflosigkeit geworden, so wie jahrhundertelang der Aderlaß die Hilflosigkeit der Medizin dokumentiert hat, ein Dokument der Hilflosigkeit, mit sich selber zu Rand zu kommen und eine dezente Existenz zu leben.
Ich kann überhaupt so psychologische Filme nicht leiden, das ist, was ich an Bergman nicht leiden kann, dieses Parabelhafte und dieses psychologische Rumgequäle da.

Was war bei LEBENSZEICHEN *zuerst da, die Geschichte oder der Schauplatz?*

Der Schauplatz. Ich bin schon ganz früh, mit 15 oder so, da mal hingegangen nach Kos. Mein Großvater hat da seine Lebensarbeit gemacht als Archäologe. Als junger Mann, 1901 bis 1907 etwa, hat er Ausgrabungen gemacht; nur später, als 70jähriger, ist er dann wahnsinnig geworden, und ich hab ihn nur als Verrückten bewußt miterlebt.

Der ist mir ganz wichtig geworden, dieser Großvater, weil der einen genialen Geländeinstinkt hatte. 800 Jahre lang hat man nach diesem Askleperion, das er entdeckt hat, schon gegraben, und er hat's gefunden. Mich hat der letzte überlebende Arbeiter, der dadran beteiligt war, der Türke Ahmed, der in LEBENSZEICHEN vorkommt, (das ist ein heiliger Mann) der hat mich rumgeführt auf einem riesigen flachen Feld. Da haben an zehn verschiedenen Stellen andere Archäologen gegraben und nichts gefunden. Aus unerfindlichen Gründen hat mein Großvater irgendwo mitten in dem Feld gegraben und hat ein spätrömisches Bad entdeckt. Warum hat der Mann dort gegraben, nur an dieser einen einzigen Stelle? Der hat irgendwie die vollkommene Vorstellung gehabt: wie hat es damals ausgesehen und wo würde ich was hinbauen. Der Mann hat Phantasie gehabt. In ganz jungen Jahren war der schon Professor für Altphilologie und war ein reiner Stubengelehrter, der wirklich über Nacht alles liegen und stehen gelassen hat, Spaten genommen hat und losgezogen ist und dann Archäologe war.

Meinen Sohn hab ich nach ihm genannt, übrigens nach dem Ahmed auch. Das sind Figuren, die für mich ganz wichtig sind. Er heißt Rudolph Amos Ahmed, Amos nach Amos Vogel, das hat wieder eine lange Geschichte hinter sich.

FATA MORGANA *hast Du zwar vor* AUCH ZWERGE HABEN KLEIN ANGEFANGEN *begonnen, aber erst danach fertiggemacht. Haben die Filme dadurch aufeinander eingewirkt?*

FATA MORGANA habe ich lange vorher angefangen, zunächst in Uganda und Kenia, und zwar während ich FLIEGENDE ÄRZTE gedreht habe. Wir wollten unbedingt mit dem John Okello drehen. Dieser Okello war ein Mann, der aus Uganda stammt, eine ganz unerhörte Figur, der in Sansibar die Revolution 1964 gemacht hat, dann aber nach paar Monaten rausgeworfen wurde und seither in Ostafrika rumirrt und Rhodesien und Mozambique und Südafrika befreien wollte und nur noch drei Getreue hatte. Mit dem wollte ich filmen, der war aber im Gefängnis.

Dieser Okello hat unerhörte Reden gehalten vom Flugzeug

aus. Er ist über Sansibar gekreist – er hat sich selber zum Feldmarschall ernannt, ich habe mit ihm korrespondiert und da war ›field marshall‹ auf den Briefköpfen drauf –, und bevor er gelandet ist, hat er den Bordfunk auf die Radiostation umschalten lassen und hat dann so kurze Reden gehalten: ›Ich, Euer Feldmarschall, lande. Wer auch nur ein Stück Seife klaut, wird 216 Jahre ins Gefängnis geschmissen!‹ Bißchen ist das natürlich in die Aguirre-Figur mit hinein.

Für FATA MORGANA hatte ich ja zunächst ein Drehbuch, eine Art von Science-Fiction-Geschichte – die spürt man übrigens noch raus – von einer Raumschiffbesatzung, die auf einem seltsamen Planeten landet und dort aufzeichnet, was sie so sieht – trotzdem wissen wir natürlich, es ist diese unsere Erde. Leute, die zum ersten Mal einen Baum, einen Berg, Menschen sehen, die kommen da. Dieser Film ist wie so das allererste Aufwachen und Erstaunen. Ohne den Film wäre Kaspar undenkbar, dieses erstaunte Aufgerütteltwerden und auf einmal Dinge sehen zum ersten Mal, ein wahnsinnig schmerzlicher Prozeß auch. Der Film ist ein Versuch von einem neuen Sehen, Versuch auch, Menschen in einer neuen Weise zu fassen . . . das sind die Traumsequenzen in Kaspar, das sind Visionen in dem Film (HERZ AUS GLAS), den ich gerade drehe.

Ganz kurz, nachdem ich aus Afrika zurück war, habe ich den Zwergenfilm gedreht, und für den ist diese Vorgeschichte wichtig, weil der Zwergenfilm dadurch so radikal und so nackt im Rausschreien geworden ist. Die anderen sind viel diskreter und dezenter, aber da ist es mal laut rausgeschrien. Drum sag ich immer, laut aufdrehen, der Film muß einen anschreien, der Film ist nur die Hälfte, wenn er nicht laut genug ist. Deswegen hab ich Dir bei der Retrospektive gesagt, das Format ist mir wichtig, 1 : 1.66, und laut aufdrehen den Ton.

Hast Du AUCH ZWERGE HABEN KLEIN ANGEFANGEN *von vorneherein als Zwergenfilm gedacht, oder sind Geschichte und Besetzung unabhängig voneinander konzipiert worden?*

Die Zwerge habe ich immer ganz deutlich vor mir gesehen. Das hat eben auch damit zu tun, was ich immer sage: Menschendarstellung, was sind wir überhaupt, daß da immer auch ein Suchen ist, beim Kaspar, bei LAND DES SCHWEIGENS UND DER DUNKELHEIT, auch Aguirre und Stroszek, das sind ja alles Figuren, wo ich versuche, mich an das heranzutasten, was uns auch aus-

macht und was unser Sehen ausmacht. Ich werde mir klar darüber, was wir sind.
Das Gelächter in dem Film, von dem kleinsten Zwerg am Schluß – das minutenlange Gelächter – das ist eben das Gelächter überhaupt, es gibt kein Gelächter drüber raus. So wie's Essig gibt und Essigessenz, so sind diese Zwerge Menschenessenz, eine Konzentrationsform. An der Schärfe dieser Essenz sehen wir auf einmal deutlicher die Umrisse von dem, was wir sind.

Dieses Herausfindenwollen, was wir sind, gilt das für alle Deine Filme?

Ja, ich glaub schon. Der Kaspar ist ja ein Musterbeispiel dafür, LAND DES SCHWEIGENS UND DER DUNKELHEIT ist ein Musterbeispiel dafür, auch dieser Film, den ich jetzt grade drehe, und zwar deswegen, weil da die Darsteller unter Hypnose spielen. Ich mache das in ganz unspektakulärer Weise, das ist nie irgendwie ausgebeutet, dieser Zustand, sondern ganz behutsam. Trotzdem merkt man auf einmal, es ist eine Überhöhung da in eine bestimmte Richtung, die mir zumindest noch nicht in so kompletter und dichter Weise sichtbar war. Was da genau rauskommen wird, ist mir noch nicht wirklich klar, ich bin da noch am Tasten und Suchen. Aber ich habe das sichere Wissen, das ist ein Schritt weiter in dem, was ich eigentlich suche, von einer anderen Seite her eingekreist. Das ist wirklich wie der Zwergenfilm, nur von einer anderen Seite her um diesen Zaun geschlichen und versuchen, da irgendwie drüber zu kommen.
Daß es Zwerge sind, ist ja gar nicht so wichtig, sondern daß die Schrecklichkeiten so riesig sind, d. h. daß diese Zwerge von Konsumgütern umstellt sind zum Beispiel, Stühlen, Tischen, Autos oder was auch immer da ist. Das ist eine Welt, in der die Gegenstände sich verselbständigt haben und monströs geworden sind. Nicht die Liliputaner sind ja die Monstren, sondern ein Türknopf oder ein Stuhl, die sind außer den Dimensionen geraten. Deswegen auch diese radikale Verwüstung von Gegenständen. Die Leute tun sich ja kaum was untereinand, sondern es ist zunächst Gewalt gegen Gegenstände, Gewalt gegen Mauern, Gewalt gegen Erziehungsrituale und Tischmanieren.

Woher stammt die Musik in diesem Film?

Das eine ist Volksmusik von den Kanarischen Inseln, da habe ich aber stark dran verändert, die ganze Instrumentierung weggenommen, den Text auch bißchen verändert. Ich hab mir dann ein 13jähriges Mädchen gesucht und wir haben in einer wunderschönen Höhle uns selber diese Musik aufgenommen. Ich hab sie ganz gut bezahlt, aber ich habe ihr gesagt: »Du mußt Dir die Lunge aus dem Leib schreien. Deine Seele muß 95 Kilometer weit von Dir fliehen, so mußt Du das rausschreien.« Das andere, die Choräle, die da vorkommen, sind von den Dreharbeiten zu FATA MORGANA. An der Elfenbeinküste gibt's einen Mann, der von sich sagt, er sei der Messias, der vollbringt Wunder und predigt an einer Lagune, wo Fischer leben, und der hat da einen ganz kleinen Gottesstaat. Die Fischer haben eine Riesenkathedrale dort auf dem Sand gebaut, wo 4–5000 Leute reinpassen. An Sonntagen kommen die zusammen und singen die Choräle da drin, das haben wir aufgenommen, weil ich sofort gedacht habe, das wird für den Zwergenfilm meine Musik.

Zu FATA MORGANA: *Warum hast Du den letzten beiden Teilen solche Namen gegeben, ›Das Paradies‹, ›Das goldene Zeitalter‹, das sind doch freche Namen für das, was man da sieht . . .*

. . . richtig ja, weil man eben sieht, das ist ja gar nicht paradiesisch, man sieht ja, was wir aus dem allen, was da zur Verfügung stand, gemacht haben, wo ist noch ein dezenter Platz zu finden, wo kann man überhaupt noch leben, welche Restmöglichkeiten haben wir noch und was ist alles schon vertan?
Es ist auch eine religiöse Wut drin in dem Film. Das ist biographisch für mich auch ganz klar zurückverfolgbar, eben diese ganz stark religiöse Phase, die ich hatte, mit Konvertierung zum Katholizismus, und einer radikalen Gottesfeindlichkeit hinterher. Mich haben solche Sachen viel stärker beschäftigt als Gleichaltrige. Diese Wut über diesen Unsinn des Weltalls, über diese Fehler, die von Haus aus eingepflanzten Unzulänglichkeiten, die steckt da natürlich mit drin.

MASSNAHMEN GEGEN FANATIKER *kam mir wie ein launiger Scherz vor, wie an einem Nachmittag heruntergekurbelt.*

Da kamen wichtige Erkenntnisse für mich draus, über Menschen, die sehr stark unter Druck gesetzt sind. Der Druck kommt daher, daß sie erstens Prominente sind und sich als solche fühlen, und daß sie zweitens unter den Druck einer äußeren Idiotie gesetzt werden. Wie auf einmal dann etwas durchschimmert von ihnen ...! Genau wie Physiker Versuche machen mit Materialien, daß sie dann über eine Metallegierung Bescheid lernen, wenn sie sie extremer Hitze, extremem Druck, extremer Strahlung oder was aussetzen.

Das hast Du mit den Darstellern gemacht?

Ein bißchen, ja. Übrigens ist das in allen meinen Filmen drin, daß die Menschen unter ziemlichem Druck stehen, also unter ziemlich extremen Bedingungen abgeklopft und ausgelotet werden.

Neben HERAKLES *gefällt Dir von deinen Filmen* BEHINDERTE ZUKUNFT *am wenigsten. Warum?*

Der Film ist zu artig, er ist zu brav geworden, er ist ganz bieder. Heute würde ich ihn wahrscheinlich gar nicht machen und wenn, dann wär ich härter drangerückt, unbarmherziger, um einer bestimmten Wahrheit willen nichts mehr gescheut.
So zum Beispiel LAND DES SCHWEIGENS UND DER DUNKELHEIT, der scheut sich ja vor nichts. Wir sind in die Irrenanstalt eingedrungen, wo wir nicht drehen durften. Bis da der Arzt geholt war, der uns rausgeworfen hat, hatten wir gedreht, was wir drehen wollten.

Inwieweit geht LAND DES SCHWEIGENS UND DER DUNKELHEIT *weiter als* BEHINDERTE ZUKUNFT*?*

Wieweit da überhaupt vorgedrungen wurde, wieweit wir uns bei der Fini vorwärts getastet haben, bis in Bereiche, wo sie nie drüber reden würde, wo sie niemals drüber geredet hat.
Zum Beispiel mit diesem Bauernsohn, der fünf Jahre lang beim Vieh im Stall gelebt hat und der den Baum betastet. Das ist etwas, wo ich gedacht habe: Das dürfen wir nicht mehr filmen, da kann man nicht mehr dran gehen, das muß ungefilmt bleiben. Dann hab ich aber gesagt ›Doch!‹

Am furchtbarsten war für mich die Szene mit dem Vladimir ...

... daß man auch da drauf bleibt, so insistent drauf. Wahrheit hat immer ihre Stunde und sie hat immer auch ihre Einfühlung hinein, und da die auch richtige Grenze zu finden, daß man bei manchen Gelegenheiten es nur noch nackt zeigen kann, sich da vorwagen und das einem Publikum auch zuzumuten, das ist das Problematische dabei. Dieser Film war außer dem Zwergenfilm

der, der mich am meisten täglich mitgenommen hat, von dem her, was ich gesehn und gedreht habe.
Noch dazu: LEBENSZEICHEN war wie eine Aufarbeitung meiner Jugend. Je weiter ich komm mit dem Filmen – auch das ist eine Entwicklung bei mir – ist es unmittelbares Leben, das unmittelbar sofort gefilmt ist. Da ist nicht mehr das, was ich gelebt habe und was meine Faszinationen sind, gesammelt und zu einem Film verarbeitet; sondern dieser Verarbeitungsvorgang ist gleichzeitig mit dem Faszinations- und Erlebensvorgang. So ist Kaspar gedreht worden, und so wird der, den wir gerade machen (HERZ AUS GLAS): Bei keinem Menschen kann man voraussagen, wie ist der unter Hypnose, was ist freisetzbar bei ihm, wie bewegt der sich, wie spricht er dann, mit welchen Suggestionen kann man in welche Richtungen stilisieren und von ganz innen etwas herholen, das sonst kaum zu sehen ist.

Siehst Du einen Zusammenhang zwischen Vladimir und Kaspar Hauser?

Ja, das liegt auf der Hand, dieselbe Art von Figur.

Weil ich mich immer gefragt habe, wo fängt Kaspar Hauser an.

Du, der fängt bei mir selber an. Da gibt's natürlich immer starke Beziehungen von mir zu meinen Hauptfiguren. Der Kaspar, der kommt mir vor wie meine eigene Existenz.

Fini Straubinger kam mir wie eine Erlöserfigur vor. War das Absicht oder . . .

. . . das ist sie selber, das ist sie tatsächlich, und das strahlt eben irgendwie ab. Das sind eben Menschen, in denen ein Feuer brennt, das glüht, und man sieht das auf weite Distanz. Auch beim Bruno ist das zu sehen, dieses starke Leuchten von innen heraus. Bei beiden gibt's eben diese radikale Würde, die die ausstrahlen, und diese Radikalität kommt daher, daß sie große Leidensgeschichten hinter sich haben. Die haben eine Abstrahlung, so wie man früher im späten Mittelalter die Heiligen mit Heiligenschein gemalt hat, so seh ich das bei solchen Leuten. Und diese Leute find ich mir. Das ist, was ich im Kino sehen will, wirkliche Menschen. Menschen, mit denen ich zu tun habe.

Das sind aber doch sehr außergewöhnliche Figuren, die Fini oder der Bruno . . .

. . . aber daran sehen wir über uns selber ungleich viel mehr als an sonst jemand. Das sind die, über die wir unsere Einsichten kriegen. Für mich sind die Fini und der Bruno und der Steiner Orientierungspunkte.

Der Untergang von Aguirre enthält sehr viel weniger Grund zum Trauern als der von Stroszek, den Du fast kaltschnäuzig kommentiert hast.

Freunde, die mich relativ gut kennen und jetzt mal alle meine Filme gesehen haben, die identifizieren mich mit LEBENSZEICHEN am stärksten von allen meinen Filmen, da erkennen sie mich am stärksten wieder. Und deswegen auch diese etwas harsche und sperrige Distanz, die ich da nehme im Film selber.

Weil er Dir zu nahe ist?

Ja, bißchen, das ist klar. Ich will übrigens jetzt einen Film machen mit dem Titel STROSZEK. Das wird ein verrückter Film, den möchte ich gern mit dem Bruno machen, mit dem Scheitz, der den Schreiber spielt im Kaspar, und mit dem Burkhard Driest und mit dem Prinz von Homburg. Der Film geht ganz stark von dieser Personenkonstellation aus. Das hört auf einer Liftstation auf, wo der Lift den ganzen Sommer über still ge-

Mit mir will keiner spielen (Dreharbeiten)

standen hat, der Stroszek setzt den in Bewegung und der Lift fängt an zu fahren. Die Polizisten, die dazu kommen, können den nicht mehr abstellen, im Morgengrauen kommen die und den ganzen Tag über fährt der Lift.
Ja, so endet der Film. Der, den ich jetzt mache (HERZ AUS GLAS), endet auch schön:
Da hab ich einen Platz gesehen westlich von Irland, ein Felsen wie eine Pyramide fast 300 Meter aus dem Ozean raus, das größte Naturdrama, das man sich vorstellt. Die Brecher steigen 30, 40 Meter senkrecht diese Felswände hoch. Obendroben ist Nebel und Dampf und ein schräges Plateau. Auf diesem dramatischen Plateau haben Mönche vor 1300 Jahren Mönchszellen wie Iglus gebaut. Der Hias hat eine Vision von einem Mann, der da oben steht. Dieser Platz ist so der letzte Ort an der letzten Küste, wo Menschen noch wohnen, daß zu denen die Kunde noch nicht durchgedrungen ist, daß die Erde überhaupt rund ist. Die paar Einwohner dort glauben immer noch, die Erde wäre eine flache Scheibe und weit draußen im Ozean würde sie in einem Abgrund enden. Ein Mann starrt jahrelang verzückt übers Meer. Den zeig ich, der starrt verzückt übers Meer. Nach Jahren gesellt sich ein zweiter dazu, dann schauen die zu zweit verzückt übers Meer. Und nochmal zwei Jahre später kommen nochmal zwei Mann dazu und jahrelang starren die übers Meer. Eines Tages entschließen sie sich, das Äußerste, das Letzte zu wagen, und die nehmen einen Kahn und rudern raus. Ein paar Frauen ringen die Hände vor Schmerz und vier Musikanten treten auf, die spielen auf dem Felsen noch, und zwar »Die Wogen des Meers von Vigo«, eine Komposition von 1270, da werden die Wogen des Meeres und dieser geheimnisumwitterte Abgrund besungen, so eine Kastratenstimme singt das und die spielen das auf. Im letzten Bild sieht man den verdüsterten Ozean, tiefe schwere Wolken und langgezogene Wogen, ganz graues Meer, und da rudern die vier Mann mit dem Kahn ins offene Meer hinaus. So hört der Film auf.

Noch eine Frage zu DIE GROSSE EKSTASE DES BILDSCHNITZERS STEINER: *Ist das überhaupt noch ein Dokumentarfilm?*

Einordnungsfragen wie »Ist das ein Dokumentarfilm oder nicht? Ist das ein Spielfilm oder nicht?«, die interessieren mich eigentlich nicht. Aber es stimmt schon, STEINER ist ganz sicher kein Dokumentarfilm im Sinn von cinema-verité. Ich wäre gern in der Geschichte mal derjenige, der dem cinema-verité den letzten Tritt gegeben hat, daß es den Abgrund runterstolpert, aber das bin ich natürlich nicht.

Bist Du selber Ski gesprungen?

Ja, ich war sehr gut. Bis 15, 16 habe ich Ski gesprungen, war auch in Wettbewerben mit dabei. Ich habe dem Steiner manchmal so im Scherz gesagt »Walter, wenn ich weiter gemacht hätte, dann wäre ich der einzige wahre Konkurrent für Dich«. Er würde gewinnen, weil: er ist der Größte, wirklich. Skispringen ist nicht nur was Athletisches, sondern es ist eine Geistesform, d. h. wie hat man den Tod schon bewältigt, es ist eine Frage von Einsamkeit, von Sich-Ausliefern in die äußerste Denkbarkeit, die für einen Menschen noch übrig ist. Das macht die großen Skispringer aus, daß es eine Geistesform ist. Das sieht man am Steiner und deswegen sage ich, ich wäre der einzige wahre Konkurrent für ihn, weil die, die glauben, Konkurrenten zu sein, das sind eben Athleten, die meinen, sie können mit Athletischem gegen ihn an, und das können sie nicht.

JEDER FÜR SICH UND GOTT GEGEN ALLE *scheint mir Dein erster »richtig« deutscher Film zu sein . . .*

Der Kaspar-Film ist Lotte Eisner gewidmet. Das ist ganz wichtig, weil da wieder eine Verbindungsbrücke hergestellt ist zu dem, was der legitime deutsche Film war, in den 20er und 30er Jahren, mit Murnau vor allem, Lang, Pabst u. a.

Siehst Du Dich in dieser Tradition?

Nein, die gibt's nicht, die ist völlig unterbrochen. Wir haben alle von Null angefangen, ohne Tradition. Das ist vielleicht auch das Gute, daß alle die jüngeren ohne die Geschichtsverbindung angefangen haben zu arbeiten. Was mir wichtig ist, ist: daß es wieder legitime deutsche Kultur ist. Die richtige Person, die sozusagen das abgesegnet und legalisiert hat, wie der Papst früher die Kaiserkrönung vollzogen hat, das ist in unserem Falle die Lotte Eisner. Wenn die sagt, ›Ja, Ihr seid legitim‹, dann sind wir's und kein Mensch kann uns das nehmen.

Das Interview mit Werner Herzog fand am 10./11. 4. 1976 in Arnstorf und Landau statt.

Alexander Kluge

Kommentierte Filmografie

Von Ulrich Gregor

Brutalität in Stein. Die Ewigkeit von gestern. 1960

Der Film, für dessen Regie und Buch Peter Schamoni gemeinsam mit Alexander Kluge verantwortlich zeichnet, versucht, aus einer Analyse der Nazi-Architektur auf die Herrschaftsbedingungen und die Ideologie des nationalsozialistischen Systems zu schließen. Dabei kombiniert er interessantes Text- und Bildmaterial. Die erhaltenen Überreste des Nürnberger »Reichsparteitaggeländes« offenbaren die Vorliebe der nazistischen Architekten für schroffe Ecken und Kanten, für schießschartenartige Schlitze, für Treppen, Säulen und Mauern, für kolossale Gänge: Stein gewordene Rigidität, Unterdrückung. Dieses Bildmaterial konfrontiert der Film mit Auszügen aus den Erinnerungen des KZ-Kommandanten Rudolf Höss. Höss schreibt ausführlich-pedantisch über Gaskammern, über komplizierte Fahrplan-Konferenzen zur Organisation der Häftlings-Transporte und über die »Gefahr des Verstopfens« der Eisenbahnlinien.
Dann dokumentiert der Film Hitlers gigantomanische Pläne zur Errichtung einer »Kongresshalle« im römischen Stil (Einzelheiten erläutert der Sprecher der NS-Wochenschau) anhand eigener Architekturskizzen Hitlers sowie seine Pläne zur Umgestaltung der deutschen Städte, zur Umbenennung Berlins in »Germania«. BRUTALITÄT IN STEIN ist nicht nur ein interessantes Stück Information und Aufklärung über ein Kapitel deutscher Kulturgeschichte (und eine Vorwegnahme vieler Motive, die Kluges spätere Spielfilme bestimmen sollten), sondern auch ein Dokument erster Erneuerungstendenzen des westdeutschen Nachkriegsfilms.

Porträt einer Bewährung. 1964

Die Lebensgeschichte des ehemaligen Polizeiwachtmeisters Karl Müller-Seegeberg, von ihm selbst erzählt. Müller-Seegeberg hat sich nach eigener Aussage unter 6 Regierungen »bewährt«. Einst diente er bei einem baltischen Freicorps und bei der Preußischen Schutzpolizei; dort »sollten wir streng nach der Verfassung vorgehen«. Er bekämpfte die Nationalsozialisten, wurde dann aber einer ihrer getreuen Diener. 1942 kam er zum »Ost-Einsatz« nach Minsk. Nach dem Kriege: »Bewährung

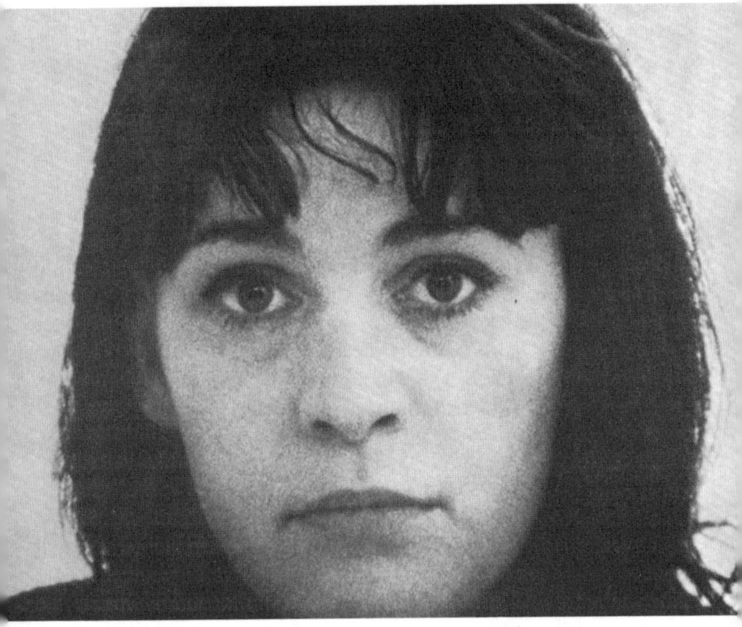

Abschied von gestern

unter den Alliierten« durch Bewachung von Gebäuden. 1960 wurde er (seiner Meinung nach zu Unrecht) vorzeitig pensioniert, wegen »unzulässiger Schußabgabe«. Und doch hat er in seiner Bewährung »nie nachgelassen«; seine Gesinnung ist auch heute demokratisch: »Ich würde jeden in die Fresse hauen, der sich nicht demokratisch benimmt!«
Die Aussagen dieses Untertanen und Bürokraten sind aufschlußreich in ihrer Naivität und in ihrem Sprachduktus, in ihrem Hang zu überkomplizierten und eigentlich sinnlosen Formulierungen: »Bei Absperrmaßnahmen handelt es sich um die Gewährleistung eines hinreichenden Verkehrsablaufs sowie um Herstellung eines angemessen repräsentativen Gesamtverkehrs durch die Polizei.« Kluge beginnt seinen Film dokumentarisch (man sieht Müller-Seegeberg, wie er durch die Straßen geht), doch dann verarbeitet der Film auch Bildmaterial anderer Herkunft, das in Analogie zur Weltanschauung des ewigen Ordnungshüters steht: Bilder von Turnfesten, vom Flaggen-

Schwenken, von der Bildung eines großen Hakenkreuzes aus Menschen, von Umzügen und Paraden, von Reiterturnieren, von Motorrädern, die auf einem Polizei-Sportfest seltsam gezirkelte Figuren fahren. In diesem Film sind zum ersten Mal die Spezifika des klugeschen Filmstils erkennbar: der Collagen-Charakter von Bild und Ton, der Niederschlag gesellschaftlicher Deformation im Medium der Sprache, die Vorliebe für bestimmte Bilder, die in Kluges späteren Filmen leitmotivisch wiederkehren: Aufnahmen von Turn- und Sportfesten vor allem, in denen Menschen zu Ornamenten werden (Kluge muß die vollständigste Sammlung solchen dokumentarischen Bildmaterials besitzen, die man sich vorstellen kann). In seiner artifiziellen Struktur steht dieser Film auch an der für Kluge typischen Grenzlinie von Dokument und Fiktion, wenngleich Kluges Müller-Seegeberg eine literarische Konstruktion ist.

Abschied von gestern. 1965/66

ABSCHIED VON GESTERN beginnt mit einem Zitat von Reinhard Baumgart: »Uns trennt von gestern kein Abgrund, sondern die veränderte Lage.« Damit ist treffend angegeben, worum es in diesem Film geht: um das Verhältnis zum »gestern«, das jedoch nicht apokalyptisch oder metaphysisch gesehen wird, sondern in Form einer nüchternen, manchmal ironischen Situations-Analyse erscheint. Der Film erzählt die Geschichte der Anita G. (unter diesem Titel lief ABSCHIED VON GESTERN teilweise im Ausland), eines Mädchens jüdischer Abstammung, das aus der DDR (Magdeburg – ein autobiographischer Bezug für Kluge?) in die Bundesrepublik kommt und hier eine wahre Odyssee durchmacht, eine Odyssee freilich, die aus lauter (für sich betrachtet) alltäglichen Episoden besteht. Anita, die als einzige Habe einen Koffer besitzt, muß imgrunde stets um ihr Überleben kämpfen. Weil sie einer Arbeitskollegin die Jacke wegnahm, wird sie von einem Richter zu einer Gefängnisstrafe verurteilt. Der Richter (man hört seine Stimme streckenweise, obwohl er im Bild nicht spricht!) liest lange im BGB und meint dann: »Das ist nicht abschließend festzustellen.« Die Strafe wird zur Bewährung ausgesetzt. Durch die Bewährungshelferin, bei der es Anita nicht sonderlich gut gefällt, erhält sie eine Stelle als Vertreterin einer Schallplattenfirma. Sie soll Platten

Abschied von gestern

zu einem Sprachkursus bei Straßenpassanten absetzen und hat damit natürlich keinen Erfolg. Stattdessen wird sie die Geliebte des Chefs, bis dessen Frau hinter das Verhältnis kommt. Als nächste Station auf ihrem Irrweg ist Anita Zimmermädchen in einem Hotel, wo sie wegen eines Diebstahls entlassen wird, den sie gar nicht begangen hat. Ihre Zimmerwirtin setzt sie auf die Straße, denn Anita hat drei Monate keine Miete bezahlt. Nun versucht Anita sich zu bilden und geht auf die Universität, um politische Wissenschaft zu studieren. Ein Assistent (Kluges Lieblingsdarsteller Alfred Edel: er verkörpert in seiner Rolle vollendet die Figur des autoritätssüchtigen, eitlen Wissenschaftlers, der jeden Studenten nur abschrecken kann) spricht gelehrt über Wissenschaftstheorie und fragt Anita, warum sie ohne Französisch-Kenntnisse überhaupt Politologie studieren will. Danach gerät Anita unter den Einfluß des verheirateten Ministerialrats Pichota, der, wie ein Zwischentitel besagt, »wenn er ihr schon nicht helfen kann, sie wenigstens erziehen will«. So lehrt er sie Fahrpläne lesen und singt ihr Opernarien vor. Außerdem unterhält er sich mit ihr über Brechts »Geschichten von Herrn K.«, wobei vorübergehend Unklarheit herrscht, ob der Mensch dem Entwurf ähnlich werden muß oder umgekehrt. Aber als Anita schwanger geworden ist, schiebt er sie ab, mit etwas Geld und dem Rat, nach Nordrhein-Westfalen zu fahren. Anita bekommt ihr Kind im Gefängnis, wohin sie freiwillig zurückgekehrt ist (inzwischen wird sie schon wieder im Fahndungsblatt gesucht), und hilft dabei, Unterlagen für ihren Prozeß zusammenzutragen.

Obwohl sich ein Handlungsfaden durch alle Episoden des Films hindurchzieht (er ist hier noch stärker ausgeprägt als in Kluges späteren Filmen), gibt eine Beschreibung des manifesten Geschehens doch nur einen höchst unzulänglichen Eindruck von ABSCHIED VON GESTERN. Der Film ist bruchstückhaft und elliptisch erzählt; die Handlung schreitet in großen Sprüngen vorwärts, einzelne Szenen wirken wie dokumentarische Aufnahmen (und sind es vielfach auch); die Personen des Films spielen nicht nur Rollen, sondern gleichzeitig sich selbst. Was Kluge an den Drehorten entdeckte, was die Darsteller mit in den Film einbrachten, was sich an Unvorhergesehenem einstellte, wurde ebenfalls übernommen und macht am Ende seine interessanteste Substanz aus. Vielfach tritt das Filmteam wenn nicht optisch, so doch akustisch durch Fragen oder Reaktionen auf Gesagtes in Erscheinung. Kluges Prinzip ist es, die Fiktion seines Films immer wieder mit Vorgefundenem, objektiv Existierendem anzureichern – zunächst auf der Ebene der Sprache: die spezifische Redeweise des Richters, die zugleich eine Denkweise ist, oder die des Wissenschaftlers, das sich dreifach zwischen der Bewährungshelferin, dem Geistlichen und Frau Budek überlagernde Gerede zu Beginn des Films, die absurden verlesenen Texte bei der Hundedressur. Kluge verwendet daneben aufschlußreiche und eigenwillige Bildzitate in seinem Film: von den Postkartenbildern aus der Vergangenheit (Vergangenheit der Anita?), die zugleich ein Kapitel deutscher Geschichte reflektieren, in der Architektur, den Kostümen, den Haltungen der Menschen; über zunächst rätselhafte Bilder wie die Hasen auf jüdischen Grabsteinen bis zum Bild einer getöteten russischen Partisanin. Die Einsprengsel gehen manchmal ins Traumhaft-Surreale (eine Hand, aus der plötzlich Kaffee wie Blut strömt, verschiedene Zeitraffer-Sequenzen). Alle

Abschied von gestern

diese eingesprengten Fremd-Teile, zu denen auch die Zitate und Zwischentitel gehören, lösen vielfältige Assoziationen beim Zuschauer aus, wie auch die von Kluge selbst gelesenen Kinderverse und die Illustrationen zu diesen Kinderversen; Verse und Bilder wirken wie Erinnerungen an eine ferne Zeit, als noch eine Freundlichkeit zwischen den Menschen herrschte, die heute verlorengegangen zu sein scheint. Eine wichtige Rolle beim Funktionieren des Films und bei seinem Einwirken auf das Bewußtsein des Zuschauers spielt die Tangomusik, die die Rückblenden und Erinnerungs-Sequenzen meist begleitet. Sie ist nicht nur »nostalgisch«, sondern verkörpert auch das gesellschaftliche Ritual (wie es auf den Postkartenbildern in anderer Form zum Ausdruck kommt), bringt Distanz in die Bilder und schafft einen Unterton von »Trauerarbeit«.

Die Besonderheit des Films liegt aber nicht nur in seiner filmischen Struktur, sondern auch in seinem gesellschaftskritischen Engagement, in der Anteilnahme am Schicksal seiner Hauptdarstellerin. Es gelingt Kluge, die Situation seiner Anita in großartige optische Metaphern zu übersetzen: wie sie etwa mit ihrem Koffer, von der Kamera aus der Distanz erfaßt, über eine Brücke geht, wie sie inmitten eines Kreisverkehrs auf einem Stück Rasen sitzt, während Flugzeuge niedrig über sie hinwegfliegen, wie sie am Abhang eines Flußufers ihren Schuh im Wasser wäscht.

Frau Blackburn, geb. 5. Jan. 1872, wird gefilmt. 1967

Ein Porträt von Alexander Kluges Großmutter. In einer Serie kurzer Einstellungen, die durch Schwarzfilm unterbrochen werden (wodurch der Film einen ausgeprägten Rhythmus erhält), beobachtet Kluge die alte Frau Blackburn in ihrer Wohnung, zwischen ihren Möbeln, bei alltäglichen Verrichtungen (so beim Kaffeemachen), stellt ihr zwischendurch Fragen oder läßt sie einfach aus der Erinnerung erzählen, wobei Frau Blackburn, obwohl oder gerade weil sie offensichtlich noch nie vor einer Kamera stand, einen skurrilen Charme entwickelt. Kluge ermuntert sie, ihren Assoziationen nachzugehen, bringt auch einige Ansätze von Spielhandlung in den Film hinein (Frau Blackburn trifft einen Bekannten, sie hat Schulden und möchte ein paar Ohrringe verkaufen, dann wieder ist die Glastür eines Schranks zerbrochen und ihr gesamter Schmuck gestohlen). Einmal auch läßt Kluge das Bild absichtlich »wegwischen«, so daß Frau Blackburn geisterhaft zur Seite huscht.

Die Artisten in der Zirkuskuppel: ratlos. 1967

DIE ARTISTEN . . . sind vielleicht Alexander Kluges komplexester Film und darum zugleich derjenige, dessen Beschreibung sich die größten Widerstände entgegensetzen. Zwar gibt es auch hier eine Handlungslinie: es sind die Versuche der Zirkusunternehmerin Leni Peickert, einen »Reformzirkus« zu etablieren, in welchem die Phantasie gegenüber dem Leistungsprinzip Vorrang hat. Schon ihr Vater, gleichfalls Zirkusunternehmer, hatte phantastische Ideen: er wollte Elefanten in die Zirkuskuppel hieven lassen. Aber ökonomische Schwierigkeiten stellen sich ihr in den Weg. Eine unerwartete Erbschaft scheint den

Abschied von gestern

Reformzirkus erneut in greifbare Nähe zu rücken. Jedoch gibt Leni Peickert mitten in der Probenarbeit und kurz vor der Eröffnungsvorstellung auf, weil sie erkannt hat, daß die von ihr angestrebten Experimente vom Publikum weder gewünscht noch verstanden werden. Daher geht sie zum Fernsehen und versucht es hier mit einer »Politik der kleinen Schritte«. (»Mit großen Schritten macht man sich nur lächerlich. Aber mit lauter kleinen Schritten könnte ich Staatssekretärin im Auswärtigen Amt werden.«) Am Schluß des Films stehen (ähnlich den Rückblenden auf die Person des Vaters am Anfang) zwei Szenen, die mit dem Hauptgeschehen zunächst scheinbar nichts zu tun haben: einmal sieht man Staatsanwalt Korti vom Sittendezernat beim Verspeisen eines Schweineohrs. Kommentar Kluges: »Bei ihren Änderungsversuchen in der Welt wird Leni Peickert früher oder später Korti begegnen.« Und: Oberstudienrat Gerloff, der das Lateinische im Fernsehen verbreiten will, erzählt den Inhalt des »Troubadour«: »Ja, es ist ein wahnsinnig kompliziertes Stück, aber ich finde, es ist eines der schönsten Stücke Verdis.«

DIE ARTISTEN ... bestehen aus zahlreichen Zitaten, Verweisen und Reflexionen, die zusammen ein System ununterbrochener Gedankenentfaltung ergeben, das sich im Detail schwer beschreiben läßt. Manche Sequenzen, so die mit Lenis Freund Dr. Busch, der mit intellektuellem Pathos philosophische Weisheiten verkündet, sind von einer Stimmlage subtiler Komik, wie überhaupt Komik oder Ironie viele Passagen des Films bestim-

Die Artisten in der Zirkuskuppel: ratlos

men. Andere Szenen dagegen erscheinen traumhaft oder visionär, so die Einblendungen alter Zirkusbilder oder Flugzeug-Abbildungen. Das in diesem Film immer wiederkehrende Flugzeug-Motiv ist sicher metaphorisch zu verstehen, genauso wie der Zirkus selbst nur eine Metapher ist, Metapher für ritualisierte künstlerische Betätigung; die »Artisten« sind die Künstler, Intellektuellen, also auch die Filmemacher, die ratlos sind und nicht weiterwissen. Insofern lassen sich die ARTISTEN auch als ein selbstkritischer Essay über die Situation des Jungen Deutschen Films und seine Schwierigkeiten verstehen. Zugleich sind die ARTISTEN aber auch ein Film über die Utopie. Denn Leni Peickert denkt rastlos über utopische Möglichkeiten für ihren Zirkus nach, und die eingeblendeten metaphorischen Flugzeug-Bilder scheinen das Motiv der Utopie auf eigene Weise zu variieren; ferner auch über die Vergangenheit: Kluge zitiert Bilder pervertierter Massenschauspiele (Hitler beim »Tag der deutschen Kunst« 1939) zur Begleitung des auf Spanisch gesungenen Beatles-Schlagers »Yesterday«. In seiner Kontrapunktik, dem steten dialektischen Ineinander von gespielten Szenen, Textzitaten, eingeblendeten Zwischentiteln, dem Kommentar Kluges, Wochenschaumaterial, alten Zeichnungen, Ausschnitten aus Gedichten (Majakowski) und Filmen (Eisensteins *Oktober*) sind die ARTISTEN einer der faszinierendsten, schönsten und bewegendsten Filme Alexander Kluges, ein Werk, das sich nach keiner Richtung ohne weiteres auflösen läßt und aus dem man keine »Quintessenz« ziehen kann, das aber dem Zuschauer Erlebnisse, Erkenntnisse und Anregungen vermittelt, die auf immer neue Weise die Situation der Künstler und Intellektuellen in unserer Gesellschaft reflektieren.

Die unbezähmbare Leni Peickert. 1967/69

Dieser mittellange Film entstand aus der Verbindung verschiedener Teile, die für DIE ARTISTEN IN DER ZIRKUSKUPPEL: RATLOS gedreht waren, in diesen Film aber keinen Eingang mehr fanden. So fallen die Umrisse der ARTISTEN wie ein Schatten in diesen Film herein, man konstatiert Ähnlichkeiten, Varianten, Fortführungen. Auch hier erscheint Leni Peickert als Zirkusunternehmerin, freilich wird sie schon gleich zu Beginn (nicht erst am Schluß wie in den ARTISTEN) technische Angestellte beim Fernsehen. Hier entwickelt sie den Plan, einen unzensierten Film ins Fernsehprogramm einzuschmuggeln. Den meisten Zuschauern fällt es gar nicht auf, als der Film läuft, aber Leni Peickert wird fristlos entlassen, worauf sie wieder zum Zirkus zurückkehrt. Von einer redseligen Journalistin wird sie ganz ähnlich, nur mit anderen Worten interviewt wie in den ARTISTEN. In die Szenen vom Zirkus werden Aperçus und Berichte eingeschoben, so Zitate aus der »Dialektik der Aufklärung«, ein Beatles-Song, am Schluß Ausschnitte aus einer Veranstaltung gegen die Notstandsgesetze im Sendesaal des Hessischen Rundfunks. Leni Peickert sagt: »Gemeinsam wollen wir den imperialistischen Mächten aufs Haupt schlagen, dazu muß das Zelt vergrößert werden.« Die erzählerische Konstruktion ist noch freier als in den ARTISTEN. Der Film besteht aus zahlreichen kleinen und kleinsten Partikeln, zwischen denen es nicht immer eine Verknüpfung gibt.

Feuerlöscher E. A. Winterstein. 1968

Von allen Filmen Kluges ist dies derjenige, der sich dem Zuschauer am schwersten erschließt. Man behält nur fragmentarische Bilder im Gedächtnis, zwischen denen sich kein Kontext herstellt: zu Beginn ein Auge hinter einem runden Loch; US-Soldaten beim Exerzieren (Kluges Lieblingsthema: Drill, Exerzieren, Paraden), dazu der Kommentarsatz »Hier gilt auch Bildung nichts mehr«; Tier-Augen in Großaufnahme; Anita G. aus ABSCHIED VON GESTERN, die Bücher wegwirft; eine überschnelle Kamerafahrt; Spielzeugautos und Spielzeugtiere. Eine Szene bleibt besonders stark in Erinnerung: Anita G., in Gefangenenkleidung in ihrer Zelle sitzend, aber mit einer Krone auf dem Kopf und Zepter sowie Reichsapfel in der Hand, von verschiedenen Standpunkten aus aufgenommen, die Einstellung ist lange durchgedreht, Anita G. blickt unverwandt in die Kamera, bis sie plötzlich zu lachen anfängt. Offenbar handelt es sich um nichtverwendetes Material zu ABSCHIED VON GESTERN. Schließlich folgt auf ein Röntgenbild eine Serie von Aufnahmen berühmter Hollywood-Schauspieler – Gable, Cooper, Errol Flynn –, danach wieder eine Feuerwehrübung. Ein ausgesprochen experimenteller Film (sofern man diese Bezeichnung nicht auf Kluges gesamtes Werk ausdehnen will). Die Schwierigkeit, die Bildfolgen dieses Films in einen Bezug zueinander zu setzen, macht allerdings auch seine Faszinationskraft aus.

Der große Verhau. 1969/70

Kluges Science Fiction-Film spielt im dritten Jahrtausend und geht aus von interstellaren oder intergalaktischen Feldzügen um die Eroberung fremder Gestirne, die hier »Krüger I« und »Krüger II« genannt werden. Kluge beschreibt einerseits die Auseinandersetzungen zwischen Regierungen und Industriegiganten wie der im interstellaren Raum operierenden »Suez-Kanal-Gesellschaft« (die ihren eigenen »Werkschutz« unterhält!), zum andern schildert er auch die Anstrengungen der kleinen, quasi vorkapitalistisch organisierten Gesellschaften, im Wirtschaftskampf ihren Vorteil zu erjagen, wo das noch möglich ist. So ein Kleinunternehmen ist die Firma Joint-Galactical-Transports, die illegale Transporte ausführt, »mit ältesten Schiffen billiger, schneller und auf gewagten Strecken«. Noch illegalere Geschäfte betreiben Vinzenz und Maria Sterr, Sternschiffer, die fremde Raumschiffe zum Absturz bringen, diese dann verschrotten oder gegen Prämie an die Versicherungsgesellschaft verkaufen. Kluge interessiert sich besonders für die Motivationen und Verhaltensweisen dieser Kleinhändler (und Kleinbürger); in Vinzenz und Maria Sterr fand er zwei kongeniale Darsteller. Ihre Pfiffigkeit und Naivität kontrastieren zwar aufs äußerste mit der kosmischen Technologie, in der sie sich (kaum glaubhaft) bewegen sollen, aber ihre improvisierten Dialoge geben dem Film jene Farbe und Lebendigkeit, die er ansonsten bei aller üppig wuchernden Weltraum-Phantasie nicht zu erlangen vermag. Kluge versucht sich allerdings auch gar nicht erst an der perfekten Nachbildung von Utopien im Stile von *2001-A Space Odyssee*, sondern operiert lieber mit Raumschiff-Attrappen, die an die Dekors der Filme erinnern, die George Méliès um die Jahrhundertwende drehte.

Ein Arzt aus Halberstadt. 1969/70

Am Flughafen München trifft der 76jährige Vater Alexander

Kluges ein, der, aus der DDR kommend, eine Urlaubsreise in den Westen unternommen hat (er wird allerdings von Kluge nicht als Vater, sondern nur als Arzt aus Halberstadt vorgestellt).Die Kamera fängt seine ersten Reaktionen am Flughafen und in der Stadt ein. Er interessiert sich für Oper, Museen und . . . Pferde. Am nächsten Tag trifft ein Vetter aus Tübingen ein, Landgerichtsdirektor von Beruf, und die beiden tauschen am Kaffeetisch lange Erinnerungen aus (denen die

Besitzbürgerin, Jahrgang 1908

Kamera zuhört und -schaut), über Erfahrungen, die man als Sachverständiger beim Schwurgericht sammelt, über einen Motorradunfall, über ehemalige Patienten. Die beiden werden immer fröhlicher und singen das Lied vom »kleinen Matrosen«. Später besuchen sie das bayerische Armee-Museum, wandeln dort unter herabhängenden Fahnen. Ein Besuch bei der Landesärztekammer Bayern in Verfolgung des schwierigen Projekts, einer Verwandten Unterstützung zukommen zu lassen, gehört wahrscheinlich mehr in den Bereich der Fiktion, die ansonsten aus diesem Film weitgehend verbannt scheint.

Schließlich reist der Protagonist ziemlich eilig aus München wieder ab, weil er seine Verabredung im Dampfbad von Halberstadt nicht versäumen möchte.

Wir verbauen 3 × 27 Milla. Dollar in einen Angriffsschlachter. 1971

Ein kleineres Nebenprodukt aus Kluges Science Fiction-Serie – hier geht es um den mit hohen Kosten erbauten Angriffsschlachter »Brutalitor«, der bereits auf seiner zweiten Reise einen Totalschaden erleidet, obwohl sein Leiter sich noch auf eine »irrationale Hoffnung« beruft. Der Film ist im gleichen Stil gemacht wie DER GROSSE VERHAU oder WILLI TOBLER und könnte ohne weiteres als Episode aus diesen Filmen entnommen sein. Nur das Moment der gigantischen Kosten, die für eine sinnlose Rüstung im galaktischen Zeitalter ausgegeben werden, behandelt der Film etwas detaillierter, in einer Stillage, die von der Ironie bis zum Surrealismus reicht.

Willi Tobler und der Untergang der 6. Flotte. 1971

Diesmal schreiben wir das Jahr 2040; Raumschiff-Geschwader und Raumgleiter sind zum Planet »Krüger 60« unterwegs, darunter der Angriffsschlachter »Vorauseilender Hund«. Eine Agentin wird von Feinden auf den Flottenadmiral angesetzt, sie soll strategische Zeichnungen erbeuten. Willi Tobler, zuerst 3. Pressesprecher des Admirals, wird alsbald strafversetzt zur Bekämpfung aufständischer Siedler-Planeten. Offenbar ging es Kluge und seinen Mitarbeitern um die Übertragung irdischer Konkurrenzverhältnisse, Intrigen und Fraktionskämpfe in die Dimensionen der Science Fiction-Welt, um die dramaturgischen Grundmuster durch Verfremdung besser erkenntlich zu machen; mehr noch scheinen die Hersteller aber an einem zwecklosen Spiel mit Weltraum-Modellen und kühnen Phantasie-Konstruktionen interessiert, dessen Entwicklung unmöglich im einzelnen nachgezeichnet werden kann. Obwohl man einzelne Pointen und die Ironie der Zwischentitel mit ihren bombastischen Wendungen aus einer zukünftigen Weltraumsprache (die nichts anderes ist als die geringfügig abgewandelte

Sprache des kapitalistischen Zeitalters) gelegentlich goutieren kann, obwohl die gewollte Naivität der Rekonstruktionen erheiternd wirkt, ist der Film insgesamt unorganisch, unübersichtlich, chaotisch.

Besitzbürgerin, Jahrgang 1908. 1973

Dieser dokumentarische (?) Kurzfilm (ein weiterer aus der Serie über Mitglieder der klugeschen Familie) beschreibt, wie eine Dame mittleren Alters dabei ist, eine hochherrschaftliche Wohnung einzurichten. Porzellan steht auf der Erde, ein Zimmer muß noch renoviert werden; am nächsten Tag soll der Dekorateur kommen, die Teppiche wurden bereits geklopft und gereinigt und die Stores werden gerade angebracht. Dazwischen erzählt die Frau aus ihrem früheren Leben, namentlich aus der Zeit des Krieges, von Bombenzerstörung (»wir hatten nichts mehr, nur noch unsere Schreibmaschine«). Ähnlich wie in FRAU BLACKBURN mischt sich Fiktion in die dokumentarischen Szenen: die Frau sitzt mit einem Mann am Tisch (dem gleichen, der auch Frau Blackburn besucht), der ihr ein zinsloses Darlehen anbietet. Darauf sie: »Ach wäre das nett!« Reisepläne werden geschmiedet: zu den Antillen oder den Bahamas oder auch nur nach Braunlage. Der Film enthält viele eingeschobene Kontrastbilder (u. a. von Suffragetten), bedient sich einer Tango-Musik und ist ähnlich vielschichtig konstruiert wie FRAU BLACKBURN. Die Absicht einer bestimmten Ideologiekritik wird spürbar, schiebt sich aber nicht so sehr in den Vordergrund, daß sie das Porträt eines einzelnen Menschen überdeckte.

Gelegenheitsarbeit einer Sklavin. 1973

Protagonistin dieses Films ist die verheiratete Roswitha Bronski (wiederum gespielt von Alexandra Kluge), die eine Abtreibungspraxis unterhält, um ihren noch studierenden (Zweitstudium!), äußerst patriarchalischen Ehemann sowie ihre Kinder zu unterhalten, aber auch, »um sich selbst mehr Kinder leisten zu können«. Kluge zeigt mit großer Genauigkeit gleich zu Beginn des Films eine Abtreibung, nicht ohne Schockbilder, wobei der Film zum Problem der Abtreibung selbst

Gelegenheitsarbeit einer Sklavin

keine Stellung nimmt (dies ist auch nicht sein Thema), sondern allenfalls zu den Bedingungen der Illegalität, unter denen sich die Abtreibung vollzieht. Roswitha bekommt wachsende Schwierigkeiten bei ihrer Arbeit: ein Arzt will ihr keine Provision für vermittelte Kunden geben (daraufhin beschädigt sie aus Rache sein Auto); ihr Ehemann will ihr die Abtreibungspraxis überhaupt verbieten; eine Kollegin (oder Konkurrentin) im Abtreibungsgeschäft denunziert sie, worauf ihr Mann verhaftet wird. Die versiegelte Tür ihrer Praxis läßt Roswitha durch einen Hund öffnen (um nicht straffällig zu werden), entsagt nun allerdings ihrer bisherigen Tätigkeit; ihr Mann übernimmt das Geldverdienen, arbeitet in einem chemischen Betrieb, während Roswitha sich gesellschaftspolitischen Aufgaben widmen kann, die sie auch bisher schon vor allem interessierten. Sie studiert die Widersprüche der Wirklichkeit vor ihren Augen, zum Beispiel die Wohnbedingungen ausländischer Arbeitnehmer, oder die Frage, warum eine Initiativküche für Nachtschichtarbeiter »aus hygienischen Gründen« wieder aufgehoben wird. Roswitha versucht mit einer Freundin, bei einer Zeitungsredaktion Interesse für verschiedene dieser Themen zu wecken. Weil sie es so ungeschickt anfängt, findet sie bei den Zeitungsleuten keinen Widerhall. Roswitha läßt sich aber nicht entmutigen, sondern geht in ihren Aktivitäten immer weiter: sie überklettert nachts eine Fabrikmauer, um Geheimnisse der Firmenleitung auszuspähen, versucht diese Geheimnisse auch über eine Sekretärin herauszubekommen, fährt nach Portugal, um dort an Ort und Stelle nachzuprüfen, was an den Gerüchten über die Errichtung eines Zweigwerkes wahr ist – das Werk wird dort tatsächlich errichtet, aber Roswitha vergißt das Fotografieren und kann nachher nichts beweisen. Zum Schluß, nachdem ihr Mann wegen ihrer Aktivitäten seinen Arbeitsplatz verloren hat, sieht man Roswitha in der Nähe des Werks Würstchen verkaufen, die sie in Flugblätter einwickelt. »Wir halten diese Würste für eine Beeinträchtigung des Betriebsfriedens«, sagt man beim Werkschutz, wo man Roswithas Treiben beobachtet. »Irgendeinen Sinn muß das haben – aber welchen?«

Für Kluge verkörpert die Roswitha seines Films, die viel Energie und Phantasie an die Verwirklichung ihrer Vorhaben wendet, aber scheitert, weil sie zu wenig »Theoriebewußtsein« mitbringt, eine spezifisch weibliche »Produktivkraft«. Diese unerschöpfliche Energie und Aktivkraft, die sich durch keinerlei Rückschläge entmutigen läßt, die Realität nicht als das nimmt, was sie ist, sondern an ihre Veränderbarkeit glaubt, sieht der Film als etwas Positives, ja Bewundernswertes. Roswitha wird gleichsam als Partisanin, als Einzelkämpferin der gesellschaftlichen Veränderung tätig. Freilich geht sie mit wenig Reflexion an ihre selbst gesetzten Aufgaben heran; vielfach handelt sie geradezu irrational, nur aufgrund einer inneren Motorik, die nicht oder kaum der Kontrolle des Verstandes unterworfen ist. Selbst wenn Roswitha im Film durchaus sympathisch und in ihrer tieferliegenden Motivation auch verständlich wirkt, muß man doch fragen, ob so unreflektiertes Handeln und so großer Einsatz von Energie wie bei Roswitha in der Wirklichkeit zusammengehen können, ob Roswitha nicht doch mehr eine Kunstfigur, eine Konstruktion ist wie Leni Peickert aus den ARTISTEN – nur daß eben der Zusammenhang, in dem Roswitha hier auftritt, viel realistischer und dokumentarischer ist als in den ARTISTEN, die von vornherein nichts als metaphori-

sche Konstruktion waren. Roswithas Unterwürfigkeit gegenüber dem Ehemann erscheint imgrunde genauso unglaubwürdig wie ihre Planlosigkeit bei den kleinsten Dingen (dann wieder sind ihre Aktionen übergenau geplant, wie die Entfernung des Amtssiegels durch einen Hund). Ungeachtet dieser Widersprüche wirkt der Film höchst lebendig, einfallsreich, phantasievoll und pointiert, seine Kritik an der Wirklichkeit trifft durchweg ins Schwarze, besonders in der Porträtierung der Personen, die Roswithas Lebensweg kreuzen (der Arzt, die Kollegin, der Ehemann, die Sekretärin im Werk, die ratlosen Zeitungsredakteure, der Werkschutz – hier gelangen Kluge satirisch zugespitzte und zugleich realistische Porträts). Kluge identifiziert sich mit seiner Hauptperson und kritisiert sie zugleich. Er nimmt die Wirklichkeit ernst und setzt sich doch über sie hinweg. Ein vergnüglicher Film, der auf mehreren Ebenen »funktioniert« und dessen Widersprüche den Zuschauer nicht loslassen.
Wegen Abweichung von dem ursprünglichen Drehbuch sollte Alexander Kluge zunächst die Drehbuchprämie zurückzahlen, die er für GELEGENHEITSARBEIT EINER SKLAVIN vom Bundesministerium des Innern erhalten hatte. Nach zahlreichen Protesten in der Öffentlichkeit und in der Presse gegen diese Maßnahme verzichtete der Innenminister schließlich auf die Rückforderung der Prämie.

In Gefahr und größter Not bringt der Mittelweg den Tod. 1974

Dramaturgisch stellt dieser Film in Kluges Werk insofern ein Novum dar, als er vier voneinander unabhängige Geschehenslinien miteinander verbindet: da ist einmal die Geschichte der DDR-Agentin Rita Müller-Eisert, die beauftragt ist, »die Bundesrepublik Deutschland auszuspähen«, stattdessen aber eine Art von Grundlagenforschung betreibt, die ihre Auftraggeber verärgert als »Agentenlyrik« zurückweisen; ferner die Geschichte einer Beischlafdiebin, die den Männern ihre Brieftaschen wegnimmt, »weil sie sowieso nie ihre Versprechungen halten«. In diese beiden erzählerischen Linien sind zwei weitere Handlungsstränge verwoben. Der eine berichtet in dokumentarischer Manier von den Aktionen der Frankfurter Polizei gegen illegale Häuserbesetzer sowie vom Abbruch der Häuser, der andere zeigt hauptsächlich den Karneval (der gleichzeitig mit den Aktionen der Polizei gegen die Häuserbesetzer abläuft), aber auch noch andere Ereignisse der Aktualität (ein Fernsehporträt Helmut Schmidts, eine Physiker-Tagung) unter der Überschrift »Die Sprechweise öffentlicher Ereignisse«. Zwischendurch taucht auch wieder Kluges Lieblingsdarsteller Alfred Edel auf, in einem Taxi sitzend, das nicht schnell genug den Flughafen erreichen kann, weil es durch den Karneval aufgehalten wird; er sagt zu sich selbst: »Ich habe eine gewisse Übersicht . . . die

In Gefahr und größter Not bringt der Mittelweg den Tod

Lage ist hochkompliziert.« Aus dem Film resultiert ein imgrunde gespenstisches Bild von den Zuständen in der Bundesrepublik, wo ritualisierte Kollektiv-Fröhlichkeit ständig in Brutalität umschlägt. Die Karnevals-Bilder liegen auf der Ebene des in allen Kluge-Filmen präsenten Zirkusmotivs (auf der Bühne laufen stumpfsinnige und sinnentleerte Paraden ab), während die »Agentin« des Films (ihre Rolle ist wahrscheinlich ebenso metaphorisch zu verstehen wie die der Zirkusunternehmerin Leni Peickert in DIE ARTISTEN) mit einem Koffer in der Hand wohnungslos durch Frankfurt irrt, gerade so wie Anita G. in ABSCHIED VON GESTERN. In einem Hinterhof hämmert sie den Absatz ihres Schuhs zurecht (in einer analogen Szene wusch Anita G. ihre Schuhe am Ufer eines Flusses). Eingeblendete

Kinderbilder und Filmausschnitte variieren das Motiv der Überschwemmung, was in keinem unmittelbar erkennbaren Bezug zur Handlung steht. Rätselhaft auch das Schlußbild: die in einer Kreisblende vorbeiziehenden nächtlichen Wolken. Diese und andere Sequenzen lassen den Film trotz oder gerade wegen seines hohen Gehaltes an unmittelbarer Wirklichkeit, die sich in Form zersplitterter Fragmente darbietet, wie eine nächtliche Halluzination erscheinen. Kluge wertete seinen Film als ein »Konzentrat von Verstößen gegen den angeblichen Realismus des Gewohnheitsblicks«. (Kursbuch 41, S. 43)

Der starke Ferdinand. 1975/76

Kluges letzter Spielfilm ist eine Fortsetzung von Motiven aus GELEGENHEITSARBEIT EINER SKLAVIN und ebenso aus dem Kurzfilm PORTRÄT EINER BEWÄHRUNG: er erzählt die Geschichte des Betriebsschutz-Leiters Ferdinand Rieche (gespielt von dem als »Ekel Tetzlaff« in einer Fernsehserie bekanntgewordenen Schauspieler Heinz Schubert), der aus dem Betriebsschutz eine wahre Ideologie, ein Glaubensbekenntnis macht und die ihm gestellten Aufgaben mit militärischen Mitteln perfekt lösen möchte. Rieche, ursprünglich bei der Polizei beschäftigt, wird von einem großen Industrieunternehmen als Leiter des Werkschutzes engagiert, um diesen nach »rechtsstaatlichen Gesichtspunkten« zu organisieren, mit der obersten Maxime »keine Skandale, keine Pressekritik«. Rieche geht dabei zuwege, als ob er einen Feldzug zu planen hätte: er errichtet eine zentrale »Leitstelle« (umgeben von einem absurden Schilderwald, in der andererseits auch ein Goldfischbassin steht und das Bild einer Blumenvase an der Wand hängt); die ihm untergebenen Schutztruppler unterwirft er einem neuartigen Drill und führt sie ab und zu auf feldmarschmäßige Übungen. Obwohl gelegentlich Demonstranten an das Fabriktor rücken und sich auch einmal eine Explosion ereignet (ist es Sabotage oder »Verpuffung«? Vielleicht hat Rieche auch nur alles geträumt), gibt es für den Betriebsschutz nichts Rechtes zu tun; Rieche ist frustriert. Zudem hat er sich mit einem Mitglied des Vorstandes, Direktor Wilutzki, überworfen. Aus Rache spioniert er diesem in Belgien nach, ermittelt, daß er Geheimverhandlungen über eine Fusion des Betriebs mit einem anderen führt, und nimmt Wilutzki eigenmächtig fest (»Das Spiel ist aus!«). Damit jedoch hat er seine Kompetenzen überschritten und wird nach Ablauf einer sechsmonatigen Probezeit entlassen. Verständnislos und enttäuscht über den Mangel an Anerkennung, den man seiner Arbeit zollt, besorgt er sich ein Gewehr und schießt einem Minister durch die Backe. Anschließend versucht er einem Reporter die Gründe für seine Tat zu erklären.

Obwohl DER STARKE FERDINAND wieder ein Film mit typisch klugeschen Motiven und Personen ist, wird in ihm vergleichsweise viel kontinuierlicher erzählt als in früheren Kluge-Filmen; die Montage spielt eine geringere Rolle; die Entfaltung von Gedanken und Assoziationen tritt gegenüber der Handlung zurück (wenngleich auch hier Kluge durch einen periodisch intervenierenden Kommentar eine zweite Ebene herstellt). Der Film akkumuliert in seiner ersten Hälfte zunächst eine Reihe von komischen oder exzentrischen Begebenheiten, beschreibt namentlich auch Rieches Verhältnis zu einer Angestellten des Betriebes, die er bei kleineren Diebstählen ertappt hat; erst in der zweiten Hälfte gewinnt er an Dynamik und entwickelt die realen Hintergründe des Geschehens, auf die es Kluge ankam: die Ausbreitung privater Werkschutz-Armeen als eine sich im geheimen vollziehende repressive Erscheinung unserer Gesellschaft; die Gefahr, daß diese para-militärischen Verbände, sich selbst überlassen oder auf der Suche nach Erfolgserlebnissen, eine gefährliche Eigen-Initiative entfalten. Kluge verzichtet weitgehend auf die metaphorischen Möglichkeiten des Stoffes, um stattdessen seinen Protagonisten Ferdinand Rieche als einen normalen Durchschnittsmenschen erscheinen zu lassen. Stilistisch ist DER STARKE FERDINAND weniger gebrochen und weniger reichhaltig als Kluges frühere Filme, dafür gestattet er einen leichteren Zugang. Zum Verständnis des Films muß man allerdings auch seine Vorgeschichte kennen: das Drehbuch wurde gemeinsam von Kluge und Reitz geschrieben, Reitz wollte den Film eigentlich auch drehen, gab jedoch nach kurzer Zeit die Regie an Kluge ab, der den Film dann selbständig zu Ende führte.

Interview

Von Ulrich Gregor

Wo fängt bei Ihnen ein Film an, wo liegt das erste Motiv? In Form einer Vorstellung oder eines Bildes?

Ein erstes Bild ist immer da, eine idée fixe. Der Prozeß kann manchmal sehr lange dauern. Nehmen wir einmal den letzten Film, DER STARKE FERDINAND. Da ist zunächst einmal ein Sachverhalt: die Nichtöffentlichkeit von Betrieben. Die Tatsache, daß ich versucht habe, in Betriebe hereinzukommen, um dort zu recherchieren, und daß einen dort diese Werkschützer ab-

Der starke Ferdinand

wehren: Das ist etwas, was mich grundlegend empört. Denn ich kann nicht verstehen, daß die Menschen den größten Teil ihrer Arbeitskraft und ihrer Lebenszeit in den Betrieben verbringen, und daß man gleichzeitig sagt, das soll nicht öffentlich sein. Das sind sogenannte besondere Gewaltverhältnisse.

Also könnte man den Ursprung in einer Idee lokalisieren?

Der Ausgangspunkt ist nicht eine Idee, sondern ein Bild: ich sehe das Gesicht von diesem (Werkschutz-) Typ vor mir. Und daraufhin habe ich mich entschlossen, darüber einmal einen Film zu machen. Das dauert dann zwei Jahre, in denen ich das Thema mit mir herumtrage, sehr viel recherchiere, Eindringstellen suche, um an Informationen dieses Bereichs heranzukommen.

Gilt das lange Recherchieren speziell für diesen Film, oder kann man diese Methode bei Ihnen verallgemeinern?

Bei DIE ARTISTEN IN DER ZIRKUSKUPPEL: RATLOS habe ich gar nichts recherchiert. Bei ABSCHIED VON GESTERN brauchte ich auch nur Drehorte zu recherchieren. Die Geschichte kenne ich ja. Da gibt es im Frauengefängnis Preungesheim in Frankfurt eine junge Frau, die ist das Vorbild der Anita G. Der Entwurf verändert sich dann noch ein paar Mal. Wenn ich die Geschichte »Anita G.« schreibe, weicht die auf bestimmte Weise ab von dem, was ich als Drehbuch schreibe. Von dem Drehbuch weiche ich wieder ab, wenn ich den Film mache. Wenn ich den Film schneide, weiche ich wieder von dem Gedrehten ab.

Wie sieht das Verhältnis von Planung und Realisierung generell bei Ihnen aus?

Ganz unterschiedlich. Bei ARTISTEN IN DER ZIRKUSKUPPEL: RATLOS z. B. gab es überhaupt keine Planung. Der Film resultierte einfach aus einer Frustration über die Berliner Filmfestspiele und über die Trennung von Reitz, der, erschreckt durch die faulen Eier, die damals von den Akademiestudenten auf Patalas und uns geworfen wurden, sich von Ulm und mir trennte (die Krise hätten wir eigentlich auch zusammen bewältigen können). Dieser Angriff führte also zu einer Zerstreuung, und aus Frustration habe ich einfach einen Film angefangen. Natürlich ist dann das Thema, das mich bewegt, die Lage, in der wir uns selbst befinden, wir, die wir uns auf dem hohen Seil, den Trapezakten der fine arts bewegen. Da gab es keine Planung im voraus und auch kein Drehbuch. Das Drehbuch kann man hinterher nachschreiben.

Aber Sie brauchen doch, um einen Film anzufangen, wenigstens eine Vorstellung.

Da hat es keine Vorstellung gegeben. Da war nichts weiter als Wut darüber, wie es einem zwei Wochen vorher in Berlin

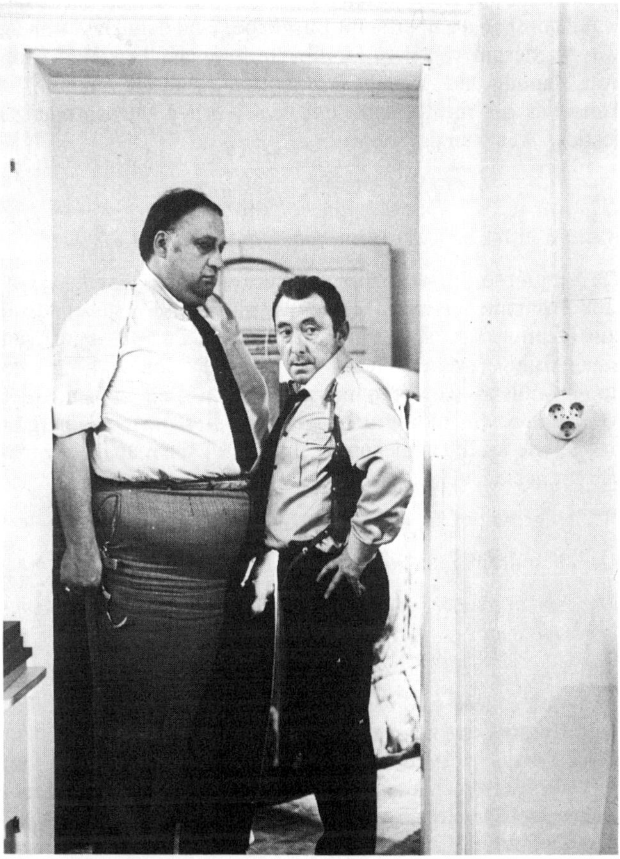

Der starke Ferdinand

ergangen ist. Und da wird dann zusammengerufen ... Wir haben das Thema »Zirkus« auch nicht recherchiert, sondern einfach einen Zirkus gesucht in Tageszeitungen. Das ist also die pure Improvisation. ABSCHIED VON GESTERN dagegen wurde schon vorbereitet durch Recherchen in Gefängnissen. Bei denen ich auch viele andere Geschichten recherchiert habe ... Ein Drehbuch wird abgelehnt beim Bundesinnenministerium. Noch ein Drehbuch, das wird auch abgelehnt. Ein drittes Drehbuch, das ganz abweicht, wird vom Bundesinnenministerium genehmigt; in einem vierten Drehbuch mache ich daraus etwas, was zu drehen ich überhaupt Lust habe. Und dann das Drehen, was wiederum von dem Drehbuch abweicht. Das Verhältnis von Planung und Ausführung ist ganz sicher frei, immer. Es kann das gar nicht geben, daß man vorher am Schreibtisch festlegt, was man drehen will.

Wie war es zum Beispiel, um noch weiter zurückzugehen, bei PORTRÄT EINER BEWÄHRUNG *– gab es diesen Mann wirklich?*

Das scheint so. Tatsächlich ist der Film eine reine Konstruktion, eine Zusammenfassung ... Allerdings: den muß es geben, denn sonst hätten wir nicht unsere Zeitgeschichte. Ich kann von einem Bild ausgehen oder von einer Situation und mich da hineinwühlen – da wird immer ein Film herauskommen. Oder ich kann von einem Begriff ausgehen. Unter Umständen ergibt das gerade einen sinnlicheren Film – das kann man nicht wirklich vorhersagen.

Wie lange dauert die Drehzeit im allgemeinen bei Ihnen?

Zwischen dreißig und vierzig Tagen.

Was für ein Verhältnis besteht zwischen Ihnen und den Darstellern? Ich glaube, man kann sagen, daß in Ihren Filmen die Darsteller viel von sich selbst einbringen.

Sehr viel, ja. Sie sind Mitautoren, auch die Nebendarsteller. Zum Beispiel der Gerd Günther Hoffmann, der versteht von Regie genausoviel wie ich. Der kann auch mit Texten umgehen. Im »Wechselsprechgesang« werden die Texte am Drehort entwickelt, so daß sie auch wirklich aus den Mündern kommen. Der Schubert ist ein wirklicher Mitautor; der erfindet auch Szenen.

Drehen Sie viele Varianten von Szenen?

Ich drehe Szenen fast nie doppelt, weil ich ja sowieso nicht genau weiß, was beim Schnitt von der Szene bleibt; kleine Fehler kann ich durch den Schnitt lösen. Und Varianten drehe ich auch nicht sehr viel. In der Regel drehe ich eine Szene nur einmal. Ich kontrolliere sehr genau, ob die Situation stimmt. Wenn die Situation stimmt, dann ist alles, was in sie hineinkommt an Zufällen, von dieser Bestimmung gedeckt. Es gibt natürlich Szenen, die mißlingen; die kommen dann später nicht in den Film. Dieses Risiko habe ich in sehr hohem Maße – daß eine Szene zwar im Ansatz stimmt, daß aber die Darsteller über die Szene hinwegspielen. Oder es kommt irgendein Willensentschluß hinein, der nicht stimmt.

Ich glaube, Sie haben nach Abschluß der Arbeiten an einem Film immer noch eine Menge von Material, das in den Film aus verschiedenen Gründen keinen Eingang fand. Es gibt Beispiele, wo Sie solches Material noch für einen anderen Film verwendet haben, der eine Variante oder eine Verlängerung des ursprünglichen Films darstellt.

Bei der LENI PEICKERT, ja. Ich muß ganz ehrlich sagen, ich bin nicht der Meinung, daß diese Materialien, die nicht in den Film kommen, schlechter sind. Sie sind lediglich nicht in diesem 90-Minuten-Zusammenhang enthalten, der in meinen Augen immer ein Willkür-Zusammenhang bleibt. Und wenn ich die Form frei wählen könnte, wenn die Zuschauer auf mich eingehen würden, dann würde ich Muster-Filme machen, also Filme, die aus ungeschnittenen »Mustern« bestehen. Ich würde das Material »rein« darbieten.

Und was würden Sie sich davon für eine Wirkung versprechen?

Eine authentische Wirkung. Denn die Realität, die uns im Alltag begegnet, ist ja auch nicht geformt. Ich halte das Formprinzip, das Formen durch einen Autor, eigentlich für einen Fehler. Ich bin der Meinung, daß die wirkliche Qualität eines Autors in der Aufmerksamkeit liegt, durch die er aus der Vielfalt gesellschaftlicher Phänomene *ein* Bild herauswählt, das dann wie ein Kristallgitter funktioniert. Um dieses Kristallgitter, die ursprüngliche idée fixe, kristallisiert sich jetzt ein ganzer Zusammenhang; und je mehr der sich nach seinen eigenen

Gesetzen kristallisiert, um so mehr Aufmerksamkeit muß ich bei der Arbeit aufwenden, um so mehr Parteilichkeit muß ich entwickeln. Ich würde wahrscheinlich solche Muster dann auch schneiden, aber ich würde nicht eingreifen. Ich bin nicht der Meinung, daß es Aufgabe der Hebamme ist, Kinder mit zu langen Beinen oder einer krummen Nase zurechtzuschneidern. Und genau das tun wir als filmische Autoren. Und das ist nicht wirkliche Geburtshilfe. Wenn ich kann, habe ich immer auf das Zurechtschneidern verzichtet. Film ist nicht eine Sache der Autoren, sondern ein Dialog zwischen den Zuschauern und dem Autor. Das ist eine sehr hohe Konfliktstufe, weil der Zuschauer durch alle übrigen Werke, die er gesehen hat, vorprogrammiert ist: durch seine falschen Wahrnehmungsweisen, die er hat, ebenso wie ich durch meine falschen Wahrnehmungsweisen; beides ist sehr stark gegeneinander gerichtet. Wenn ich mich über das Bedürfnis des Zuschauers hinwegsetze, setzt er sich auch über meine Bedürfnisse hinweg. Insofern ist da ein Tausch-Akt im Gange. Und der Film realisiert sich für mich im Kopf des Zuschauers, nicht auf der Leinwand. Er darf auf der Leinwand zum Beispiel porös, schwach, brüchig sein; dann wird der Zuschauer aktiv, dann kann seine Phantasie eindringen.

Denken Sie beim Drehen an den Zuschauer?

Das wäre übertrieben. Beim Drehen denke ich an die Situation, die ich drehe, dazu gehören mein Team, ich selbst, die Darsteller, der objektive Erfahrungsgehalt der Szene – den kann ich ja immer feststellen. Wenn da (in der GELEGENHEITSARBEIT) der Ministerpräsident von Hessen mit seinem Kabinett im Bus fährt, und meine Schwester ist da sowie mein Kameramann – dann kann ich allein aus solch einem Dreieck von Beziehungen die Situation erfassen; so präzise, wie ich analysieren kann. Und damit kann ich meine Aufmerksamkeit steuern. Darin liegt meine Arbeit. Meine Arbeit liegt nicht darin, das Aufgenommene später in ein Produkt zu verwandeln, für das irgendwelche Standards und Rezeptionsvorstellungen bestehen.

Noch zur Frage von Film-Plänen: auch die GELEGENHEITSARBEIT EINER SKLAVIN *ist hier ein Beispiel, denn dieser Film hat doch auch verschiedene Metamorphosen durchlaufen.*

Ja, sicher. Die stärkste Metamorphose dadurch, daß bei der

Auseinandersetzung mit den Darstellern, also dem Bronski und der Roswitha, ein Konflikt fast unlösbar wurde. Ich bin der Überzeugung, daß wenn man nicht die gesellschaftlichen und politischen Probleme an der Stelle aufnimmt, wo sie existieren, also in der Familie, im Privatbereich auch, diese Probleme nicht gelöst werden. Hier dagegen traf ich ganz offenkundig auf etwas, das ich auch sonst beobachten kann, was also einen Erfahrungsgehalt hat, nämlich den Umstand, daß gerade Linke, – Menschen, die einen sehr energischen Willen zur gesellschaftlichen Veränderung haben, die sehr ernsthaft sind – dazu neigen, Probleme, die ihnen unlösbar erscheinen, nach draußen zu projizieren. Dann soll in China ein Problem gelöst werden, das in ihrer Küche aktuell ist. Es wird natürlich auf diese Weise nicht gelöst. Und diesen Erfahrungsgehalt zu dokumentieren, erscheint mir dann wichtiger, als meine Drehbuchannahme zu dokumentieren.

Worin bestand der Unterschied zwischen dem Entwurf, den Sie zunächst hatten, und seiner späteren Abänderung?

Die schärfste Handlung äußerlicher Art, die in dem Drehbuch nach meiner Vorstellung stattfinden sollte, gewissermaßen als Karikatur gesehen entsprechend dem langen Marsch nach Yenan, wäre, daß sie einen Umzug schaffen aus dem Randgebiet in die Stadtmitte. Das wäre schon das höchste der Gefühle und an Entscheidungsfähigkeit in einem solchen Familiensumpf. Ich kann aus unmittelbarer Beobachtung sagen: die entscheiden sich auch wirklich nicht. Die These, daß sich nichts verändert, daß sie keine Entscheidung zustandebringen, sondern gegenseitig ihre Entscheidungsfähigkeit blockieren, die halte ich wirklich für wahr. Insofern wäre schon ein Umzug eine außergewöhnliche und extreme revolutionäre Leistung. Mir scheint, ein solches Understatement hat einen Erfahrungsgehalt. Aber meine Schwester bestand auf dem Overstatement, weil sie sagte: es muß doch Revolution geben, und die kann es doch nur in Betrieben geben – denn so erfahren ist sie nun auch, daß sie ganz genau wahrnimmt: in der Familie wird es das nicht geben, also muß es an eine andere Stelle gelegt werden, die sie noch nicht kennt. So wie der Utopist immer denkt: da, wo ich nicht bin, möchte ich sein, da gibt es den offenen Horizont . . . Und ich müßte eigentlich zwei Filme machen, weil ich nicht sagen kann: das, was ich ausdrücken will, ist wichtiger als das, was meine Schwester ausdrücken will.

Also gibt es hier zwei Entwürfe, die sich überlagern?

So ist es. Und ich muß sagen: brisanter ist es, den Irrtum meiner Schwester zu dokumentieren.

Was sagen Sie zu der negativen Reaktion der Zeitschrift »Frauen und Film« auf diesen Film?

Ich nehme diese Kritik ernst und habe mich gründlich mit ihr auseinandergesetzt. Selbst wenn ich die Argumente im einzelnen zerpflücken könnte, muß ich ja prüfen: was ist der Ansatz dieser Kritik, woher kommt diese Protest-Energie gegen den Film. Und im wesentlichen habe ich das Buch »Gelegenheitsarbeit einer Sklavin. Zur realistischen Methode« nur geschrieben als Antwort darauf. Ich finde, es ist kein Zufall, daß dieser Angriff gekommen ist, daß man so einen Konflikt aber aushalten, austragen muß, weil Protest der Grund für Realismus ist. Denn ohne Grund bin ich nicht realistisch.

Das würden Sie für sich in Anspruch nehmen: realistisch zu sein?

Das ist meine Vorstellung; das möchte ich gerne sein. Man braucht zum realistischen Verhalten aber eine bestimmte Energie, denn Realismus muß produziert werden, Realismus ist kein Naturzustand. Naturzustand ist Ideologie, Träumen. Wenn ich gegen das Realitätsprinzip, gegen das, was die Realität mir antut, Protest erhebe, bin ich realistisch. Ich bin also realistisch aus einem anti-realistischen Grund. Und diese Dialektik führt dazu, daß ich unter Umständen alle realistischen Methoden zerschmettere, während ich realistisch sein will. Daher dieses Pathos, mit dem ich auf Aufmerksamkeits-Fragen herumreite, oder auf der Frage der Geduld, obwohl ich von Haus aus nicht geduldig bin.

Wer muß Geduld haben?

Der Autor, der Kritiker, alle, die wahrnehmen, auch die Zuschauer; nur kann ich sie dazu nicht zwingen. Und diese notwendige Aufmerksamkeit und Geduld wird manchmal zerschlagen durch den vehementen Willen zum revolutionären Erfolg. Das ist etwas, was mir an meiner Schwester genau so begegnet wie an »Frauen und Film«, ich kenne diese Energie ja, diese Richtung; mit Vehemenz sagt meine Schwester: »Sowas

Defaitistisches, sowas Abwieglerisches wie ein Drehbuch, bei dem diese Frau, die sich doch wirklich politisch interessiert, und dieser Mann, der doch zumindest gutwillig ist, nichts Politisches zustandebringen in ihrer Familie ...« Die lesen zwar alles mögliche, es sind sehr viel innere Vorgänge im Drehbuch enthalten, mehr noch als im Film.

Sie sagten einmal, daß die Montage für Sie der anstrengendste Teil der Filmarbeit ist. Ist es auch der Teil, der am längsten dauert?

Diese Arbeit ist deswegen die schwierigste, weil da ein Vermittlungsprozeß notwendig ist, den ich eigentlich nicht vollkommen billige. Ich sagte ja vorhin schon: ich bin der Überzeugung, daß ein locker gedrehtes Material keine Übergänge braucht und sich selbst erzählt. Das, was ich sozusagen irrtümlich mache, enthält mehr Vernunft als das, was ich plane.

Wenn Sie sagen, daß Sie auf Montage am liebsten verzichten würden, ist das doch überraschend, weil Ihre Filme bisher in starkem Maße auf dem Kontrast von verschiedenartigem Material und also auf der Montage basieren.

Ich gebe Ihnen eins zu, daß ein Produkt im Sinne der Standardprodukte, die man im Kino vorführen kann, nur auf diese Weise entsteht, und zwar durch eine ziemliche Anstrengung. Das ist eine Vermittlungsarbeit. Aber ich kann mir auch vorstellen, daß ich nicht an die 90-Minuten-Grenze gebunden wäre, sondern einen Film zum Beispiel auf mehrere Abende verteilen könnte; wenn ich das Material frei organisieren könnte, so daß seine Selbst-Tätigkeit, seine Selbst-Organisation hervortritt – dann würden ja auch diese Brüche entstehen, die ich für wichtig halte.

Aber neben den inszenierten Szenen enthalten Ihre Filme vielfach doch noch eine andere Materialebene.

Ja, und die würde bei einer lockeren Organisation des Materials, bei der ich alle Fehler und Umwege drinließe, auch vorhanden sein; denn ich drehe ja in bestimmten Momenten des Films das, worauf mein Interesse sich richtet, und worauf das Interesse des Zuschauers antworten kann; ich drehe also meinetwegen Repros aus geschichtlichen Büchern, oder ich nehme den »Tag der deutschen Kunst« hinein, bei den ARTISTEN, weil das natürlich mit dem Zirkus etwas zu tun hat. Der Zuschauer wäre durchaus bereit, alles das mitzumachen, was es im Panoptikum auf dem Jahrmarkt gibt, wenn Sie das noch aus unserer Kinderzeit kennen. Das sind Bullaugen, und da sehe ich einmal die Erschießung Kaiser Maximilians, dann sehe ich den Einzug Napoleons III. in Paris, dann sehe ich einen ganz besonders großen Löwen, und so weiter. Und das, gesteuert von der Aufmerksamkeit und der Thematik, die ich ja kenne, würde nicht einfach nur Zufall und Attraktivität, sondern das Thema selber enthalten, die Eigenbewegung des Themas; und die Eigenbewegung in der Phantasie des Zuschauers würde darauf antworten können. Und ich würde den Zuschauer nicht in den Zeitrhythmus des Films hineinzwingen müssen, in den er mich natürlich umgekehrt auch hineinzwingt. Dahin zu kommen, hindert mich vorläufig die Struktur des Kinos. Wenn das »Arsenal« als Kinoform überall vertreten wäre, wäre es möglich. Imgrunde steckt eine Vorstellung von alternativen Kinoabspiel-Formen dahinter.

Man braucht aber auch Menschen für ein alternatives Kino-Modell.

Da bin ich ziemlich überzeugt, daß gerade Menschen, die arbeiten, an diesen lockeren Formen einen außerordentlichen Genuß haben. In stilisierter Form gibt es ja diesen Film von Warhol, der unendlich lang dauert. Der Mut von Wim Wenders, einen Dreistunden-Film (wie »Im Lauf der Zeit«) zu machen, bestärkt mich auch. Das heißt, ich halte es nicht für generell unmöglich, dieses Ziel zu erreichen. Ein normaler Kinobesitzer allerdings will den Tag in seine drei, vier Vorstellungen teilen, und das ist bisher die einzige Methode, die Produktionskosten eines Films zu decken und Zuschauer zu finden. Alle Kunstformen, die der Kinobesitzer oder wer auch immer kennt, beruhen auf einer Hierarchiebildung, einer Selektion, bei der Haupt- und Nebensachen unterschieden werden. Das heißt, Filme haben die Tendenz, auf diese Weise ein außergewöhnliches Ereignis hervorzuheben, einen Sinn zu haben oder aber Un-Sinn zu produzieren. Eine Hierarchie von Wertabstraktionen beherrscht den Film und diktiert das Zeitmaß. Auch das emotionale Maß beim Zuschauer, beim Film und bei mir. Diese Hierarchie würde ich gerne aufheben. Und die Energie, die bisher in die Kenntnis der Wertordnungen innerhalb eines Films geht – was gehört in die 90 Minuten; wie geht der rote Faden, wie geht die Dramaturgie? –, diese Intensität müßte man in die Aufmerksamkeit während des Drehens stekken, in eine sehr genaue Erfassung der Szene und der gesellschaftlichen Kräfte, die sie gerade bestimmen. Man kann eine Sinnlichkeit entwickeln, die an Zusammenhängen interessiert ist. Und das kann ich da besser als mit den Mitteln des Schnitts.

Wie lange brauchen Sie im allgemeinen für den Schnitt?

Bei dem letzten Film habe ich drei Monate gebraucht; im allgemeinen brauche ich etwa sechs Wochen.

Wie halten Sie es mit dem Ton; bevorzugen Sie Originalton oder nachsynchronisierten Ton?

Ich habe noch nie nachsynchronisiert, keine einzige Stelle. Ich verwende immer Originalton. Wir folgen ja der authentischen Methode; unter der ist der Autorenfilm seinerzeit angetreten, und ich würde sagen, für meine Lebenszeit halte ich daran fest. Bei der authentischen Methode behandele ich den Ton genauso wie das Bild. Und deswegen kann ich nicht einen Ton nachmachen. Ich müßte dann ja dokumentieren, daß das Ton aus einem Synchronstudio ist.

Halten Sie eigentlich den Begriff des »Autorenfilms« für einen historischen oder weiterhin gültigen Begriff?

Ich halte ihn absolut für aktuell. Es ist reiner Opportunismus, davon abzuschwenken. Wenn dieser Begriff verlassen wird, kommt entweder Kommerzfilm oder Kunstgewerbe heraus. Ich kann entweder nur subjektiv arbeiten oder wirklich objektiv, dazwischen kann ich nur Kunstgewerbe produzieren. Das ist meine Meinung über die Entwicklung im Jungen Deutschen Film, die dem Autorenfilm abschwört. Ein Problem gibt es im Autorenfilm: er neigt zum Subjektivismus. Er braucht ein Gegenüber, an dem er sich korrigiert. Er muß seinem bloßen Individualismus abschwören. Das kann er aber nicht, indem er sein Temperament abschnürt und akademisch wird.

Es gibt bestimmte Themen in Ihren Filmen, die immer wieder vorkommen, zum Beispiel das Thema der Paraden, der Dressuren, die sinnentleerten Ritualen gleichen, was Sie oft mit Dokumentaraufnahmen belegen; dieses Thema ist sicherlich verbun-

den mit dem Thema des Zirkus in den ARTISTEN. *Während die Paraden aber als etwas Makabres, eine Art Perversion erscheinen, ist das Thema des Zirkus doch anders zu verstehen, man kann ihn auch als eine Metapher für die künstlerische Betätigung ansehen.*

Das sind zwei total verschiedene Dinge. Ich weiß ja noch aus eigener Anschauung, was Paraden in der Zeit vor 1945 bedeuteten. Das ist die perverseste Form, Menschen zu bewegen, denen die Selbstbestimmung in diesem Moment weggenommen ist. Wenn ich den Zirkus als Metapher verwende, dann studiere ich die Geschichte des Zirkus, die kann ich nämlich nicht sehen. Ich sehe also mit einem Kinderblick, den ich früher bestimmt hatte, die Tiger, die Löwen, die Elefanten. Und jetzt kommt zu diesem Kinderblick hinzu, daß ich mir außerdem noch Elefanten und Löwen und Tiger wirklich vorstellen kann, in ihrem eigenen Interesse, denn ich kenne ja auch mein eigenes Interesse und weiß ganz genau, solch ein Elefant kann doch alles mögliche, nur nicht auf einem Bein stehen; das wird er von Natur aus bestimmt nicht tun. Ein Löwe tut alles mögliche, er mag auch gar nicht besonders grausam sein, wenn er satt ist. Aber Männchen machen, das gehört nicht zu seinen Funktionen. Ich kann wirklich fliegen, mit dem Flugzeug nämlich. Aber als Artist kann ich immer nur den Anschein erwecken, als ob ich fliege. Die Tiere machen also im Zirkus das Gegenteil von dem, was ihre Natur ist. Und eine solche Verkehrung der Natur ist auf der Basis meines anhänglichen Kinderblicks ein Konflikt, übrigens auch eine Quelle von Komik für mich, von Ernst, von wirklichem Widersinn. Jetzt kommt noch etwas hinzu. Ich fange also an, die Geschichte des Zirkus zu studieren und stelle fest, er ist ein Produkt der französischen Revolution. Der erste Zirkus hat in der französischen Revolution 1791 stattgefunden. Ich rekonstruiere jetzt diese Geschichte und suche die Wurzel, warum Menschen so etwas machen. Und die ursprüngliche Wurzel ist: sie möchten gerne das Idealbild der französischen Revolution zeigen: der Mensch ist omnipotent, der Mensch kann alles. Wir haben die Religion abgeschafft und jetzt ist der Mensch die Revolution. Und die Tiere gehorchen dem Menschen; er ist ihr Herr. Ein sehr ambivalenter Grundgedanke. Und deswegen ist es auch überhaupt kein Zufall, daß in der Geschichte des Zirkus diese äußeren, paradeartigen Verzerrungen, das, was man Entfremdung nennt, aus dieser Wurzel entstehen. Wenn ich an diese Omnipotenz des menschlichen Willens glaube, dann kann ich nur eine ganze Kette von Irrtümern aufbauen. Und insofern besteht für mich zwischen Stalingrad, dem Werkschutzchef Rieche (im STARKEN FERDINAND) und dem Zirkus kein Unterschied. Der Reformeifer der Leni Peickert, die Ratlosigkeit der Stalingrad-Kämpfer, die ja immerhin dreihundert Jahre Militärgeschichte hinter sich haben, und der Werkschutzchef Rieche, der sein Können irgendwann einmal andeuten will, sind miteinander verwandt. Wenn der Vater von Leni Peickert Elefanten in die Zirkuskuppel hieven will, – was ja nur die Übertreibung der Metapher ist von dem, was man mit Elefanten sowieso macht im Zirkus –, damit sie oben im Zirkus an Kränen hängen und dort vielleicht ein Ballett aufführen, dann ist das nicht gewaltsamer als das, was der Rieche auf seinem Gebiet macht, wenn er dem Minister in die Backe schießt. Nur sind die gesellschaftlichen Ebenen verschieden. Und meines Erachtens ist eine Sinnlichkeit, die sich auf die Arbeitskraft der Menschen bezieht, daran interessiert, dieselben Gesetze in verschiedenen Erscheinungen wiederzuerkennen, die Gesetze nicht abstrakt zu verstehen. Die Arbeitskraft ruht nie, sondern realisiert sich – möglicherweise zum Fall Höss im Aufbau von KZs . . .

Das wäre die höchste Form der Perversion, während man doch geneigt ist, der Leni Peickert Sympathie entgegenzubringen und auch die Phantasie zu bewundern, die sie gelegentlich hat. Dagegen haben wir es bei der Tätigkeit des Werkschutzspezialisten wieder mit Formen der Perversion zu tun.

Aber es ist dieselbe Kraft – das muß man mal sehen und auch sinnlich spüren –, die lediglich an verschiedenen gesellschaftlichen Orten tätig ist. Andererseits ist diese Kraft ununterdrückbar. Sie wird nicht durch die bloße Moralität oder den guten Willen gehindert, am falschen gesellschaftlichen Ort, in entfremdeter Gestalt, so etwas zu machen wie ein KZ. Das heißt, ich kann mich nicht beruhigen, aber ich kann auch nie untröstlich werden. Das ist es genau, was die Sinne erfahren können, wenn sie »gesellschaftliche« Sinne sind. Marx sagt einmal, es gibt die fünf Sinne, und die sind ein Produkt der Weltgeschichte. Und dann kommt die Sinnlichkeit des Habens mit der kapitalistischen Gesellschaft und setzt sich auf diese Sinne drauf.

Diese Sinne sind von da an stumm, und ich arbeite jetzt nur noch in Werten: hat das einen Spannungswert? Hat das einen Unterhaltungswert? Hat das einen politischen Wert? Hat das einen Aussagewert? – Ist das komisch? – Und jetzt produziert dieselbe Gesellschaft, die die Sinnlichkeit des Habens hervorbringt, auch eine Sinnlichkeit des Nichthabens, die Negation davon. Diese Sinnlichkeit des Nichthabens – man kann sie auch »Protest« nennen – ist der Motor, von dem ich glaube, daß er die Sinne steuern kann wie kein anderer Motor. Und daher mein Bedürfnis, die Hierarchien abzubauen, die Hierarchien der Wahrnehmung. Die Wahrnehmung steuert sich selbst, wenn sie sich auf Arbeitskraft und auf Sinnlichkeit (in meinem Sinne) stützt.

Was verstehen Sie unter Hierarchien der Wahrnehmung?

Unsere Wahrnehmung beruht ja auf der Sinnlichkeit des Habens, auf unserem Erziehungsbewußtsein. Und dieses »Haben« besteht in Wertabstraktionen, also in Hierarchien. Unsere sämtlichen Abschaltprozesse bedürfen der Revision. Es kommen dann andere Abschaltprozesse zustande. Aber das meine ich mit gesellschaftlicher Veränderung im Bereich der Wahrnehmung. Oder mit parteilicher Haltung im Kino.

Inwiefern findet dieser Versuch zur Veränderung Ausdruck in Ihren Filmen?

Ich muß mich ja innerhalb eines Rahmens bewegen, der vorführbar ist. Insofern kann ich das nicht rein durchführen, was ich will. Ich würde sagen: das macht das Schneiden so langsam und so schwierig, daß ich immer wieder Momentaufnahmen dieser Vorstellung heil durchbringe. Ein Grundsatz ist: der Film ist nicht wichtiger als das, was sich der Zuschauer dazu vorstellt. In jedem meiner Filme gibt es genügend Stellen, wo auf der Leinwand gar nichts passiert; die sind sehr genau rhythmisiert; da passe ich mehr auf als auf die ganze »Aussage« des Films.

Sie denken da mehr in Funktion von Rhythmus, also von Schnitten . . .

Die Schnitte ermöglichen es, daß der Zuschauer erstens alle Filme von mir mehrfach sehen kann; er sieht nämlich jedesmal einen anderen Film, weil er mit seiner Phantasie in die porösen

Stellen des Films, in die Leerstellen eindringt. Das ist es übrigens, was Jean-Marie Straub auch tut, wenn er von der »Entleerung des Bildes« spricht.

Eine »Entleerung« scheint mir in den Bildern Ihrer Filme aber schwer nachweisbar; mitunter gibt es gerade in kleinen eingeschobenen Sequenzen Bilder, die sehr viel an Erinnerungen und Emotionen transportieren, wenn man zum Beispiel an die Kinderbilder denkt. Oder an die Zirkusbilder, die nicht zur Handlung gehören. Was für eine Funktion haben diese Bilder?

Diese Bilder entsprechen genau der Funktionsweise des Gehirns. Ein Hirn nimmt niemals nur etwas Gegenwärtiges wahr. Ich sehe etwas Gegenwärtiges, das erinnert mich – sonst würde ich es gar nicht wahrnehmen – an etwas Vergangenes, Früheres, eine Vorstellung von Glück oder Unglück, und dadurch nehme ich es wahr und schließe auf die Zukunft. In dieser Dreierbewegung bewegt sich jede Assoziation, jede Erinnerung, weil ich immer einen Grund für meine Wahrnehmung brauche, und der ist nicht gegenwärtig.

In den ARTISTEN *kommen zum Beispiel viele Bilder von Fliegern und Flugzeugen vor. Worin würden Sie hier die Verbindung sehen?*

Es gibt mehrere Verbindungen. Erstens ist das Fliegen im Zirkuszelt permanente Metapher auf den Zirkus überhaupt. Zweitens der offene Himmel: daß der Mensch fliegen will, ist der stärkste Ausdruck seines Omnipotenzwillens; denken Sie nur an den Schneider von Ulm. Drittens sind das Phantasiestellen, bei denen ich dem Zuschauer ein Zeichen gebe, daß er frei assoziieren darf; er darf also mit seinen Gedanken ruhig mal fliegen, er muß nicht logisch sein. Je schärfer zum Beispiel der Kontrast ist zwischen einem solchen Montagestück (das ja unwirklich wirkt, denn auch diese Flieger hat man so nicht oft gesehen, jedenfalls nicht in realistischen Filmen) und der vorangegangenen oder nachfolgenden realistischen Szene (sie werden merken, daß so ein Montagestück immer auf eine realistische Szene folgt und wieder in einer realistischen Szene aufgeht), je mehr diese Assoziationen auseinandergerissen sind, umso besser kann der Zuschauer in diese Bruchstelle selber hineinfliegen.

In manchen Ihrer Filme gibt es Einschiebsel, die man nur schwer nachvollziehen kann; zum Beispiel kommen in GEFAHR UND GRÖSSTER NOT *viele Szenen von Überschwemmungen vor. Was bedeuten diese Bilder?*

Der ganze Film besteht ja aus lauter Überschwemmungen. »Das Hundchen schwimmet hin und her«, Bundeskanzler Schmidt, der ja wirklich ein Überschwemmungsbeherrscher ist, das Gespräch darüber, daß eine Arche Noah gebraucht wird ... Nun ist es so: daß etwas flüssig wird, das Thema Arche Noah, Sintflut und Regen, im Nassen sitzen – das bewegt mich außerordentlich. Es gibt da einen Witz, das wäre eine Metapher, aus der ich einen Film machen könnte: Noahs Arche sinkt. Er ruft Gott an und Gott sagt ihm: »Du mußt alle Tiere aus dem Schiff entfernen, die ein breites Maul haben.« Und daraufhin spitzt der Ochsenfrosch sein breites Maul und sagt: »Wie schade um das Krokodil.« Nun ist dieser Witz einen Schuß zu kurz (wie alle Witze von Odysseus), denn er geht ja mit dem Schiff unter. Sein Triumph, daß er als Denunziant ein Krokodil ans Messer liefert und sich dadurch sichert, ist ja nur kurzfristig. Seine List könnte auch die Möglichkeit haben, Schwimmen zu lernen, dann braucht man keine Arche Noah. Und diesen Grundgedanken könnte ich in GEFAHR UND GRÖSSTER NOT genausogut als Hauptgedanken nehmen. Das ist sozusagen ein untergründiges Thema, das sich nur in Assoziationen abspielt. Kein Mensch ist verpflichtet, das zu verstehen, aber vom Gefühl her kann man es verstehen. Der Kontext im Film ist averbal. Wenn ich es in Worten ausdrücke, wäre es eine Interpretation, also nicht dasselbe.

In GEFAHR UND GRÖSSTER NOT *gibt es ein metaphorisches Schlußbild von vorbeiziehenden Wolken vor einem Mond ...*

Wolken mit Mond, das ist ja eine bekannte romantische Metapher. Wenn ich einerseits an der Gesellschaft sehr interessiert bin und diese Gesellschaft sich pausenlos in Bewegung befindet und wandelt, wenn es aber ein Gestirn gibt, den Mond, der sich überhaupt nicht verändert, so ist das eine Metapher für den Satz: es gibt Objektives. Es gibt irgendwo eine Stelle, die nicht mit Menschen zu tun hat. Man kann alles umgraben in der Welt und mit Bombentrichtern übersäen – es wird den Mond nicht tangieren. Deswegen hat der Mond eine zentrale Rolle. Wenn Sie aber dieses Bild genau ansehen und auf Ihr Gefühl, Ihre

Augen vertrauen, dann werden Sie finden: es sieht zuerst aus wie ein Mond, vor dem Wolken vorbeiziehen. Und dann sieht es aus, wie in einer Irisblende, die stehen bleibt, durch die Sie Wolken sehen. Und das ist die Verwandlung einer Mond-Metapher in eine Film-Metapher.

Was mich noch interessiert, ist die Verwendung von Filmausschnitten in Ihren Filmen. Es gibt da mehrere Beispiele, besonders von sowjetischen Filmen, »Tschapajew« kommt vor und »Oktober«; dann denkt man an die Verwendung von politischen Liedern, mindestens einmal gibt es ein politisches Lied aus der Sowjetunion – was hat das bei Ihnen für einen Stellenwert?

Ich muß dazu sagen, daß das natürlich auch Lieblingsfilme und Lieblingslieder von mir sind; wobei ich durchaus prüfe, daß das auch Lieblingslieder oder -filme von den dargestellten Personen sein könnten. Wenn ich sozusagen den Kammerton »a« brauche, um eine Stelle anzugeben, von der ich ausgehe, dann sind es genau diese Filme. Sie sind nicht inhaltlich zitiert, sondern sie sind zitiert als etwas Wirkliches gegen das ganz Unwirkliche eines Spielfilms. Als Bekenntnis zu einer gewissen Form des Films. Ich könnte auch Dowshenkos »Arsenal« nehmen – den sowjetischen Stummfilm, als Formenkanon das Freieste und Direkteste, was ich an Kino kenne.

Ein formales Mittel, auf das ich gerne noch kommen möchte, ist das Zeitrafferverfahren, das Sie in vielen Ihrer Filme benutzen. Wie kommen Sie dazu, dieses Verfahren so oft zu verwenden?

Nehmen wir einmal ein Beispiel, die Szene in GEFAHR UND GRÖSSTER NOT, wo die Polizei vor dem Haus, das abgerissen wird, ihre Bewegungen vollführt. Wenn ich das real aufnehme in normaler Geschwindigkeit, dann stehen die Beamten ruhig da. Wenn ich in Zeitraffer aufnehme, dann bewegen sie sich wie die Puppen hin und her, und zwar sind sie in einer dauernden, nervösen Bewegung. Diese Nervosität drückt genau ihr wirkliches Verhältnis aus; unterbewußt wissen sie doch, das ist nichts Normales, was sie hier tun. Ich kann das nur ausdrücken in Form einer Zeittotale, gewissermaßen einer Großaufnahme der Zeit. Bei der »Zeittotale« ist es so, daß Großaufnahme und Totale zusammenfallen. Es handelt sich um eine Verzerrung der normalen Augen-Zeit, die wir haben, und die ja nichts weiter ist als unsere Idee, daß der Zeit-Rhythmus des menschlichen Auges, das an der Lebenszeit orientiert ist und an der Jahreszeit, an der Wochenzeit, der 7 Tage-Woche, daß dieser Zeit-Rhythmus ein universales Bild ist; das ist aber genauso falsch wie der eurozentrische Blick, von dem aus alle Länder außerhalb Europas zu unterentwickelten Gebieten werden. Wenn Sie sich die Welt aus den Augen eines Insekts in den Anden vorstellen, das mit 5000 km Geschwindigkeit fliegt, dann wird diese Welt anders aussehen; sie wird ein extremer Zeitraffer sein. Wenn Sie sich das Auge eines Riesen vorstellen – Marx spricht vom »Gesamtarbeiter«, wenn die Arbeiterklasse gucken könnte –, dann würden für sie Jahrhunderte eine Momentaufnahme sein. Als Effekt würde ich solche Stilmittel nie einsetzen. Aber Abweichungen vom Normalerzählen sind ein Mittel des Ausdrucks.

Es gibt für mich zwei Buchführungen innerlich, bei denen ich eine Moral entfalte. Die eine Frage ist, daß ich eine Vermittlung zum Zuschauer doch in der Kontrolle halte – zwar sehr lose, aber ich prüfe genau, welche Sprünge macht er mit, welche kann er verstehen, und welche Irrtumschancen lasse ich dabei zu. Da erlaube ich ein breites Spektrum an Irrtum und Fehlauslegung, was aber im Ergebnis doch immer wieder zu denselben Figuren führt. Und das zweite, das, was mich wirklich an einem Film befriedigt, das ist imgrunde eine genaue Aufeinanderfolge von Rhythmen, Lichtschatten, eigentlich, wenn Sie so wollen, eine ganz formalistische Seite. Und die ist nach dem Inhalt des Stoffes, nach dem Erfahrungsgehalt, den ich beschreibe, ausgerichtet.

Die formale Ebene enthält den Inhalt nochmal, und zwar in einer präzisen, averbalen Form, die mit Worten nicht wiederzugeben ist. Wenn Sie zum Beispiel IN GEFAHR UND GRÖSSTER NOT nehmen, dann hat der Film ja, äußerlich gesehen, einen Inhalt, wenn auch keine Handlung; Sie werden eine Häuserräumung finden mit der Frage: Wer hat recht, da kann man sich einigermaßen orientieren, wenn auch nur ein Babylon-Effekt herauskommt, ein Effekt ziemlich komplizierter Verwirrung in so einer Stadt. Und gleichzeitig ist eine hohe Organisation in den Details enthalten, in den Momentaufnahmen, in der Aufeinanderfolge der bits, und da kann ein Geräusch genauso wichtig sein wie das Bild; auf dieser Ebene ist der Film ganz genau austariert. Und das gilt für alle Filme; das ist ihre wirkliche Linie. Eigentlich sind sie, in dieser Hinsicht, relativ abstrakt.

In Gefahr und größter Not bringt der Mittelweg den Tod

Ich glaube, Sie haben viel Erfahrungen im Kontakt mit dem Publikum gesammelt, in der Präsentation von Filmen und in der Diskussion. Wie schätzen Sie die Möglichkeit einer Vermittlung zum Publikum ein, indem man über die Filme spricht, und kann man selbst aus solchem Verfahren etwas lernen?

Aber sicher. Ich glaube, daß ein durchschnittlich besetzter Kinosaal, der nicht nur aus Studenten besteht, ein absolut sicherer Kritiker ist. Und ich kann aus den Reaktionen, die ja Punkt für Punkt auf den Film erfolgen, sehr viel lernen, vor allem aus den Reaktionen auf die subdominante Struktur des Films, von der ich immerzu rede. Und zwar gibt es da Fälle, wo Zuschauer den Inhalt ablehnen, aber die subkutane Struktur billigen. Da kann es also sein, daß einer in der Diskussion hinterher überhaupt nicht mehr angeben kann, was der Inhalt von ABSCHIED VON GESTERN war; das hat er vielleicht nicht besonders registriert. Aber welche Schuhe Anita G. anhatte, und welche Bewegungen sie macht, das kann er angeben. Da sind Zuschauer gerade im Kino sehr verläßlich, wobei ich einen Unterschied gemerkt habe: geht das Licht an, kommt das Erziehungsbewußtsein wieder hervor. Ist das Licht aber aus und sind sie zusammen, dann verstärkt sich die Reaktion aller durch alle. Das heißt, die Zuschauer arbeiten unbewußt, unwillentlich kollektiv, wenn das Kino dunkel ist. Wird es wieder hell, fallen sie auf den individuellen Bewußtseinsstandpunkt zurück. Aus der Diskussion kann ich auch etwas lernen. Aber ich lerne da etwas sehr allgemeines, was sich oft wiederholt. Ein Teil der Diskussion, die dann folgt, ist stereotyp.

Was ist zum Beispiel stereotyp?

Stereotyp sind die Fragen, ob etwas verständlich ist oder nicht; stereotyp ist die Frage nach der »Aussage«, ob man etwas nicht noch deutlicher hätte politisieren können. Es gibt noch zahlreiche weitere Stereotypen dieser Art ...

Das Verlangen nach vordergründiger Wirksamkeit ...

Genau. Das Verhältnis von Nebenhandlung zu Haupthandlung; darf man eine Nebenhandlung bringen, wenn sie von der Hauptsache ablenkt. Das sind stereotype Diskussionen. Ich kann aber sehr genau begründen, daß die Zuschauer, während sie den Film angesehen haben, diese Probleme mit dem Film bestimmt nicht hatten, sondern eigentätig reagierten. Ihre wirklichen Sinne sind da schlauer als das was sie im Hirn, aufgrund ihrer Erziehung, daraus machen.

Wie kam es zu der Serie von Science Fiction-Filmen, die sich heraushebt aus Ihren anderen Filmen? Was für Überlegungen waren maßgebend, sie überhaupt zu machen?

Diese Filme entstanden, nachdem wir uns in Berlin mit Eiern haben bewerfen lassen und eigentlich als Autorenfilmer-Gruppe auseinandergefallen waren ... Der deutsche Autorenfilm ist zweimal grob auseinandergefallen. Einmal nach Gründung der Oberhausener Gruppe durch die Begegnung mit der Gruppe 47, die die Autorenfilmer in alle Winde diskutiert hat. Es fand nach Vorführung von Filmen (damals im Herbst 1962 gab es nur Kurzfilme) eine Diskussion statt, die diese Autorenfilmer nicht richtig bestanden haben, und mit einem gewissen Hochmut haben die Literaten und Kritiker die Autorengruppe zerfetzt. Reaktion: Zerstreuung, Diaspora. Und jeder hat dann seinen einzelnen Film gemacht. Und die zweite große Zerstreuung fand statt nach der Begegnung mit der Protestbewegung, weil einer solchen Konfrontation mit der vehementen, aber auch sehr abstrakten Linie der Studenten die Autorenfilmer ebenfalls nicht gewachsen waren, die ja noch nicht richtig gelernt hatten, was Kino überhaupt sein sollte; diese Begegnung führte ebenfalls zu einer Aufsplitterung. Das hat dann zunächst dazu geführt, daß ich DIE ARTISTEN IN DER ZIRKUSKUPPEL: RATLOS gemacht habe, Reitz den »Cardillac« einen Film zum gleichen Thema; und anschließend bin ich aus München weggezogen, nach Ulm. Dort war eine Gruppe, die hat überlegt: was können wir denn jetzt darstellen? In der Abgeschlossenheit des Ulmer Labors kam die Science Fiction-Idee auf. An sich eine Art Realitätsflucht.

Es war nicht die Überlegung, daß man mit diesen Formen, diesem Genre eher ans Publikum kommen könnte?

Das war es bestimmt nicht, denn damals haben wir an Publikum überhaupt nicht gedacht, sondern an Themen, daran, wie man Themen konsequenter machen kann, und der luftleerste Raum ist offenbar die Science Fiction, weil man sich dort frei bewegen kann, unabhängig von jeder Gesellschaft, und meint, man sei der Utopie am nächsten. Das ist nun überhaupt nicht wahr.

Auf dem Umweg über die Utopie oder die Science Fiction kommen Sie ja wieder auf alltägliche Dinge zu sprechen, auf sehr Reales.

Insofern ist das also ein Hinweg zur Utopie, und der Rückweg wurde sofort wieder, noch während des Films, angetreten. Das kam durch das Verhalten in der Gruppe. Diese Filme sind kollektiv hergestellt, mit dem Grundgedanken, daß jeder Mitarbeiter, auch der letzte Assistent, ein Deputat an dem Film hat, das er selber gestalten darf.

Wie ging diese gemeinsame Herstellung der Filme vor sich?

Ein Drehbuch zu diesen drei Filmen ist nie geschrieben worden. Es traten Kinderkrankheiten auf, und die Filme gingen ja auch in die Breite. Ich bin ziemlich sicher, daß TOBLER und der VERHAU *zusammen* einen Film ergeben würden. Da ich aber soviel Deputate drin hatte, das heißt kleine Film-Äcker, Negativ-Teile, die jeweils einem Mitarbeiter gehören, ergibt das zwei Filme. Und es gibt ja noch den dritten Film *Die Bombar-*

dierer, der von Oimel Mai und dem Kollektiv gemacht wurde. Ich werde mit Sicherheit wieder auf Science Fiction zurückkommen. Wir haben in der Bundesrepublik auf diesem Gebiet ja keine Tradition.
Ich halte Science Fiction, unabhängig von unseren Irrtümern von 1969, für eine absolut interessante Form. Ich habe auch literarische Wiedergutmachung für die Filme geübt, indem ich »Lernprozesse mit tödlichem Ausgang« geschrieben habe. Zum Schluß der Filme, da wußten wir, wie wir sie hätten machen sollen. Hätten wir da noch Geld gehabt, so hätten wir mit Sicherheit einen sehr, sehr guten Film gemacht. Wir könnten jetzt auf Grund des know-hows, das wir uns da erarbeitet haben, einen sehr guten Science Fiction-Standard entwickeln. Der würde auch nicht auf die Perfektion von Kubricks *2001–A Space Odyssee* zusteuern, sondern bei Méliès bleiben. Unser Grundgedanke damals war: wir gehen in die Einsamkeit nach Ulm, schließen uns dort ein und fangen bei Lumière und Méliès an, um uns langsam bis zur Gegenwart vorzuarbeiten. Und so ein Robinsonismus wird immer bezahlt mit einer ganzen Reihe von grotesken Irrtümern.

Könnten Sie noch ein Wort sagen über den Film FEUERLÖSCHER WINTERSTEIN*? Gibt es für diesen Film einen Schlüssel? Wann ist er überhaupt entstanden?*

Der ist unmittelbar nach den ARTISTEN entstanden.

Er enthält einiges Material aus früheren Filmen.

Es ist ja so: wenn man seine Experimente macht, so sind das oft Zeiten, in denen man kein Geld hat, um zu drehen. Man kann also nur Teilstücke drehen, andere Teile nimmt man dann einfach aus anderen Filmen. Solche Filme sind imgrunde Drehbücher. Dieser jetzige Film, den ich gemacht habe (DER STARKE FERDINAND), und ABSCHIED VON GESTERN sind wirkliche Filme; alle anderen sind imgrunde mit Filmmaterial hergestellte Drehbücher. So wie ein Architekt ja auch ein Modell bauen kann oder ein ganzes Haus, in dem man wohnen kann. Da gab es nie einen Entschluß, einen Film zu machen, sondern es ging um Entwürfe, nach denen man, mit anderen ökonomischen Mitteln, hätte Filme machen können. FEUERLÖSCHER E. A. WINTERSTEIN ist auch ein Drehbuch, mit filmischen Mitteln hergestellt, in dem das Subjekt von Einstellung zu Einstellung wechselt.

Feuerlöscher E. A. Winterstein ist ein Prinzip und kein Mensch. Und der reicht von Spencer Tracy bis zu einem konkreten Beamten, bis zu einem Linken, bis zu einer Frau, das kann aber auch ein Bär sein.

Und worin besteht dieses Prinzip?

Das Prinzip besteht darin, daß einer permanent zu spät kommt, bemüht, an die richtige Stelle der Gesellschaft zu gelangen, aber zu spät an diese Stelle kommt. Sozusagen die Geschichte eines Feuerlöschers, der nach Beendigung eines Brandes an der Brandstelle eintrifft . . .
Und das wurde mit allen möglichen Metaphern oder Gegenständen hergestellt, und zwar interessierte mich da das Extreme der Metaphern und der Ausdrucksmöglichkeiten. Wenn z. B. der Journalismus dargestellt wird durch ein kleines Schwein, das immer einen Fotoapparat zückt und dann mit Blitzlicht funkt, und dieses Schwein ist zum Schluß ohne Kopf, blitzt aber weiter – ist das eben das Prinzip FEUERLÖSCHER.

Ist der Begriff »Nützlichkeit« für Sie in der Filmarbeit von Bedeutung?

»Gebrauchswert« ist für mich eine Kategorie. »Nützlichkeit« ist ein zu neutraler Begriff. Gebrauchswert für Zuschauer ist dagegen eine ganz massive Kategorie, und dieser Gebrauchswert setzt voraus, daß ich auf die Eigenschaften des Zuschauers und auf seine Interessen eingehe. Und da muß ich allerdings nochmal Partei ergreifen. Ich kann mich an das Erziehungsbewußtsein des Zuschauers wenden und an sein Verständnis für Filmkunst; aber genau das tue ich nicht. Ich wende mich an die Eigenschaften, die klassenmäßig im Menschen unterdrückt werden. Also ans Zwerchfell, ungehemmt. An das Erinnerungsvermögen, Assoziationsvermögen, ungehemmt. Die organisierteren Eigenschaften, die Eigenschaft der Logik, das Werturteil und so weiter, die desavouiere ich, wo ich kann.

Welchen Gebrauch soll der Zuschauer von den Filmen machen, wenn Sie sagen, »Gebrauchswert«?

Er soll seine Sinne benutzen und sein Protestgefühl, überhaupt seine Gefühle. Seine Sinne, die an Unstimmigem interessiert sind; während er seine Harmonisierungsbedürfnisse – Logik ist zum Beispiel nichts weiter als eine Kunst der gewaltsamen

Harmonisierung der Welt – oder seinen Sinnzwang am besten aufgeben soll. Er soll Eigenschaften von sich benutzen, die er sonst nicht gerne benutzt, die ihm eigentlich entwöhnt werden, durch Elternhaus, Schule, Massenmedien – die erziehen in einer bestimmten Richtung, nämlich zur Überproduktion von Werturteilen und zur Unterproduktion von unmittelbarer Wahrnehmung. Und diese unmittelbare Wahrnehmung hat eine Fähigkeit zur Selbstregulierung, während dies die Logik nicht hat. Mit Logik kann ich genausogut KZ-Aufseher werden, wie Chefstratege im Pentagon. Aber mein Zwerchfell kann mich nicht dahin führen. Meine Augen und meine Ohren führen mich nicht dahin. Dort, wo die Unterdrückung am schärfsten ist, ist es typischerweise besonders kahl und unerfreulich für die Sinne. Die Komik zum Beispiel: das sind Hirnzonen, die somatisch festgemacht sind und von unten nach oben funktionieren, bei denen die Wahrnehmung schneller ist als das Verständnis. Und im Verständnis, also im »bewußten« Bewußtsein, steckt zugleich ein Herrschaftsmechanismus und eine Fähigkeit. Das sind Eigenschaften, die ihre zwei Seiten nicht mehr dialektisch auflösen können. In den Augen steckt sicher die Täuschung, die Sehnsucht, aber auch die Analyse. Das sind Eigenschaften, die sich noch gegeneinander bewegen: die sind nicht erstarrt.

Würden Sie zu dem Begriff »Unterhaltung« in bezug auf Ihre Filmarbeit mehr zustimmend oder ablehnend reagieren?

Das ist ein Mischbegriff, auf den ich überhaupt nicht eingehen würde. Die eine Seite des Begriffs ist das, was Brecht das »Kulinarische« nennt. Ich kann den Zuschauer nicht gegen seinen Willen zur Wahrnehmung bewegen. Eher wird er weggucken. Ich habe also ein Interesse, libidinöse Energie des Zuschauers mit dem im Film Wahrgenommenen zu versöhnen. Die Triebökonomie in einem Film, das ist das Wichtigste, was ich überhaupt unterstützen kann, wenn ich will, daß der Zuschauer selbsttätig reagiert. Ich würde also sagen: nicht Dramaturgie der Schule nach Sollvorschriften, sondern Dramaturgie der Schulpause; da ist ein spontanes Moment drin und ein Moment des Vergnügens. Und das würde ich immer verteidigen. Das halte ich sogar für erkenntnisträchtig, für einen Teil der Erkenntnis.

Sie haben sich neben ihrer Filmarbeit und der schriftstellerischen Arbeit immer wieder auch filmpolitisch betätigt. Gibt es für Sie zwischen diesen Bereichen irgendeine Priorität; ist die Arbeit im filmpolitischen Bereich eine Tätigkeit, die sie nur wider Willen ausüben, um sich bessere Bedingungen für das zu schaffen, was Sie eigentlich machen möchten, oder sehen Sie hier ein ebenso interessantes Feld der Betätigung wie das Schreiben oder Filmemachen?

Nein; das mache ich widerwillig. Ich denke da an die Handwerker: es gab im 19. Jahrhundert hinreißende Handwerker, ich glaube an deren Arbeitskraft; sie sind alle zugrundegegangen. Und wenn man sich nicht wehrt, massiv wehrt, bekommen wir im Film eine Industrialisierung, eine Aufspaltung der Arbeitskraft. Und gegen das wehrt sich das Medium ganz gewiß. Das macht das Medium tot. Wenn ich weiß, daß Hollywood nicht mal das Modell wäre für eine Filmindustrie, wie sie kommt, dann müssen wir kämpfen; das mache ich aber nicht gerne. Und ich finde das auch nicht produktiv. Es geht viel Zeit verloren, und ich bin ständig auf der Suche nach Mitarbeitern und nach Nachfolgern. Das würde ich von einem Tag auf den anderen fallen lassen, wenn ich nicht wüßte, daß sofort die andere Seite diese Stellen besetzt. Während ich zwischen dem Erzählen, im literarischen Sinne, Filmemachen oder dem Schreiben theoretischer Texte mit Negt zusammen keine Hierarchie bilde. Ich mache zwar Filme am liebsten. Aber eine Hierarchie existiert da nicht. Es gibt Dinge, die ich mit Film überhaupt nicht, literarisch dagegen gut ausdrücken kann.

Sind Sie mit dem Erreichten auf filmpolitischem Gebiet zufrieden?

Wer soll das je sein . . . Aber ich finde, das, was wir angelegt haben, das Rahmenabkommen Film-Fernsehen ist das Hauptstück, hat die künstliche Spaltung beseitigt, daß ein Film entweder zum Fernsehen oder zum Kino gehört. Die Produkte, die entstehen, haben natürlich einen kunstgewerblichen Überhang und spiegeln zunächst mal den Ehrgeiz der Autoren. Aber daß die Produktivkraft hier gewachsen ist, daß zum Beispiel nicht deutsches Geld ins Ausland geht, sondern stattdessen die Arbeitskraft von Rohmer in die Bundesrepublik kommt; daß Hartwig, der bisher nur Krankenschwestern-Reports gemacht

Abschied von gestern

hat, Sam Peckinpah hierherholt, daß Waldleitner und Geissendörfer zusammenkommen – diese Kombination ist in der Bundesrepublik neu und der Film ist wesentlich stärker als alles, was Waldleitner bisher produziert hat. Auf beiden Seiten, der des Jungen Deutschen Films ebenso wie der des Altfilms, ist einfach eine ganz andere Produktivität entstanden, aufgrund der filmpolitischen Veränderungen. Daß der Geist weht, wo er will, das ist nicht wahr; wenn ich aber eine künstliche Schranke niederreiße, die die Produktivkraft hemmt wie die zwischen Fernsehen und Film, dann gibt es automatisch einen Zuwachs an Produktivität und Öffentlichkeit, einen Phantasiezuwachs, der sich auswirkt bis hin zu dem, was Autoren für möglich halten.

Das Interview mit Alexander Kluge fand am 14. 4. 76 in München statt.

Jean-Marie Straub/Danièle Huillet

Kommentierte Filmografie

Von Karsten Witte

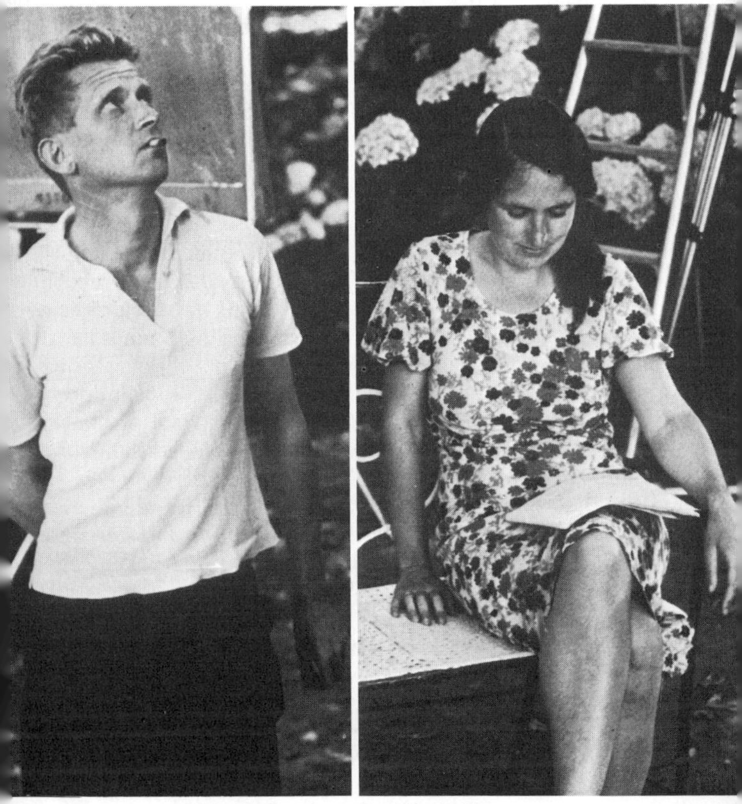

Jean-Marie Straub/Danièle Huillet

Machorka-Muff. 1962

Dem ersten Kurzfilm der Straubs liegt die Satire »Hauptstädtisches Journal« von Heinrich Böll zugrunde, die 1956 zum Aufbau der Bundeswehr im Rahmen der Nato erschien. Der Oberst von Machorka-Muff wird vom Verteidigungsminister nach Bonn beordert, reaktiviert und zum General befördert, heiratet seine Geliebte Inniga von Zaster-Pehnunz und kann sein Lieblingsobjekt realisieren: »die Akademie für militärische Erinnerungen, in der jeder ehemalige Soldat vom Major aufwärts Gelegenheit haben soll, im Gespräch mit Kameraden, in Zusammenarbeit mit der kriegsgeschichtlichen Abteilung des Ministeriums seine Memoiren niederzulegen.« (Böll, Doktor Murkes gesammeltes Schweigen und andere Satiren. Köln 1958, S. 129f.)

Von der Auswahlkommission der IX. westdeutschen Kurzfilmtage Oberhausen 1963 für das deutsche Programm abgelehnt, wurde MACHORKA-MUFF erst durch Sondervorführungen bekannt und danach vom Atlas-Verleih widerwillig ins Vorprogramm übernommen.

Machorka-Muff versammelt die alten Kameraden um sich, spielt Planspiele der Restauration im Geiste durch und rehabilitiert in seiner Rede: »über die Erinnerung als geschichtlicher Auftrag« den alten Marschall Hürlanger-Hiß. Straubs behandeln die Satire wie ein Dokument. Ihre Bilder wirken als Beleg der Wirklichkeit, die in Bölls Satire noch als Tendenz entworfen wird. Die Annäherung erfolgt retrospektiv; als MACHORKA-MUFF gedreht wurde, lag die Remilitarisierung schon sieben Jahre zurück.

Wo Böll sprechende Namen einsetzt: die Restauration als kirchlich abgesegnete Verbindung von Muff und Zaster, treten im Film sprechende Bilder auf. MACHORKA-MUFF dokumentiert die öffentliche Meinung zur Wiederbewaffnung mit christlich eingefärbten Zeitungskommentaren aus der »Deutschen Tagespost«, der »Welt« und der »Frankfurter Allgemeinen Zeitung«. Bölls Form des Tagebuchs wird umgesetzt als Machorka-Muffs innerer Monolog, während in den knappen Szenen die Gesprächspartner versuchen, gegen diesen beharrlichen Monolog zu dialogisieren. Wie in späteren Straub-Filmen üblich, treten nur Laiendarsteller auf, die gemäß einem Diktum von Brecht, keine Charaktere ausspielen, sondern deren Haltung zitieren. Die Verwendung des Originaltons – auch daran wird unabdingbar festgehalten – unterstreicht die Authentizität, die dem Material bei den Straubs verliehen wird. Sie entdramatisiert die Emotionen, verhindert geschauspielerte Auftritte, um die Sprache durchaus als unartikuliert, fremd und manchmal schwer verständlich bewußt zu machen. »Es redet einer außerhalb der Leute«, wie im Publikum einer Straub-Retrospektive jemand bemerkte.

Machorka-Muff

Bölls Sprachkritik wird verschärft zu einer Kritik der Bildräume, in denen die kritisierte Haltung: Machorka-Muffs Eroberungsarbeit sich niederläßt. Die öffentlichen Plätze wie Cafés und Hotelhallen sind so ausgestattet, daß sie wie private Wohnzimmer wirken, von denen Machorka-Muff Besitz ergreift.
Die Kameraführung ist äußerst ruhig, fast statisch. Erst der schnelle Schnitt kurzer Einstellungen treibt die starre Bilderfolge voran. Die Kamera erfaßt Personen häufig in amerikanischer Einstellung und verweilt so lang im Raumausschnitt, bis die Personen nach dem Abtritt aus dem Raum verschwunden sind. Die Zeitungsausschnitte kadriert sie in verkanteter Form; das Telefon, das Machorka-Muff in der ersten Einstellung benutzt, seine Uniform, sein Denkmal erfaßt sie dagegen in Nah-

aufnahme. Die Dramatisierung solcher Momente wird durch die elektronische Musik und den im Off fortlaufenden Monolog Machorka-Muffs konterkariert. Schwenks erstrecken sich nur auf Landschaften, über den Rhein auf den Petersberg: den Ort, an dem 1949 das Abkommen über die Beteiligung der BRD an westlichen Organisationen besiegelt wurde.
Bestimmte Sequenzen werden durch Schwarzfilm voneinander abgetrennt, um den erzählerischen Fluß zu unterbrechen. Als die Kapelle zur Einweihung der Akademie für militärische Erinnerung »Ich hatt' einen Kameraden« intoniert, läuft Weißfilm ab, so daß der Ton Raum hat, ins Bild zu treten. Die Mittel der Straubschen Ästhetik sind im Erstling vorgeprägt. Aus ihrer Reduktion hat die Kritik, die mit kulinarischen Filmen überfüttert ist, die Abwesenheit jedweder Ästhetik geschlossen. Straubs Filme hingegen zerlegen, ja zersetzen den Begriff des typisch Filmischen (Tempo, action, rasanter Schnitt und akzelerierte Montage und so fort). Gemeinsamer Nenner ihrer ästhetischen Mittel ist die Dekonstruktion. Aus ihr tritt zutage, daß die Kamera in Straub-Filmen nicht mehr als Erzähler von Geschichten fungiert, sondern als Registrator von Geschichte. »Die Erinnerung als geschichtlicher Auftrag«, diese Rede der Restauration, wird beim Wort genommen, gegen sie gekehrt durch Gegenbilder. Jede Einstellung ein Gegenschuß, der auf den Kanon, das System, die Industrie zielt. Straub-Filme beginnen als Versuch, gegen das Erzählkino Geschichtsfilme durchzusetzen.

Nicht Versöhnt oder Es hilft nur Gewalt, wo Gewalt herrscht. 1964/65

Nach dem Roman »Billard um halbzehn« (1959) von Heinrich Böll. Deutsche Geschichte der ersten Jahrhunderthälfte im Spiegel dreier Generationen der rheinischen Architektenfamilie Fähmel, – aus Rückblenden in den Ablauf eines Tages, Heinrich Fähmels 80. Geburtstag gepreßt. Sein Sohn Robert geriet 1934 als Schüler in eine antifaschistische Verschwörung und mußte mit seinem Freund Schrella nach Holland fliehen. Für Robert wurde Amnestie erwirkt, Schrella kehrt erst nach zwanzig Jahren zurück. Nettlinger, der sie damals denunzierte, stieg unterdessen zu ministerialen Rängen auf. Roberts Mutter,

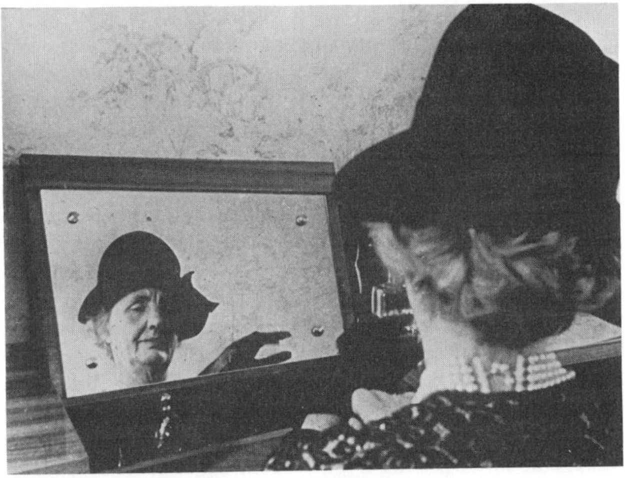

Nicht versöhnt

Johanna Fähmel, seit dem ersten Weltkrieg verstört, zielt am Tage der Geburtstagsfeier ihres Mannes mit einer Pistole während einer Demonstration auf Nettlinger, der mit »dem großen Ausdruck des Erstaunens« noch einmal davonkommt.

Straub: »Ich würde sagen, MACHORKA-MUFF war die Geschichte

einer Vergewaltigung und NICHT VERSÖHNT ist die Geschichte einer Frustration. Vergewaltigung eines Landes, das die Chance hatte, vom Militär befreit zu sein.« (Filmstudio, Nr. 48, 1966, S. 5) Vergewaltigung und Frustration bezeichnen die deutsche Schlüsselerfahrung von faschistischer Kapitulation als Zusammenbruch und von Restauration als Wiederaufbau. Die deutsche Geschichte von 1914 bis 1954 wird in NICHT VERSÖHNT als unaufhörliche Kette politischer Frustrationen erlebt, die sich individualpsychologisch nur als Gegengewalt der Nichtversöhnung niederschlagen. Allein die alte Johanna Fähmel durchbricht, unter Berufung auf ihre geistige Verstörung, den Bannkreis der Verweigerung durch einen Akt, der politisch als Signal nicht sinnlos, aber folgenlos bleibt.
Bezeichnend, daß die Straubs diese Erfahrung ihres Films nur gegen Widerstände durchsetzten. Bölls Verleger verlangte die Vernichtung der Kopie, um dann auf ein Vorführungsverbot einzulenken. Zeugen der Uraufführung bei den Filmfestspielen belegen die unglaublich feindselige Reaktion des Publikums auf NICHT VERSÖHNT. Die Erfahrung einer politischen Frustration schlug noch in der ästhetischen Erfahrung durch. Die Kritik reagierte auf Straubs Verweigerung filmisch opulenter Mittel mit dem Vorwurf des ästhetischen Sadismus, wie Richard Roud in seinem Buch berichtet. (Straub. London 1971, p. 52) Dies Argument wiegt schwer, dokumentiert aber nicht nur die kollektive Angst vor der Bestandsaufnahme restaurativer Geschichtssicht, sondern zugleich die Angst der Kritik, den Kanon normativer Filmästhetik zu verlassen. Straubs stereotypische Verwendung der Kamera gilt demnach als unbeholfen, die Reduktion der Bilder als armselig. Die Kritik – hier die von Walther Schmieding (Filmstudio, Nr. 47, 1965, S. 52) – tat so, als gehörte ihr der Reichtum an filmischen Formen, der in ihren Köpfen nur geborgt drinsteckt, um Armut mit Ausschluß zu ahnden.
Die Strukturierung der geschichtlichen Ebenen in NICHT VERSÖHNT ist wie jede komplexe Struktur nicht auf Anhieb einsichtig, weil sie nicht subjektiv als Rückblenden einer individuellen Erfahrung, sondern als Etappen einer Kollektiverfahrung montiert sind. Wiederum ist historisches Material eingeschnitten: Wochenschau-Dokumente der Mobilisierung von 1914 und die zerbombte Festung von Monte Cassino 1944 (als Rückprojektion und Ersatzbild für die zerstörte Abtei, die

Heinrich Fähmel einst erbaute). NICHT VERSÖHNT bezieht seine Gegengewalt nicht zuletzt aus der Verweigerung von Robert Fähmel und Schrella, sich mit dem Geist der Restauration abzufinden. Robert sagt im Roman: »Ich bin nicht versöhnt, nicht versöhnt mit mir und nicht mit dem Geist der Versöhnung.« (Böll, Billard um halbzehn. dtv 1974, S. 195) Bölls Begriff der Versöhnung zielte in erster Linie auf die Wiederherstellung der durch die Sünde verwirkten Gemeinschaft mit Gott durch Christus. Straubs Film säkularisiert den Begriff und verleiht ihm eine politische Dimension, derzufolge der Riß durch die verwirkte Gemeinschaft uns heute nur als schmerzhafte Abgrenzungsarbeit erfahrbar wird.

Chronik der Anna Magdalena Bach. 1967

Dem Projekt hat 1966 der Auswahlausschuß des Kuratoriums Junger deutscher Film die Förderung, dem Film die FBW 1968 ein Prädikat verweigert. Ihr Gutachten verwarf den Film im Namen seiner mutmaßlichen Intention und bezeugt den Widerstand der Filmindustrie, die versucht, durch folgenschwere, nicht öffentlich vollzogene Kritik, Straub-Filmen Öffentlichkeit zu entziehen.
Straub: »Ausgangspunkt für unsere CHRONIK war die Idee, einen Film zu versuchen, in dem man Musik nicht als Begleitung, auch nicht als Kommentar, sondern als ästhetische Materie benutzt.« (Filmkritik, Nr. 11, 1966, S. 607) Genauer Gegenpol dieser Intention von Musikfilm ist die Terra-Produktion *Friedemann Bach* (Regie: Traugott Müller, 1941), die heute noch in Matineen im Kino und Fernsehen läuft. Müllers Film zielte auf die dramatisch erkaufte Versöhnung von Hauswirtschaft und Kunstökonomie, auf die Schaustellung des Geniekults, auf die Dekadenz des Außenseiters Friedemann, aus der heraus sich der Abfall vom Hause Bach, das heißt: der Verrat an der Tradition entfaltet. Kunst dient hier als Konfliktfeld von »Gebet« (Haltung des alten Johann Sebastian) und »Rausch« (Friedemanns verwelschte Haltung) und enthüllt ihre Funktionalisierung von 1941, Mittel der Massenbeherrschung zu sein.
Gegen diese propagandistische Kunstverklärung setzen Straubs die Kunst als Arbeit, die Musik als Bachs Kunstmittel und Kunstübung, sich gegen die Tradition der Magistratsherr-

schaft von Leipzig zu behaupten. Die Öffentlichkeit seines Berufs wird gespiegelt im Bewußtsein seiner Frau Anna Magdalena, dem Zeugnis ihrer Liebe zu Bach. Ihre Chronik ist fingiert, nie existierte ein solcher Bericht. Gleichwohl dokumentiert der Film aus alten Stichen, Schauplätzen von Bachs Wirken, Notenbildern und häuslichen Interieurs das allmähliche Aufreiben seiner Widerstandskraft gegen das Diktat seiner Auftraggeber.
Die Musik tritt mit der ersten Einstellung als ästhetische Materie ins Bild. Nah erfaßt die Kamera Bach am Cembalo und sieht ihm auf die Finger bis zum Ende der Kadenz, um dann durch eine Rückfahrt in die Halbtotale den Blick aufs Orchester freizugeben. Normalerweise wird bei derlei Szenen in Musikfilmen in rasanter Schnittfolge von Detail zu Detail gesprungen und so unsere Wahrnehmung der musikalischen Arbeit zerstückelt. Straubs Einstellungen, in denen die Kamera oft erst gegen Ende der Einstellung den Blick aus der gleichen Perspek-

Chronik der Anna Magdalena Bach

Chronik der Anna Magdalena Bach

tive verengt oder erweitert, erreichen dagegen mit ihrer Ruhe der Wahrnehmung die Konzentration auf die Kunstübung der Musik. Dabei entgleitet diese Wahrnehmung nie ins Kontemplative, sondern hält jederzeit das sinnliche Moment fest. Ob es Bachs Hand ist, oder das zweite, wie von Geisterhand bediente synchron laufende Manual, die nah eingerückten Perücken, das nicht gelöschte Verspielen der Anna Magdalena am Spinett – immer tritt lebendige Arbeit der Musikausübenden an der Komposition hervor, die auch die gelegentliche Imperfektion ihres Spiels nicht unterschlägt.
In den lang angehaltenen Einstellungen, die das Publikum erst ungeduldig aushält, um dann ihrer delirierenden Kraft zu erliegen, steckt die Einladung, in diesen Bildräumen sich einzusehen, sich umzutun. So streckt das Publikum im Augenblick, wo es die Augen nach den Ohren öffnet, seine Hände zur Leinwand vor, um sich Entdeckungen im Bildfeld mitzuteilen. Etwa die doppelte Kadrierung der Innenräume durch die Betonung inszenierter Fensterrahmen, aus denen Naturlicht in die Musikzimmer einbricht; die Texturen der Notenschrift, die von der

Kamera schnell abgefahren wird; die Perücken, die als Kopfverdeckung bei längerer Betrachtung zu Vexierbildern sich wandeln und die allegorische Form anatomischer Hirnaufrisse annehmen. Ein angemessenes Bild für jene Augenblicke, in denen Bachs Musik die Todesfurcht mit Todessehnsucht überdeckt. Schließlich die zwei so aufreizend deplacierten Einstellungen vom Meer, die endlich einen Blick aus dem barocken Kunstgefängnis freigeben.
Die vorletzte Einstellung zeigt Bach, blind, in Erwartung seines Todes, einmal nicht in die Fronarbeit der Musik gespannt. Er steht am Fenster und das Freie blickt den Blinden an. Anna Magdalenas Stimme kommentiert: »Plötzlich schien es sich mit seinen Augen zu bessern.« Ihre trügerische Hoffnung wird im Off artikuliert. Bachs Blick drang nie nach draußen.

Der Bräutigam, die Komödiantin und der Zuhälter. 1968

Kurzfilm, in fünf Tagen in München gedreht und vom Bundesinnenministerium prämiert. Dreiecksgeschichte vom Bräutigam (ein schwarzer Darsteller), einer Schauspielerin (Komödiantin als Gallizismus, den Straub fremd stehen ließ) und ihrem Zuhälter. Zugleich eine Dreiecksgeschichte von Prostitution, Kunst und Gefühlen. Zur vierminütigen Kamerafahrt entlang dem Autostrich auf der Landsberger Straße setzt plötzlich gegen Ende eine Bachkantate ein: »Du Tag, wann wirst du sein.« Nach dem Akt der Auflehnung (die Komödiantin erschießt den Zuhälter) sind die letzten Takte der Kantate dem Schluß des Films unterlegt. Oft ist das Publikum bestürzt, zunächst, daß kein Ton die Fahrt begleitet, und dann durch die Kirchenmusik. Der zweite Teil zeigt in einer zehnminütigen Totale drei Akte des von Straub kondensierten Dramas »Krankheit der Jugend« (Ferdinand Bruckner) in einer Aufführung von Fassbinders action-theater. Von Straubs rigoroser Inszenierungsarbeit zeigte sich Fassbinder fasziniert. (Fassbinder. Reihe Film, Bd. 2, S. 70f.) Kern des Stücks ist der Prozeß, den die Figur des Freder als »Verbürgerlichung mit Bewußtsein« diagnostiziert. Neben den Dialog der Szene, deren Bühnenbild mit einem Mao-Ausspruch dekoriert ist, treten im Originalton ein Tango und Umbau- wie auch Fahrgeräusche von Straßenbahnen.

Neuer Schauplatz: der Bräutigam wird verfolgt. Die Kamera vollzieht so viele Schwenks wie selten bei den Straubs. Trauszene mit der Komödiantin, Heimfahrt ins Eigenheim, Reihenhaus in der Vorstadtgegend. Die Kamera ist auf freiem Feld postiert, das Auto des Brautpaares noch ein weißer Punkt am Horizont und zieht schnell nach links in den Vordergrund. Die Kamera zieht mit, bis sie das heranbrausende Auto nah erfaßt. Die bewegte Kamera in Richtung auf ein bewegtes Objekt schafft eine Induktion rasanter Bewegung, die mit einem Schlag die Spannung eines Kriminalfilms hervorruft, deren Abfuhr in der befreienden Tat der Komödiantin erfolgt. Die Elemente des Films sind heterogenster Natur, sie sammeln Bruchstücke von Filmgenres ein, um in der Figur der Komödiantin, die sich für ihren Glücksanspruch prostituieren muß, den Widerspruch von profaner Arbeit und exaltierter Liebe zu strukturieren. Die Komödiantin tritt nach der Tat, die sie vom Zuhälter löst, ans geöffnete Fenster zum Garten und spricht gegen das Rauschen des Regens, gegen die Bewegung des Baums im Wind Liebesgedichte des Mystikers Juan de la Cruz.

Der Bräutigam, die Komödiantin und der Zuhälter

(Othon.) Les yeux ne veulent pas en tout temps se fermer ou Peut-être qu'un jour Rome se permettra de choisir à son tour. 1969

(Die Augen wollen sich nicht zu jeder Zeit schließen oder Vielleicht eines Tages wird Rom sich erlauben seinerseits zu wählen.)
Erster Farbfilm der Straubs, nach ihrem Umzug nach Rom dort auf dem Palatin und in den Gärten der Villa Doria Pamphili gedreht, beruht auf der Tragödie »Othon« von Pierre Corneille (1664). Widmung im Schlußtitel: »Für die große Anzahl von Franzosen, die nie Gelegenheit hatte, das Werk Corneilles im Original kennenzulernen.«

Othon

OTHON, um den Titel zitabel zu halten, ist zweifellos der uns fernste Film, dessen Bezüge auf aktuelle Geschichtlichkeit durch diverse Schichten, in die der Stoff eingeschlagen ist, schwer erschließbar sind. Corneille entnahm den Bericht von den Machtkämpfen am Ende der Regierungszeit des römischen Kaisers Galba der Schilderung des Tacitus. Corneilles Text ist gesättigt mit der Staatsraison des französischen Absolutismus. Straub seinerseits bezeichnete OTHON als »Brief an die Macht«,

zitiert in die römischen Querelen hinein den Führungskampf nach dem Abtreten de Gaulles.
Corneille entwarf in seiner Tragödie, die zu dem ungeliebten, praktisch wirkungslosen Spätwerk zählt, ein Reißbrettdiagramm von Machtzuwachs und Machtverlust, zentriert um die Figur des Opportunisten Othon, der zwar den Thron gewinnt, aber die Liebe zweier Frauen (Plautine und Camille) verliert. In der Auseinandersetzung mit der selbstbewußten Camille – Olimpia Carlisi verleiht ihr eine Kraft, die sich erst recht in ihrer Rolle in *Le milieu du monde* (Alain Tanner, 1974) entfaltet – dämmert Othon von möglichen Veränderungen in der Legitimation der Staatsmacht. »Die Augen wollen sich nicht allezeit schließen« räumt er ein (III,5, Vers 1127) und Camille entwirft im Bewußtsein über die Abwesenheit des Volkes bei der

Othon

Thronfolge den zaghaften Gedanken an eine republikanische Verfassung: »Vielleicht eines Tages/wird Rom sich erlauben seinerseits zu wählen.« (III,5, Vers 1047f.)
Der Film setzt ein mit einem Schwenk nach links über ockerfarbene Häuser und rote Mauern des heutigen Rom, in dem von unten hinauf zum Palatin-Hügel der Straßenlärm unaufhörlich brodelnd den Tragödientext wie ein Ostinato begleitet. Bäume rücken ins Bild, ein Zoom zieht behutsam auf eine Höhle, die

Partisanen und Antifaschisten einst als Waffenversteck diente. Schließlich die Terrassen des Hügels; über den Kies knirschender Auftritt der Protagonisten. Zu sagen: das Spiel beginnt, hieße, genau den Kontext abzuschneiden, an den die Tragödie der Stadt mit den vorlaufenden Bildern zeitverschränkt geknüpft war.

Die Darsteller wirken auf den ersten Blick wie Statuen und Stimmenträger. Ihre Diktion ist nuanciert nach Herkunft, Stand und Akzent, aber im Ausdruck gleichmäßig monoton. Ihr Text klingt wie auswendig gelernt und inwendig hergesagt, er memoriert und baut keine Klimax auf schöne oder dramatische Stellen. Er will nicht mehr, als uns die Information überliefern. Ohnehin wäre eine klassische Diktion Corneillescher Alexandriner, wie sie noch von der Comédie Française als Gut gepflegt wird, nur eine weitere Wand zwischen uns und dem Text. Vorerst verstehen wir nicht viel vom Verlauf des Geschehens. So wandert der Blick durchs Bild, auf das tiefe Rot der Mauern, die Bewegung des Windes in den Haaren und Gewändern. Allmählich werden die Charaktere, stimmlich abgehoben, schärfer umrissen und ihre Akzente erkennbar. Die Darsteller stammen aus Italien, Frankreich, Deutschland, England und Argentinien. Üblich wäre bei heutigen Koproduktionen, sie einen beliebigen Text sprechen zu lassen und ihnen in der Nachsynchronisation ihre Stimme wegzunehmen. Das lehnen die Straubs kategorisch ab. Die Tonspur ihrer Filme wird nicht im Studio dem Bild nachträglich unterlegt, sondern parallel zur Bildaufnahme aufgenommen. Die gängige Synchronpraxis, die hier dekonstruiert wird, ist auch Ausdruck jener Filmtheorie, die den Primat des Visuellen behauptet und in der Folge Dialoge als Text statt als Stimmen behandelt. Dieser Respekt vor der individuellen Arbeit des Darstellers, der seine Realität in den Film einbringt, ist keine idée fixe, die nur den Straubs zueigen wäre. Er bezeugt die Lektion der großen Realisten des Films, die noch auf der Tonspur Regie führten: *La nuit du carrefour* (1932) oder *Toni* (1934) von Jean Renoir integrierten einen dänischen oder spanischen Akzent. Noch im Spätwerk von John Ford, dem *Cheyenne Autumn* (1964) tritt neben die Indianersprache ein spanischer, irischer, polnischer und deutscher Akzent, dort freilich aus der Handlungsdramaturgie bedingt.

Aus der skizzierten Haltung der Regie, sich einer kulinarischen Darbietung des Dramas um Macht und Liebe in OTHON zu

entziehen, wird die Erwartungshaltung des Publikums frustriert. Oft geben die Untertitel nur Rudimente der Handlung wieder und irritieren auch optisch, wenn sie den Figuren wie ein Schwert quer über den Hals gelegt sind. Als weiterer Störfaktor wirkt die Übersetzung, die aus falschem Respekt, die sie dem Text ebenso wie der Sprache bekundet, dessen Historizität nachahmt. Untertitel sind billigerweise ein Hilfsmittel. Sie könnten die Dialoge distanziert zu einem Kommentar zusammenraffen, statt das Original Corneilles als Interlinearversion nachzubilden. Dies führt zu eklatanten Defiziten im Verständnis. In der Sprache des 17. Jahrhunderts bezeichnet »objet« die Geliebte – rasch ließe sich die Verdinglichung der Beziehung kritisieren, wenn man Plautine als »teuren Gegenstand« benennt. Es mangelt dem Publikum aber an Zeit, die Interlinearversion als höchste Stufe der Interpretation zu übersetzen und zum Beispiel auf einen Blick Othon, nach dem Aufstand als »Meister der Avenue« apostrophiert, nun als »Herrn der Straße« zu begreifen. Andererseits drängt sich über die befremdliche Starrheit der Untertitel die Mangelerfahrung auf, daß wir nicht alles und restlos verstehen, so daß der Hunger nach Sinn sich an den Bildern des Films vergrößert.
Die Kameraführung verwendet wie schon in MACHORKA-MUFF die strenge Kadrierung des Bildfelds, die noch das Off als Nebenschauplatz einbezieht. Wie auch in der CHRONIK hat die Materie des Raums, wenn die Figuren den Kader verlassen, hier: die sogenannte freie Natur ihren Auftritt. Camille geht ab und die Steine der sie schirmenden Mauer rücken nach. Othon und Plautine tarieren am Brunnen den Stand ihrer Gefühle aus und der Wasserstrahl, der auf den Stein schlägt, skandiert die Stockungen ihrer Rede.

Geschichtsunterricht. 1972

Nach dem Romanfragment »Die Geschäfte des Herrn Julius Caesar«, das Bertolt Brecht 1937–39 im dänischen Exil verfaßte. Die FBW lehnte die Erteilung eines Prädikates, sprich: steuerliche Vergünstigung, beim Filmvertrieb ab. Sehr genau ist in ihrem Gutachten die politische Brisanz des Films erkannt und mit ästhetischen Argumenten wieder zugeschüttet: »Beabsichtigt ist mit diesem Spielfilm offensichtlich ein Essay über die

Zusammenhänge von Politik und Geschäft. Dieser zeitkritische Gehalt des Films ist offensichtlich. Er genügt für eine Prädikatisierung nicht.«
Die Uraufführung von GESCHICHTSUNTERRICHT auf der Mannheimer Filmwoche 1972 wurde auf Einspruch der Brecht-Erben untersagt, ging dann doch vonstatten, ohne daß eine vertragliche Einigung über die Rechte an Brechts Roman vorlag. Unterdessen ist eine Einigung zwischen den Filmemachern, dem Produzenten, dem Suhrkamp Verlag und den Brecht-Erben erzielt worden. Brecht selbst trug sich 1942 in Hollywood mit dem Plan, für William Dieterle »Caesars letzte Tage« als Filmstoff zu skizzieren. Inmitten des Krieges schien Brecht der »Sinn für Historie und große Politik« geweckt. Das Projekt zerschlug sich.
Aus der gleichen Haltung Bölls Texten gegenüber boten die Straubs keine Brecht-Verfilmung, sondern eine filmische Lektüre parteiisch ausgewählter Teile des Romans. Gleichwohl ist GESCHICHTSUNTERRICHT jener Film in der langen Reihe mißglückter Brechtverfilmungen, die Brechts Vorstellungen, die er besonders nach der Rückkehr aus dem Exil zur Filmästhetik in praktischen Versuchen mehr entwarf als entwickelte, am nächsten kommt. Zugleich ist dies der augenfällig sinnlichste und in der Rezeption vergnüglichste Film der Straubs. Brechts lakonischer Witz produziert trockene Einsichten in die materialistische Geschichtsbetrachtung.
Aus dem Romanfragment sind nochmals Fragmente aus dem ersten und dritten Buch für den Film herausgelöst. Anstelle des eher eitlen Mannes, der beabsichtigt, ein Buch über Caesar zu verfassen und dabei auf das fingierte Tagebuch von dessen Sekretär Rarus stößt, tritt im GESCHICHTSUNTERRICHT ein unprätentiöser junger Mann im modernen Straßenanzug auf, der mit dem Auto seine Recherchen ins alte Rom unternimmt. Straub: »Ein Bankier, ein Bauer, ein Anwalt, ein Dichter – und eine Stadt stellen sich einem jungen Mann vor. Der Film handelt von Handel und Demokratie, das heißt schließlich vom Imperialismus.«
Die ausgedehnten und von einem Teil der Kritik so gescholtenen Fahrten durch den römischen Stadtteil Trastevere werden vom heutigen Publikum noch bei der dritten Fahrt mit der gleichen Intensität wie die Zeugenbefragung verfolgt. Der junge Mann nimmt Spuren öffentlicher Ereignisse auf, um de-

ren Überlieferung zu sichern. Er handelt wie ein Privatdetektiv auf eigene Faust, sein Fall ist der kriminelle Zusammenhang von großen Männern und großen Geschäften. Er geht der Frage nach, wie der Ruhm den Politiker bereichert und die Polis verarmen läßt. So wandelt sich seine Funktion vom Zuhörer der Zeugen zum Delegierten des Publikums, der seine Recherche in dessen Namen führt. In diesem Prozeß, der gegen Caesar eröffnet wird, sind wir richtende Geschworene und lernende Zuschauer zugleich. Aus dem Zeugen wird ein Lehrer. Der Bankier wendet sich an den jungen Mann mit der Aufforderung: »Wären Sie bereit zu wiederholen, was Sie davon wissen?« Der Befragte muß aus seinem Schulwissen antworten und Caesars Geschichte mit den Seeräubern erzählen.

Die Anekdoten und Betrachtungen werden berichtet ohne Rekurs auf Dokumente oder gar nachgestellte Szenen (Seeräuber sind ja üppiges Kinofutter). Die Zeugen verweisen auf ihre Zeitgenossenschaft zu Caesar nur durch schlichte Togen, ohne von Kulissen verstellt zu werden. Schauplätze der Befragung sind ein Villengarten, eine Terrasse, eine Berghütte, eine Insel. Außenaufnahmen an allen Orten, in denen keine Ausleuchtung, sondern Naturlicht herrscht. Nach einer Vernehmung kehrt die Kamera zurück zu einer leeren Bank, sie registriert das Verstummen wie das Ansetzen zur Rede. Ein Zeuge berichtet, wie Caesar die Piraten kreuzigen ließ und die Kamera liest abgefallene Blätter auf, die auf den zweiten Blick wie abgehackte Hände am Boden liegen. Je stärker die Materie die Fiktion des Films durchkreuzt, je behutsamer die Kamera sie registriert, desto fremder wird der Blick auf sie. Die Perücken in der CHRONIK blieben nicht Perücken, so wie die Blätter in GESCHICHTSUNTERRICHT in der gleichen Form eine zweite Materie: die der Allegorie in sich aufsaugen. So scheint es, wenn im Park der Bankiersvilla der Wind durch die Hortensienstauden fährt, als verwandelten sie sich zu Köpfen einer Massenstatisterie, die im mündlichen Bericht des Zeugen evoziert wird.

Mit jeder Fahrt entvölkert sich die Straße mehr, tritt weniger Gewimmel ins Bild, dem die Geschäftigkeit nach und nach entzogen wird. Zuerst wird das Stadtviertel als Handlungsfeld von Kleingewerbetreibenden und Handwerkern durchfahren, – hier wirkt Brechts Tagebuch des Rarus nach. Arbeit und Vergnügen werden auf diesen Straßen noch ungeteilt betrieben. Der junge Mann hat anfangs Mühe, sich hier seinen Weg

Geschichtsunterricht

zu bahnen. Gegen Ende der Recherche ist er seinem Ziel näher. Er kehrt zum Bankier zurück. Die Kamera hält nun das prüfende Gesicht des jungen Mannes fest, der Untersuchende wird Protagonist, der den Bankier im Off vernimmt. Seine Lektion:

Einleitung zu Arnold Schönbergs Begleitmusik zu einer Lichtspielscene

die materialistische Fundierung der römischen Geschichte ist gelernt. Er wird belohnt von der Einsicht, daß ihre Zivilisation mit dem Preis der einträglichen Kriegsvermeidung und ihre Vernunft mit dem Preis der Rationalität erkauft wurden.
Die Schlußeinstellung, mit der leicht variiert der nächste Film der Straubs eröffnet, ist nah auf das Frauengesicht eines Wasserspeiers gerichtet: den letzten, stummen Zeugen, der Kontinuität verströmt und unwandelbar behauptet. Dazu erklingt aus Bachs Matthäus-Passion der Chor des erzürnten Volkes, kommentierend: »Eröffne den feurigen Abgrund, o Hölle, / zertrümmre, verschlinge, verderbe, zerschelle / den falschen Verräter, das mördrische Blut.« Den Schluß macht gleichwohl nicht Bachs Musik, sondern das Strömen des Brunnenwassers und der ferne Autolärm von Rom.

Einleitung zu Arnold Schoenbergs Begleitmusik zu einer Lichtspielscene. 1972

Kurzfilm im Auftrag des Südwestfunks, als dritter Beitrag einer Hommage an Schönberg, der diese Musik 1929/30 schrieb. Straub selbst, in privater Haltung auf dem Gianicolo in Rom aufgenommen, spricht den Einleitungskommentar: »In der Partitur der Begleitmusik zu einer Lichtspielscene gibt es von Schönberg bloß die Überschrift: ›Drohende Gefahr, Angst, Katastrophe.‹« Diese verhängnisvolle Trias von Gefahr, Angst und Katastrophe wird nicht umstandslos als Ahnung vom aufziehenden Faschismus illustriert. Sie wird belegt mit einem Brief von Schönberg an Kandinsky von 1923, in dem Schönberg ablehnt, aus seiner Erfahrung des deutschen Antisemitismus heraus, ans Bauhaus nach Weimar berufen zu werden.
Günter Peter Straschek liest im Funkstudio den Brief vom Blatt und treibt seine Empörung über Schönbergs ambivalente Haltung den Kommunisten gegenüber dem Text ein. Sein Widerstand artikuliert sich in der äußerst verfremdeten Lektüre jenes Briefes, die als Versuch zu werten ist, jeglichen Anschein eines Einverständnisses mit Schönbergs Haltung zu torpedieren. Nach der ersten Hälfte der Lektüre setzt die »Begleitmusik« ein und wird bis zum Schluß begleitet: und zwar von einem Brecht-Text über den Zusammenhang von Faschismus und Kapitalismus, den Peter Nestler gleichfalls im Studio verliest,

von Dokumentarphotos erschossener Communards, in Särgen aufgebahrt, von Bombenabwürfen der USA in Vietnam und schließlich von italienischen und österreichischen Zeitungsausschnitten über Freisprüche im Wiener Auschwitz-Prozeß. Fraglich bleibt, ob das Protestpotential dieser Bilder durch das Fernsehen nicht längst vernutzt ist; nicht weil ihr Eingedenken passé wäre, sondern weil sie die Erfahrung der Niederlage der Commune von 1871 mit der amerikanischen Aggression in Vietnam und zudem mit der Rehabilitierung des Faschismus koppeln. Dieser Protest ist zu weit gestreut, ihm geht mit dem Focus Schärfe ab. Er verweist, aber er argumentiert nicht. Diese Bildblöcke zur »Begleitmusik« sind voneinander durch etliche Felder Schwarzfilm abgehoben. Wenn Straub erklärte: »Dies ist unser aggressivster Film. Zum ersten Mal wollten wir einen Agitationsfilm machen« (Enthusiasm, No. 1, 1975, p. 19), dann könnte darüber vergessen werden, daß die Radikalität seiner Filme nicht in politisch provokanten Bildern zu isolieren ist, sondern seit MACHORKA-MUFF der Materie wie ihrer filmischen Handhabung unauslöschlich eingetrieben ist.

Moses und Aron. 1974

Nach Arnold Schönbergs Opernfragment von 1928–32. Das Drehbuch der Straubs ist datiert: Berlin, Ende 59/Rom, Anfang 70. Straub sah die szenische Uraufführung der Oper in Westberlin 1959. Seitdem datiert der Plan, zu Schönbergs Oper einen Film zu drehen. Zwei Teile sind durchkomponiert, der dritte Akt blieb ohne Musik. 1. Akt: Moses Berufung. Moses begegnet Aron in der Wüste. Moses und Aron verkünden dem Volk die Botschaft Gottes. 2. Akt: Aron, die Ältesten und das Volk vor dem Berg der Offenbarung. Moses Rückkehr. 3. Akt: Moses verurteilt Aron.
Auf Einwirken der FSK (bei der Freigabe für die Kinoauswertung) und auf Beschluß der Fernsehdirektoren der ARD (für die Ausstrahlung in den dritten Programmen, 1975) mußte die handschriftliche Widmung der Straubs an ihren Freund und Kollegen, den Kameramann und im Gefängnis ohne Prozeß gestorbenen Anarchisten, Holger Meins, geschnitten werden.
Auf stofflicher Ebene geht es im biblischen Bericht um nichts anderes, als an Moses und Aron den Streit zweier politisch

divergenter Ansichten einer Verfassung zu demonstrieren. Wer soll das Volk führen? Führt der Weg ins Land, »worinnen Milch und Honig fleußt« oder in die Wüste Sinai? Welchem Prinzip folgt das Volk, den Gesetzestafeln oder dem Goldenen Kalb? Zur Entstehungszeit der Oper, 1932, griff Schönberg diesen Stoff musikalisch auf, um an ihm exemplarisch eine Handlungsanleitung zu demonstrieren. Die Zeit der falschen Verheißungen zog auf. Der Faschismus kündigte sich als pervertierte Utopie der Versöhnung an. 1974 erkannten Straubs die Aktualität des Stoffes, das hieß, sie ließen in der Realisierung des Films erkennen, was im Stoff angelegt war. Der Film stellte sich der akuten Lage, in der Unionspolitiker die Katastrophen um das Goldene Kalb beschworen. Sie konkurrieren dabei um die bessere Verfassungstreue, damit sie ihre Gesetzestafeln besser durchsetzen können.

Die Radikalität der ästhetischen Technik liegt im Begriff der Dekonstruktion eingeschliffener Wahrnehmungsformen, in deren Zerfall schon die Anleitung zur neuen Konstruktion beschlossen liegt. Dieses Verfahren entstammt einer armen, minimalen Ästhetik, die in jeder Form bedenkt, wieviel Phantasie – den Wahrnehmungsverhältnissen der Zuschauer entsprechend – sie einsetzen kann. Das Straubsche Verfahren der Dekonstruktion filmischer wie rezeptiver Codes versuche ich, anhand einiger Einstellungen zu beschreiben.

MOSES UND ARON beginnt mit einer Einstellung auf Moses. Die Kamera in erhöhter Perspektive hält ihn in Rückansicht fest, nimmt über seiner Schulter die Blickrichtung zum Volk auf, ohne sie zu verfolgen. Solange Moses zu singen hat, steht die Kamera und richtet sich von allem, was im Bild zu sehen ist, auf die Worte, die zu hören sind. So tritt nach gewisser Zeit der Ton ins Bild. Während im gängigen Code die Musik, unterlegt, auf die Dramaturgie des Bildes einstimmt, besteht die Dekonstruktion in dieser Einstellung darin, die Wahrnehmung vom Bild auf den Ton zu lenken und zwar ohne unser Auge in einem Kamerawirbel mitzureißen. Danach hebt die Kamera vom Amphitheater in Alba Fucense ab. Sehr gemessen vollführt sie einen Rundschwenk, der den Blick spiralenförmig aus der Arena in die Landschaft, die Abruzzeser Berge, in den Himmel schraubt. In der Dauer, die dem neuen Schauplatz zugemessen wird, malt die Kamera kein Stimmungsbild, sondern erfaßt die Landschaft, die sich in Gürtel aus Licht und Farben zerteilt,

Moses und Aron

analytisch. Ähnlich der Einstellung auf die Baumwipfel in OTHON herrscht die Natur für einen Augenblick, in dem als Gegenbild aber noch die Auseinandersetzung zwischen Moses und dem Volk haftet. Der Kader ist zwar menschenleer, vibriert aber noch von Spuren des vorigen Bilds.

Moses und Aron

Als Moses und Aron zusammen, aber nicht vereint, vor das Volk treten, zeigt dies die Kamera in leichter Aufsicht, die Figuren angeschnitten. Die Bildführung rückt langsam zu den Stationen des Schauplatzes vor. Die Sprünge zwischen den Stationen entstehen dabei nicht aus der Erwägung, das Erzählte zu raffen. Die Dekonstruktion verweigert sich dem Kunstgriff der Ellipse und setzt an ihre Leerstelle einen Ort der Reflexion. Und das heißt, daß in dieser Situation die Kamera nicht über Moses und Aron herfällt und die beiden in entfesselter Bewegung einkreist. Das wäre das filmische Mittel gängigster Art, das durch die Landschaft wirbelt, um möglichst viele Schauplätze raffgierig aufzulesen. Hier zeigt die Kamera, was zu zeigen ist, dann, wenn die Notwendigkeit es gebietet. Zwei Fahrten werden, um 180 Grad jetzt um Moses und Aron vollzogen, sehr langsam hin und zurück zum Ausgangspunkt. Beide Sänger bleiben stets im Bild. Sie werden weder im Schuß-Gegenschuß erledigt, noch drängt das Volk in Zwischenschnitten ein. Denn das Volk ist präsent in der kollektiven Ansicht, die abwägt, wer im Streit der Argumente überzeugt: Moses oder Aron? Also nimmt die Kamera die Wahrnehmung des Volkes auf, das vor den beiden steht und keinen aus den Augen verliert, selbst wenn der Winkel sich verändert.

Die drei Verwandlungen, Moses Beweis der göttlichen Zeichen, werden nicht durch Überblendungen oder gar Tricks vollzogen, sondern als vollzogen ins Bild gesetzt: der Stab ist die Schlange, das Wasser ist das Blut, das Blut ist der Fluß. Die filmische Codierung stellte dies als synthetisch her, was in MOSES UND ARON in der Materialität entfaltet wird. Der Vorgang des Zeigens wird zerlegt in sein Zeichen, in sein Bedeutetes, ohne filmisch, das heißt: pseudomagische Wirkung zu tun.

Die Schnitte zwischen den Einstellungen sind derart auf die Dramaturgie der Musik hin rhythmisiert, daß die Schönbergs Musik innewohnende Bewegung sichtbar aus ihr heraustritt. Das ist deutlich, wenn synchron zum musikalischen Crescendo ein visuelles Crescendo aufgebaut wird wie in der 42. und 43. Einstellung, in denen bei Assuan und Luxor die Steigerung des Wasserlaufs zum Nilstrom durch Schwenks verdeutlicht wird.

Wie eingangs die Dekonstruktion des gewohnten Sinns die Sinne vom Bild auf den Ton hinlenkte und zwar durch minutenlang gehaltene Einstellung, erfährt dies Mittel jetzt eine Radikalisierung im Material selbst. Der Chor singt: »Wo ist er?« und im Bild ist Schwarzfilm eingeschnitten. Die Dekonstruktion des filmischen Codes scheint vollkommen, würde aus ihr nicht eine neue Konstruktion erstehen. Konventionellerweise stünde nun das Volk/der Chor im Off. Da aber das Bild selbst gelöscht im Off ist, muß folglich der Ton im On erklingen. Ähnlich bei der

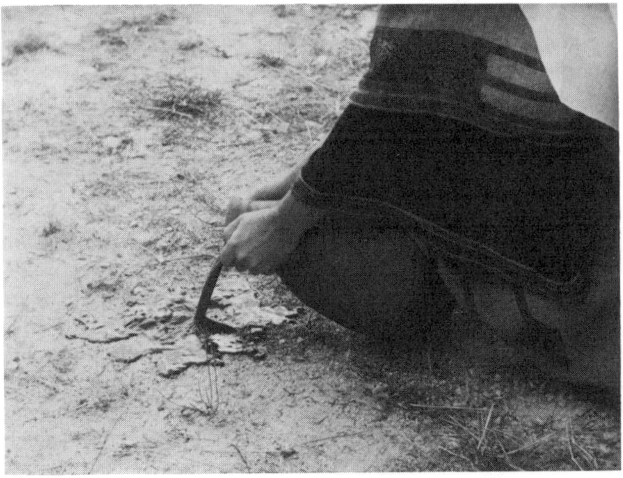

Moses und Aron

Stelle, als Aron das Volk auffordert: »Bringt das Gold herbei!« und Weißfilm eingelegt wird. An den Perepetien des illusionistischen Kinos setzt vertrauterweise die Musik aus, daß wir den Atem anhalten. Straubs dekonstruieren diese Regel, indem sie

Augenblicke lang das Bild ausschalten, um die Musik zu zeigen. Nie läuft Schönbergs Komposition neben dem Bild. Sie füllt in Wahrheit das Bild, die Menschen erscheinen neben ihr.
Wo im kommerziell codierten Kino ein gerissener Schwenk uns gierig macht auf das, was da Neues im Bildfeld nachrückt, vermißt bei Straubschen Filmen traurig das, was durch einen reflektiert gezogenen Schwenk aus dem Kader schwindet. Die Gegenläufigkeit, wie die Dekonstruktion als dynamischer Begriff zu fassen wäre, bietet der blinden Bewegung Einhalt, um unsere Augen für den Rahmen der Bewegung zu öffnen.
Was sich am Straubschen Werk nach jedem neuen Film, nach jeder Werkschau neu entzündet, ist der Bilderstreit, wie er in MOSES UND ARON manifest ausgetragen wird. Aron spielt seine Bilder und Wunder, kurz: die Welt gegen Moses Worte und Gedanken, kurz: Gott aus. Dieser Bilderstreit ist es, der von den Parteigängern und Gegnern des Straubschen Werks seit dem ersten Film ausgefochten wird, mit einer solchen Heftigkeit mitunter, als gelte es, die reine Lehre vom Film, das Dogma vom wahrhaft Filmischen gegen die Häretiker hochzuhalten. Im Grunde stellt jeder Straub-Film die Frage: wie filmen? als moralistische Maxime: wie richtig leben? Daher das Schisma der kritischen Schulen, das durch kein Konzil zu kitten ist.

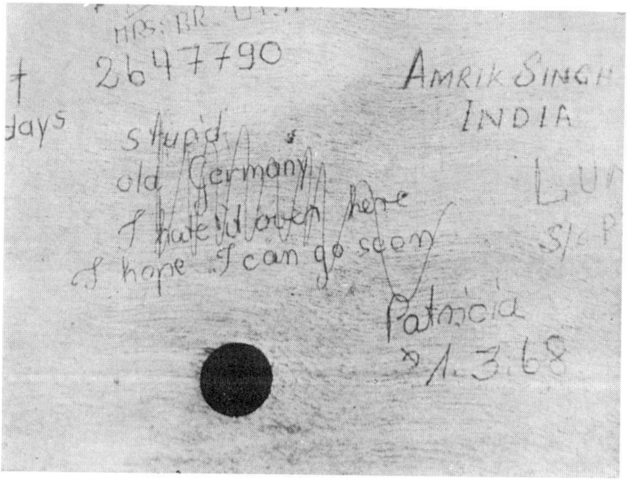

Der Bräutigam, die Komödiantin und der Zuhälter

Interview

Von Karsten Witte

Über sich sprechen die Filmemacher ungern, selten gelingt ihnen eine Autobiographie – wie etwa Eisenstein, Chaplin oder jüngst Renoir ...

STRAUB: ... Sternberg[1]

Sie äußern sich lieber durch ihr Werk. – Von Ihnen weiß man, daß Sie 1950–54 in Metz einen Filmklub leiteten, dann in Paris bei Dreharbeiten dabei waren bei Abel Gance, Renoir, Rivette und Bresson.

STRAUB: Ich war ein paarmal dabei, noch bevor ich ganz in Paris war. Ich bin Autostop gefahren, von Metz nach Paris, um Filme zu sehen und bin dann auch in irgendwelche Ateliers am Stadtrand mit dem Bus gefahren z. B. zu Renoir, als er *French Cancan* und *Eléna et les Hommes* drehte.[2] Ich hatte überhaupt keine Intention, Filme zu machen, ich hatte die Intention, über Filme zu schreiben.

Wie kommt man zur Regie?

STRAUB: Wenn man in eine Falle hineinrutscht. Plötzlich kam das Projekt der CHRONIK DER ANNA MAGDALENA BACH. Damals kannte ich ein bißchen Bresson. Ich kannte die Filme, die er bis damals gemacht hatte, und dann hab ich gedacht, das könnte vielleicht ein Stoff für Bresson sein. Er hat mir zugehört, aber er hat sofort gesagt, ja aber das ist doch Ihr Projekt! – Aber wäre ich zu einem anderen gekommen, der sehr hungrig nach Filmstoffen gewesen wäre und der kein Bresson gewesen wäre, der hätte vielleicht sofort gesagt: Junger Mann, sehr interessant, ich werde nachdenken. Und wer weiß, der hätte vielleicht eines Tages einen Film daraus gemacht.

Nun ist diese Begegnung nicht zufällig, sondern beruht auf dem Einfluß, den Bressons Filme vielleicht auf Sie ausgeübt haben. Gibt es stilistische Prägungen?

STRAUB: Ja aber viele, wirklich viele. Ich glaube, daß schließlich der Einfluß von Bresson nicht größer als der Einfluß von Renoir, von Fritz Lang oder Murnau und dann später von Mizoguchi oder dann von Ford war. Wenn ein direkter Einfluß von Bresson in irgendeinem Film vorhanden ist, könnte man MACHORKA-MUFF als eine subversive Parodie von *Das Tagebuch eines Landpfarrers*[3] betrachten. Aber schon mit amerikanischer Tradition, die Bresson wenigstens damals ablehnte.

Sie haben gesagt, wenn Sie es nicht mehr schaffen würden, Filme zu drehen, dann würden Sie etwas ganz anderes machen, z. B. die Kinder Grammatik lehren.[4] *Ist das etwas ganz anderes oder vielmehr eine strukturell gleiche Tätigkeit?*

STRAUB: Ja, sicher, und ich glaube, um verantwortlich zu lehren, verantwortlich zu denken, ist der Anfang dazu die Grammatik. Ich weiß nicht, ob ich ein sehr guter Lehrer wäre, aber ich würde mich bemühen. Ich hab ein Studium, ich könnte mich bewerben. Ich würde das vielleicht in Algerien versuchen.
HUILLET: Das gilt für ihn. Ich hätte keine Lust, Grammatik zu lehren.

Die Entscheidung ist nun für den Film gefallen. Würden Sie für sich eine Art Syntax der Straub-Filme akzeptieren, deren Regeln bestimmte Aufmerksamkeitsverschiebungen erzwingen?

STRAUB: Ja, das sicher. Aber eine Syntax, die eben immer wieder versucht, keine zu werden, die man bei jedem neuen Film versucht, irgendwie zu sprengen, die nicht Selbstzweck wird.
HUILLET: Ich glaube, Leute, die in zwanzig Jahren Filme sehen, die jetzt gedreht worden sind, oder Leute, die von einer anderen Kultur kommen, werden sie nicht mehr verstehen, weil Filme wie die *Katharina Blum*[5] mit einem kinematographischen Code gemacht sind, der nur Kino ist. Wenn man diesen Code nicht versteht, dann versteht man überhaupt nicht, was passiert. Genauso, wie man nicht verstehen würde, was das bedeutet: Rot und Grün auf der Straße. Was wir versuchen, sind Filme, wo man verstehen kann, was passiert, auch, wenn man diesen Code nicht kennt.

Wie würden Sie den Begriff der Dekonstruktion verstehen für Ihre Filme?

STRAUB: Also einfach, daß man versucht, immer wieder zu

räumen immer weiter, immer mehr, was einige unfilmisch nennen würden.
HUILLET: Daß man versucht, daß die Leute doch nicht vergessen, daß das Hektische noch so gar keine Aktion ist, wie man sagt, daß dies nicht mehr und mehr »beigebracht« ist nicht das richtige Wort, da ist nicht genug Gewalt drin . . .
STRAUB: . . . eingebleut . . .
HUILLET: . . . daß Aktion oder Handlung und so weiter, das kann nur hektisch sein, und daß die Leute merken, das stimmt nicht. – Pasolini, der hat was gesagt, das ist sehr zwiespältig, aber trotzdem ist was dran. Er sagte, für die Faschisten kommt die Tat vor dem Denken und für die Linke – das bezog sich auf Italien – kommt das Denken vor der Tat.[6]

Übernehmen Sie das als politisches Postulat für Ihre Filme?

STRAUB: Nicht als Postulat, sondern als etwas, was uns als richtig erschien, mit aller Vorsicht.
HUILLET: Pasolini hat oft Falsches gesagt oder Falsches gemacht, aber das war etwas, was etwas getroffen hat.

Mit dieser Sprache, die nun schon zehn Jahre lang in Ihren Filmen gesprochen wird, ließe sich ein bestimmtes Protestpotential verknüpfen: sie kommt aus dem Widerstand und aus diesem Widerstand, hat Kluge gesagt, kommt auch Realismus.[7]
Sind Ihre Filme realistisch?

STRAUB: Ich hoffe, ja. Das ist in jedem Fall, was wir versuchen. Zum Beispiel, um wieder von der *Katharina Blum* zu sprechen, dem Film, den wir gestern gesehen haben. Ich fühlte mich wirklich wie ein Kaninchen, dem man auf den Nacken geschlagen hat. Es hat eben mit der Wirklichkeit nichts mehr zu tun, was man da sieht und hört. Es gibt im Grunde keinen Naturunterschied zwischen dem Film und der Stuyvesantwerbung, die man vorher gesehen hat. Es ist eine Kontinuität. Ich sehe da Gespenster, die gestikulieren und die irgendwelche Töne von sich geben, die nichts mehr mit der Wirklichkeit oder mit dem Leben zu tun haben. Ich werde von keinem Gedanken und von keinem Gefühl getroffen, die überhaupt noch ein Gedanke und ein Gefühl wären. Es ist alles Zelluloid, was da wie eine Pyramide auswächst.

Man kann alle Ihre Filme als eine Art Geschichtsunterricht bezeichnen, die von MACHORKA-MUFF *bis* MOSES UND ARON *eine kon-*

krete historische Situation der historischen Niederlagen bezeichnen. Warum wählen Sie Momente der Niederlagen gegen Momente von Siegen, von Utopie und von Glück? Warum gibt es keinen Straub-Film zur Französischen Revolution, zu den Tagen der Commune?

HUILLET: Tage der Commune – das war eine schöne Niederlage!
STRAUB: Die Tage der Commune, das war die größte Niederlage seit den Bauernkriegen und die größte Niederlage vor der Abschlachtung der Spartakisten. Wir haben schon längst an einen Film über die Pariser Commune gedacht. Ich glaube Niederlage und nochmals Niederlage und nochmals Kampf und nochmals Niederlage – das ist eben, was die unterdrückte Klasse versuchen kann.
HUILLET: Eine Niederlage kann nur nach einem Kampf kommen.
STRAUB: Die Französische Revolution von 1789 war auch eine Niederlage, das war sogar ein langsamer Verrat. Man kann das genau beobachten in Portugal, nur ging das da viel schneller.

Es gibt sehr kurze Momente von geschichtlichem Glück.
HUILLET: Das stimmt. Aber wenn Sie jetzt z. B. einen Film über 1917 in Rußland machen – jetzt – können Sie nicht mehr einen Film machen, als ob Sie nicht wüßten, was dazwischen passiert ist.
STRAUB: Und was eine Nicht-Niederlage, die ein Film werden würde, angeht, ein Film, der, sagen wir, mehr der Gegenwart einer präzisen beschränkten Situation entspricht: Offen gesagt, ich fühle mich nicht dazu berechtigt. Ich glaube, das müßte dann wirklich jemand machen, der aus der unterdrückten Klasse kommt. Wir gehören zu einer präzisen Klasse, und ich fühle für mich nicht das Recht, im Namen der Arbeiterklasse oder der Bauernklasse zu sprechen. Vielleicht, weil ich wirklich tief drin stecke als Kleinbürger.
HUILLET: Und ich glaube, unsere Filme, das ist nicht so sehr eine Niederlage, es ist mehr ein Moment, wo eine Krise anfängt, oder anfangen wird. Der BACH-Film z. B., das ist wirklich der letzte Moment, bevor diese christliche – wie kann man das nennen – Konstruktion zusammenbricht. Oder sagen wir: der Zweifel, ja.

Worauf ich hinauswill, ist Ihre Entscheidung, geschichtliche Kämpfe in vorgeformtem Material zu zeigen. Das Ausgangsmaterial zu Ihren Filmen hat vorgeformte Genres. Warum wird Geschichte in Ihren Filmen nicht als Ereignis mit Betroffenen wie bei Ivens oder Nestler gezeigt?

STRAUB: Die Antwort für mich ist ganz klar: Ich glaube, der Betrug beruht darauf, daß man den Leuten den Eindruck gibt,

eite 14 / DIE PRESSE

KZ-Baumeister freiges

Im Auschwitz-Prozeß reichten die Indiz

Eigenbericht der „Presse"

WIEN (g. d.). Sieben Wochen hatte
r große Wiener Auschwitz-Prozeß
die beiden KZ-Baumeister

insofern nicht
bereits im Be
sondere Schw
abgezeichnet h
nachzuweisen.

Einleitung zu Arnold Schönbergs Begleitmusik zu einer Lichtspielscene

da passiert etwas im Augenblick, wo der Film abläuft, irgendetwas, was die »action« nennen. Es ist nicht wahr; wenn ein Film abläuft, der nicht auf Betrug beruht, dann passiert eben überhaupt nichts. Das kann nur im Zuschauer passieren, was passiert und das kann nur durch Kombinationen der Bilder und Töne . . .

HUILLET: D. h. von Formen –

STRAUB: – von Formen, die dann durch die Ohren und die Augen und durch das Gehirn des Zuschauers und durch seine Reflexion eingehen. Wenn Sie den guten Adorf oder den Burschen, der den Journalisten darstellt[8], in *Katharina Blum* sehen, dann sehen Sie das krasseste Beispiel des Gegenteils. Sie sehen zwei Leute, die sich große Mühe geben – und auch nicht zu große, aber immerhin – großes Kasperle treiben, um darzustellen, wie sie sich vorgestellt haben, daß ein Polizist ist, oder auf den Zuschauer wirken sollte, und überhaupt nichts mehr von ihrer eigenen Arbeit.

Beruht auf Ihrem Widerstand dagegen Ihre Entscheidung, Geschichte nur mittelbar erfahrbar zu machen?

STRAUB: Ja, obwohl im Kurzfilm EINLEITUNG auch Dokumente gezeigt werden.[9]

Ist das eine Öffnung zum dokumentarischen Stil?

HUILLET: Aber das gab es schon in NICHT VERSÖHNT, auch schon in MACHORKA-MUFF durch die Zeitungen. Und in NICHT VERSÖHNT: die Einstellung von den Leuten, die 1914 in den Krieg ziehen. Und dann: die Trümmerhaufen vom Monte Cassino; und dann auch Plakatsäulen mit diesem Text über die Hinrichtungen. Für uns ist doch Fiktion wichtig, weil, wenn sie gemischt wird mit Dokumentaraufnahmen oder einer dokumentarischen Situation, dann entsteht ein Widerspruch, und ein Funke kann dann aufblitzen. Die Fiktion ist trotz allem sehr wichtig, um irgendwie ein Feuer anzuzünden.
STRAUB: Ich glaube, was uns interessiert, ist: Schichten zu zeigen . . .
HUILLET: . . . Spuren nicht zu verwischen, sondern darauf zu bauen.
STRAUB: Die sogenannte abendländische Kultur, wenigstens seit einiger Zeit, was jetzt noch davon übrig ist, und auch vielleicht vorher, bestand immer darin, daß man versucht hat, die Spuren zu verstecken. Das ist das Gegenteil, glaube ich, ich weiß nicht, vielleicht, von dem, was man orientalische Kultur nennen könnte. Und schon bei der Bibel ist das so. Die haben z. B. was über Moses erzählt wird und den Exodus – das ist, wieviele Jahre nach Moses entstanden?
HUILLET: So die ältesten Texte der Bibel sind achthundert Jahre nach . . .
STRAUB: . . . den Ereignissen . . .
HUILLET: . . . die ältesten! und das sind ja wenige.
STRAUB: Und dann sind die drin, man kann sie genau entdekken, dann wurden Texte noch später hinzugefügt, wurde noch weiter geschrieben über das Gleiche.
HUILLET: Und man hat nicht versucht, eine Einheit daraus zu

machen, sondern man hat einfach das daneben oder darüber gelassen.
STRAUB: Und mit dem Geist, den wir jetzt haben, würde man heute – und das hat schon viel früher angefangen – die Texte . . .
HUILLET: neugeschrieben . . .
STRAUB: ja, oder die ersten umgeschrieben haben.

Ich glaube, hier ist ein objektives Moment von Geschichte, aus dem man erklären kann, warum es keinen originalen Straub-Stoff gibt. Warum haben Sie nie selbst ein Sujet erdacht?

STRAUB: Weil ich mich nicht stark genug fühle und andererseits ich es nicht realistisch, nicht reich genug finde, um von Leuten zu verlangen, daß sie anderthalb Stunden im Kino verlieren, sich mit einem Ding zu befassen, sagen wir einem Film, den wir gemacht haben. Ich glaube, es steckt mehr darin, als die kleinen Gedanken, die wir haben könnten. Wir wollen etwas schon von der Vergangenheit Geformtes zeigen, was uns betroffen hat und es den Leuten geben, sich damit auseinanderzusetzen, genau wie wir es gemacht haben, als wir den Film gemacht haben. Denn wenn uns so ein Stoff begegnet, haben wir überhaupt keine Klarheit darüber. Erst am Schluß, wenn der Film geschnitten ist, haben wir z. B. die Brechtschen Texte erst richtig verdaut.[10] Das Ergebnis davon teilen wir dann mit. Und dann glaube ich, ist es wichtig für das kollektive Gedächtnis, eben Sachen zur Sprache zu bringen, die Geschichte behandeln und von Vergangenheit wissen, die schon geformt sind. Damit die nicht verloren gehen.

Eine neue Aneignung des klassischen Erbes?

STRAUB: Ja. Und das hatten wir fast ganz bewußt auf unsere Art vorher ausgedrückt, indem wir gesagt haben: OTHON richtet sich an die Franzosen, gegen das Bürgertum. Von denjenigen, die Corneille kennen, soll das wie eine sprachliche Enteignung empfunden werden. Othon könnte man auch betrachten als einen Brief von außen, sagen wir, an Pompidou, an die Macht.

Ist es Ihnen wichtiger, sich zu infiltrieren in die Fernsehanstalten mit Ihrer Arbeit, oder, sagen wir, im »cinéma parallèle« – d. h. außerhalb des Systems – zu arbeiten?

HUILLET: Ja das Fernsehen, das ist wichtiger. Wenn man versuchen will, daß andere Leute mal betroffen werden von

etwas, was sie sonst vielleicht nie sehen oder hören würden, dann ist das Fernsehen das einzige Mittel.
STRAUB: Ich glaube, unsere Filme, wenn die einen Wert haben, besteht ihr Wert darin, daß sie das Publikum – das Publikum das gibt es nicht, denn das besteht aus Klassen – aufspalten. Und das kann nur im Fernsehen passieren.
HUILLET: Man kann schon, wenn man viel Energie hat und viel Geduld und viel Zähigkeit, Filme selbst produzieren, auch mit anderen Geldern. Aber Filme selbst zu verleihen, das geht nicht. Dafür müßte man selbst Kinos haben.
STRAUB: Und man müßte wirklich selbst ein ganzes Jahr durch ein einziges Land wandern mit den Filmen und nur das tun. Sonst ist es nur halbwegs getan. – Der Film soll möglichst wiedergegeben werden, wie er materiell ist.

Können Sie sich Ihre Filme im Wanderkino vorstellen?

HUILLET: Schon, aber die Leute, die das machen, müßten dann ehrlich sein, und nicht nur im Sinne der bürgerlichen Ehrlichkeit mit Geld, sondern mit der Technik, wie die Filme vorgeführt werden.
STRAUB: Wir sehen auch in manchen Parteisektionen, z. B. der KPI in Rom und in anderen Städten Italiens, unter welchen Bedingungen Filme vorgeführt werden: Sowieso nur für zwanzig, dreißig Leute, manchmal weniger und in Räumen, wo die Akustik schon so ist, daß die Leute kaum noch ein Wort verstehen, und eine Vorführung, die technisch unmöglich ist. Das ist keine Lösung, weder für die Filme noch für die Leute.
HUILLET: Wir hatten schon lange dran gedacht, daß man eigentlich viel mehr Filme in den Dörfern zeigen sollte.
STRAUB: Wenn ich ganz alt bin vielleicht . . .
HUILLET: . . . und die Grammatik doch nicht lehrst –
STRAUB: – dann müßten wir so mit den Filmen rumfahren in Italien oder in Deutschland.

Das ist genau dieser Zusammenhang von materialistischer Geschichte und materialistischer Kunst, der verlangt, daß man eben auch für die Reproduktion des Films sorgt. Es ist eine Frage der Authentizität, die wir im Zusammenhang mit Geschichte, mit Aneignung von geschichtlichem Erbe und von filmischer Arbeit behandelt haben.

HUILLET: Das gilt nicht nur für Filme. Das Schlimme ist, daß

die Leute auch immer mehr durch das Fernsehen für die Filme und durch die Reproduktion für die gemalten Bilder blind sind. Wenn die Gelegenheit haben, eine richtige Malerei zu sehen, kann es sogar sein, daß die die nicht mehr sehen, weil die einfach zuviel . . .
STRAUB: . . . zerstört finden. Wenn ein Maler für einen Stoff eine bestimmte Größe wählt, hängt das mit dem Stoff zusammen. Wenn ein Musiker ein Thema hat und eine Symphonie macht oder ein Quartett – das hängt mit dem Thema zusammen. Man kann nicht ein Thema beliebig als Symphonie behandeln oder als Streichquartett.

Sie sind sehr starker Anhänger des authentischen, des O-Tons. Renoir hat in seiner Autobiographie gewettert, die Anhänger der Synchronisation wären im 12. Jahrhundert als Ketzer auf dem Marktplatz verbrannt worden.[11] *Was würden Sie mit den Leuten machen?*

STRAUB: Der O-Ton ist eine Methode, an der wir sehr hängen und die für uns entscheidend ist, aber es ist kein Fetischismus.

Das ist auch ein Problem für die Regie, welche Zumutung das für die Schauspieler in Proben bedeutet.

HUILLET: Auch, weil man die Drehorte auswählen muß, nicht nur für das Bild, sondern auch für den Ton.
STRAUB: So sagen die lieben Brüder Taviani, von denen ich die letzten beiden Arbeiten[12] wirklich verachte, weil das unverschämt, unverantwortlich ist, was die da geleistet haben, politisch und ästhetisch – die sagen: »Wir können es uns in Italien nicht leisten, mit Originalton zu drehen, denn da gibt es überall Krach.« Das ist aber nur Trägheit. Wenn sie ein »schönes Motiv« gefunden haben, dann sind sie nur auf das schöne Motiv kapriziert und zu träge, um einen Ort zu suchen, und nachzudenken, wo man eben auch mit Ton drehen könnte. Für MOSES UND ARON wollten wir möglichst wenige Nebengeräusche im Gegensatz zu OTHON, wo ich eben diese Nebengeräusche haben wollte, und ich hätte den Film lieber nicht gedreht, wenn man mir gesagt hätte: »das geht nicht, weil es zuviel Krach gibt.« Der Krach war genauso wichtig für mich wie der Ort.
HUILLET: Wir haben sogar von der italienischen Armee erreicht, daß alle Düsenmaschinen während drei Wochen nicht mehr da (WO MOSES UND ARON gedreht wurden) fliegen durften.

Es gibt auch eine Schwierigkeit beim O-Ton, die ein mehrfaches Sehen erfordert, die der Verständlichkeit der Texte.

HUILLET: Ich habe in der Vorführung der CHRONIK gemerkt, daß die Leute jetzt den Text allmählich verstehen.

Auch den Brief, den Bach schreibt?

HUILLET: Sie meinen den geschriebenen oder den gesprochenen?

Den gesprochenen Text: Bach am Schreibtisch.[13]

HUILLET: Wo die uns damals gesagt haben: »da versteht man kein Wort«, – jetzt hab ich die Reaktion im Kino gehört, wie die Leute ein paarmal gelacht oder anders reagiert haben. Der O-Ton fängt an zu funktionieren.

Wir sprechen immer nur von den Metropolen: Paris, Rom, New York. Haben Sie Erfahrungen mit Ihren Filmen in der dritten Welt?

STRAUB: Nee, wir haben politische Erfahrungen direkt mit Filmen kaum. Bißchen in Italien, aber mehr beschränkt mit KP-Organisationen. Aber das geht nicht sehr weit. Und mit der dritten Welt haben wir direkte Erfahrungen auch nicht.

Was sind Ihre Erfahrungen in Algerien?

STRAUB: OTHON funktioniert ziemlich gut. Ein Drittel der Zuschauer sehr aufgeregt und ablehnend.
HUILLET: Was lustig war: als einer gesagt hatte: »Wie die da sprechen, die sprechen doch schlecht Französisch!«, haben etliche gesagt: »Und wir, wie sprechen wir?«

Ist GESCHICHTSUNTERRICHT *in Rom gelaufen?*

HUILLET: Ja. Bei der bürgerlichen Schicht ist der Widerstand in dem Fall viel größer als bei unseren deutschen Filmen, wo sie sagen: »Ja, das ist Deutschland und so –«
STRAUB: Z. B. NICHT VERSÖHNT – das geht für die glatt. Die verstehen auch die Handlung, jede Einzelheit. Die fühlen sich nicht provoziert, auch nicht von der Erzählung.

Und wie steht es mit GESCHICHTSUNTERRICHT?

HUILLET: Immerhin geht es da um den großen Cäsar, der

gehört doch zum italienischen Kulturgut, und der wird ziemlich schlecht behandelt. Und in OTHON, diese Clique, die man da sieht, das waren immerhin Römer.
STRAUB: Eine gute Erfahrung haben wir mit OTHON – das kam ziemlich gut an, viel besser als der BACH-Film, merkwürdigerweise – in Palermo gemacht.

Die Machtverhältnisse sind dort vielleicht archaischer.

STRAUB: Die wissen da wirklich, was Korruption und Erpressung ist. Denn die leben da drin bis über den Kopf. – GESCHICHTSUNTERRICHT ist in vielen amerikanischen Universitäten schon vier- oder fünfmal gezeigt worden. Wir haben gemerkt, daß die das wirklich trifft, weil das eben über die historische Situation hinaus . . .

Erfahrung mit Nixon ist?

STRAUB: Ja.
HUILLET: Nicht nur Nixon.

Gibt es eine Verwandtschaft in der politischen Intention aller Ihrer Filme?

STRAUB: Die Geschichte mit den Juden in Deutschland, das war immer eine Frage für mich, schon als ich klein war, da in Metz und als Student dann. Meine erste politische Wut da war über die Wiederbewaffnung und was alles damit verbunden war in Deutschland: alle die Ordnungen, die damit kaputt gingen, der Verrat und das Verbot der KP vorher, oder daß die umgekehrt die KP verboten haben, weil die eben vorher gegen die Wiederbewaffnung protestiert hatte. Deutschland war das einzige Land, das überhaupt die Möglichkeit hatte, davon befreit zu sein: was dann kaputt gemacht wurde. Eine Frage, die mich immer beschäftigt, weil ich auch in meiner Familie Spuren von, sagen wir, Antisemitismus gespürt hatte, und dann während der deutschen Besatzung in Metz: die Frage der Juden. Wir haben z. B. in NICHT VERSÖHNT eine Szene, da fängt, sagen wir – blitzartig –, die Reflexion darüber an: »Bist du Jude?« – »Nein«.[14] Das ist noch keine Reflexion, die Frage wird gestellt. Und dann später durch Schönberg entwickelt sich das sowohl in Richtung EINLEITUNG als in Richtung MOSES UND ARON. Unser nächstes Filmprojekt ist der dritte Aspekt der Frage. Das ist ein

Film über die Frage – die wird aber konkret in einem italienischen Kontext.

Kann man sagen, daß Sie heute an ein bestimmtes nationales Publikum noch denken oder schon auch an einen internationalen Kommentar zur Geschichte? Andererseits muß man doch eine Internationalisierung des kommerziellen Films in Rechnung stellen. Was wird Ihr nächstes Filmprojekt? Sie sagten dazu, es sei ein Schritt zurück.

STRAUB: Zurück insofern, als wir zunächst nur an ein italienisches Publikum denken. Das ist zum ersten Mal ein Film in italienischer gesprochener Sprache. Wenn er mal in Deutschland gezeigt wird, oder ein drittes Programm wird uns ein bißchen Geld geben, ist es sehr gut. Wir freuen uns darüber, aber das ist kein Grund, um den Film zu machen. Der Grund ist, daß wir etwas machen möchten für die Italiener. Das ist ein Schritt zurück. Wir werden wieder vorsichtiger, denn wir versuchen, immer alles andere als internationale Produkte herzustellen. – Auch, weil das ein Film ist, der auf keinen Fall in kommerzielle Kinos kommt. Wahrscheinlich wird er die Länge von NICHT VERSÖHNT haben. Im Aufbau, der Konstruktion ist es etwas zwischen GESCHICHTSUNTERRICHT und EINLEITUNG.

Worum geht es thematisch?

STRAUB: Das ist eben der dritte Aspekt der Frage, die ich vorher angeschnitten habe, aber diesmal ist der Ausgangspunkt die Erklärung des Sechs-Tage-Krieges in Sinai. Nicht ganz am Anfang des Films wird eine Sendung des italienischen Fernsehens gezeigt, wenigstens der Anfang und die Ankündigung, der Ansager und der Kommentator. Und darüber hinaus dann eine Reflexion von einem Mann – Fortini –, der Halbjude ist, der jetzt auf die Sechzig zugeht, in Mailand lebt und drei Tage in der Woche in Siena an der Universität Vorlesungen hält. Sein Vater kommt aus der jüdischen Kleinbourgeoisie von Florenz, war schon sehr früh als Antifaschist im Gefängnis in Florenz, nicht als Jude, sondern als Antifaschist, weil er Leute verteidigt hat, die schon von den Faschisten verfolgt wurden.
HUILLET: Er war auch Freimaurer.
STRAUB: Er hattte, wie er sagt, die Ideale der Französischen Revolution, und war Freimaurer dazu; der andere Teil der Familie war religiös, und er – Fortini – steht dazwischen. Und

dann eben, was passierte: die Judenverfolgung. Wie das anfing, die Gesetze. Er erzählt das mit dem Vater, wie der sich taufen lassen sollte, und wie der sich dann nicht als Katholik, sondern als Calvinist aus Protest taufen lassen wollte. – Da versuchen wir, tief in eine konkrete Biographie reinzuhören. Darüber hinaus soll es eine Reflexion über die Beziehung zwischen jüdischer und christlicher Bourgeoisie in Italien und dann zwischen dem Staat Israel und den Arabern sein.

In der Form des cinéma-vérité?

STRAUB: Fortini taucht auf etwa nach dem ersten Drittel des Films, erst als Person und liest dann Blöcke aus eigenen Texten.[15] Aber er wird sie nicht lesen wie Straschek die Briefe[16] – sehr desartikuliert und artikuliert zugleich –, sondern weil wir schon mit ihm gearbeitet haben, mehr improvisiert. Man muß ihn eben etwas überraschen. Und auch weil es seine eigenen Texte sind. Das ist dann was ganz anderes als eine Lektüre von Brecht oder von Schönberg, die von Straschek oder von Nestler besorgt wird, oder Böllsche Texte, die gesagt werden von einer alten Frau.[17] – Und ich sagte: »ein Schritt zurück«, weil es wirklich ein ganz bescheidener 16 mm-Film für ein italienisches Publikum ist.

Wird er in der RAI gesendet?

HUILLET: Das ist es, war wir versuchen wollen.
STRAUB: Was ich kurz hinzufügen möchte über den Film, den wir jetzt versuchen zu drehen, ist Folgendes: es geht darum, die Judenfrage innerhalb des Klassenkampfes zu verstehen, oder – wie Fortini das im Film analysieren wird –, daß die große Vernichtungsaktion der Nazis ja nur ein Teil der großen Vernichtungsaktion der Bourgeoisie als Kolonialsystem, eine Etappe davon gewesen ist.

1 S. M. Eisenstein. *Mein Weg zum Film. Erinnerungen.* Zürich, 1963. Ch. Chaplin. *Die Geschichte meines Lebens.* Frankfurt/M., 1964. J. Renoir. *Mein Leben und meine Filme.* München, 1975. J. von Sternberg. *Ich, Josef von Sternberg. Erinnerungen.* Velber, 1967.
2 Jean Renoir. *French Cancan.* 1955; *Eléna et les Hommes.* 1956.
3 Robert Bresson. *Le journal d'un curé de campagne.* 1950.
4 Barbara Bronnen und Corinna Brocher. *Die Filmemacher. Der neue deutsche Film nach Oberhausen.* München, 1973, S. 41.

5 Volker Schlöndorff und Margarete v. Trotta. *Katharina Blum.* 1975.
6 Pier Paolo Pasolini. »Il vero fascismo e quindi il vero antifascismo.« *Scritti corsari.* Mailand, 1975.
7 Alexander Kluge. *Gelegenheitsarbeit einer Sklavin. Zur realistischen Methode.* Frankfurt/M., 1975 (es 733), S. 216–22.
8 Dieter Laser.
9 Z. B. Arnold Schoenbergs Photo, 1951; Körper von erschossenen Communards in Särgen; Napalm-Explosionen in Vietnam; Schlagzeilen der *Unità*, der Wiener *Presse.*
10 GESCHICHTSUNTERRICHT.
11 Jean Renoir. *Mein Leben und meine Filme.* A. a. O., S. 94.
12 Paolo und Vittorio Taviani. SAN MICHELE AVEVA UN GALLO. 1971 und ALLONSANFAN. 1974.
13 J. M. Straub. CHRONIK DER ANNA MAGDALENA BACH. Frankfurt/M., 1969 (Cinemathek, Ausgewählte Filmtexte 23), S. 43–48.
14 In NICHT VERSÖHNT: Dialog zwischen dem jungen Robert Fähmel und Schrella, Einstellung 7.
15 Franco Fortini. *I cani del Sinai.*
16 In EINLEITUNG: Brief von Schoenberg, 1923, Einstellung 6–14.
17 In NICHT VERSÖHNT: Johanna Fähmel, Einstellung 102–114.

Das Interview mit Danièle Huillet und Jean-Marie Straub fand am 27.1. 76 in Frankfurt statt.

Einleitung zu Arnold Schoenbergs Begleitmusik zu einer Lichtspielscene

Daten

Von Hans Helmut Prinzler

Werner Herzog

Biografie

Werner Herzog
(eigentlich: Werner Stipetič)
geb. am 5. September 1942 in München.
Aufgewachsen als vaterloses Kind (Eltern geschieden) in beengten Verhältnissen auf einem Bauernhof in den oberbayerischen Bergen. 1961 besteht Herzog auf einem humanistischen Gymnasium das Abitur. Er beginnt ein Studium der Geschichte, Literatur- und Theaterwissenschaft in München und Pittsburgh. 1966 arbeitet er bei einem TV-Sender in den USA. Filmarbeit früh und autodidaktisch. Zu einem Auftragsfilm über reformierten Strafvollzug, der ihm als 17jährigen nachgesagt wird, ist es allerdings nicht gekommen. Der erste veröffentlichte Kurzfilm stammt aus dem Jahre 1962. 1963 gründet Herzog eine Filmproduktionsfirma und erhält im Dezember 1964 für das Drehbuch »Feuerzeichen« (realisiert 1967 unter dem Titel LEBENSZEICHEN) den Carl-Mayer-Preis (10000 DM, finanziert von der Firma Atlas, vergeben vom Club der Münchner Filmjournalisten). Das Kuratorium Junger Deutscher Film gewährt ihm für das Projekt 300000 DM, 1968 erhält Herzog für diesen ersten langen Spielfilm einen Bundesfilmpreis (350000 DM und ein Filmband in Silber) und bei der Berlinale einen »Silbernen Bären« als Sonderpreis für den besten Debütfilm. Während der Filmfestspiele erregt Herzog Aufsehen, als er Vorführungen seines Films außerhalb des Festivalgettos in den Berliner Bezirken organisiert.
1968 erhält Herzog eine Drehbuchprämie (200000 DM plus 15000 DM Autorenhonorar) für das Projekt AUCH ZWERGE HABEN KLEIN ANGEFANGEN, 1970 für den inzwischen fertiggestellten Film eine Spielfilmprämie (50 000 DM) und eine Autorenprämie (10000 DM) für AGUIRRE, 1971 eine Dokumentarfilmprämie (80000 DM) für FATA MORGANA, 1972/73 Prämien (insges. 250000 DM) für AGUIRRE. Seine Filme FATA MORGANA, AUCH ZWERGE HABEN KLEIN ANGEFANGEN, LAND DES SCHWEIGENS ... und AGUIRRE laufen in der Quinzaine des Réalisateurs des

Festivals in Cannes und begründen Herzogs Erfolg in Frankreich. Im Dezember 1974 unternimmt Herzog einen Fußmarsch von München nach Paris, um dort die krank darniederliegende Filmhistorikerin Lotte H. Eisner zu besuchen und an Vorführungen seiner Filme teilzunehmen.
Nachdem er seine ersten Spielfilme alle im Ausland gedreht hatte (Griechenland, Afrika, Kanarische Inseln, Peru), realisiert Herzog 1974 in Franken den Kaspar-Hauser-Film JEDER FÜR SICH UND GOTT GEGEN ALLE (Spielfilmprämie 200 000 DM und Autorenprämie 10 000 DM), der 1975 zum Wettbewerb des Filmfestivals in Cannes eingeladen wird und dort den großen Sonderpreis der Jury gewinnt. Für diesen Film, der auch Aufsehen bei den Festivals in London und New York erregt, erhält Herzog 1975 einen Bundesfilmpreis (150 000 DM und ein Filmband in Silber). Für die Realisierung des Films HERZ AUS GLAS gewährt die Projektkommission der Filmförderungsanstalt 1975 300 000 DM.
Herzog lebt in München-Pasing, ist verheiratet und hat einen Sohn (Rudolph Amos Ahmed). Er ist aktives Mitglied des Fußballclubs »Schwarz Gelb München« und ständiger Mittelstürmer der Fußballmannschaft 1. FC Hofer Filmtage.

Filmografie

Die Filmografie enthält die einschlägigen Angaben zu Filmen, bei denen Werner Herzog Regie geführt hat. Es sind dies (bis Herbst 1976) sechs Kurzfilme, vier mittellange und sieben lange Filme. (Quellen und Abkürzungen am Ende des Bandes)

1962/65 HERAKLES. – B: W. Herzog. – K: Jaime Pacheco. – Sch: Herzog. – M: Uwe Brandner. – Mitarbeit: Siegfried Kohlhammer, Achim von Heynitz. – D: Mr. Germany. – P: Herzog; 1965 für die Firma Cineropa-Film, Walter Krüttner, überarbeitet. – Do: München. Verwendet wurde außerdem Archivmaterial vom 24-Stunden-Rennen in Le Mans und von Einsätzen der amerikanischen Luftwaffe. – Kosten (insgesamt): 6 000 DM. – F: 35 mm, sw. – OL: 12 min. – V: Referat für Filmgeschichte, Köln (16 mm).

1964 SPIEL IM SAND (unveröffentlicht). – B: Herzog. – K: Jaime Pacheco. – Sch: Herzog. – M, Ra: Uwe Brandner. – D: Kinder einer kroatischen Siedlung in Südösterreich. – Dz: Juni 64. – Do: Trausdorf an der Wulka. – P: Herzog. – Kosten: 8 000 DM. – F: 35 mm, sw. – OL: 14 min.

1966 DIE BEISPIELLOSE VERTEIDIGUNG DER FESTUNG DEUTSCHKREUTZ. – B: Herzog. – K: Jaime Pacheco. – Sch:

Herzog. – Mitarbeit: Uwe Brandner, Holger Trülzsch, Stephan Maluschek. – D: Peter H. Bumm, Georg Eska, Karl-Heinz Steffel, Wolfgang von Ungern-Sternberg. – P: Werner Herzog Filmproduktion und Arpa-Film, Bruno Zöckler. – Do: Deutschkreutz an der österreichisch-ungarischen Grenze. – Kosten: 10000 DM. – F: 35 mm, sw. – OL: 380 m = 14 min. – U: 5. 4. 67, Oberhausen (Kurzfilmtage). – Prädikat wertvoll. – V: Referat für Filmgeschichte, Köln (16mm).

1967 LEBENSZEICHEN (Arbeitstitel: Feuerzeichen). – B: Herzog. – K: Thomas Mauch; Ass.: Dietrich Lohmann. – Sch: Beate Mainka, Maximiliane Mainka. – T: Herbert Prasch. – M: Stavros Xarchakos. – Mitarbeit: Florian Fricke, Thomas Hartwig, Bettina von Waldthausen, Tasos Karabelas. – D: Peter Brogle (Stroszek), Wolfgang Reichmann (Meinhard), Athina Zacharopoulou (Nora), Wolfgang von Ungern-Sternberg (Becker), Wolfgang Stumpf (Hauptmann), Henry van Lyck (Leutnant), Julio Pinheiro (Zigeuner), Florian Fricke (Pianist), Dr. Heinz Usener (Arzt), Herzog (Soldat), Achmed Hafiz (Einheimischer). – P: Werner Herzog Filmproduktion, München. – Pl: Nicos Triandafyllidis. – Dz: Juni, Juli, Sept. 67. – Do: die Inseln Kos und Kreta. – Kosten: ca. 400000 DM. – F: 35 mm, sw. – OL: 2.468 m = 90 min. – U: 25. 6. 68, Berlin (Filmfestspiele). – TV: 10. 6. 72 (NDR III), 25. 4. 76 (HR III). – Prädikat: besonders wertvoll. – V: Filmverlag der Autoren (35 mm)/atlas film + av (16 mm).

1967/68 LETZTE WORTE. – B: Herzog. – K: Thomas Mauch; Ass.: Dietrich Lohmann. – Sch: Beate Mainka-Jellinghaus. – T: Herbert Prasch. – M: kretische Volksmusik. – Mitarbeit: Nicos Triandafyllidis. – P: Werner Herzog Filmproduktion, München. – Dz: Sommer 67. – Do: die Inseln Kreta und Spinalonga. – Kosten: 12000 DM. – F: 35 mm, sw. – OL: 360 m = 13 min. – U: 3. 4. 68, Oberhausen (Kurzfilmtage). – Prädikat: besonders wertvoll. – V: Referat für Filmgeschichte, Köln (16 mm; griechischer Originaldialog mit dt. Untertiteln).

1968 MASSNAHMEN GEGEN FANATIKER. – B: Herzog. – K: Dietrich Lohmann, Jörg Schmidt-Reitwein. – Sch: Beate Mainka-Jellinghaus. – T: Herzog. – D: Petar Radenkovic, Mario Adorf, Hans Tiedemann, Herbert Hisel, Peter Schamoni. – P: Werner Herzog Filmproduktion, München. – Dz: Sept., Okt. 68. – Do: München. – Kosten: 28000 DM. – F: 35 mm, Farbe (Eastmancolor). – OL: 304 m = 11 min. – U: 28. 3. 69, Oberhausen (Kurzfilmtage). – Prädikat: besonders wertvoll. – V: Referat für Filmgeschichte, Köln (16 mm).

1968/69 DIE FLIEGENDEN ÄRZTE VON OSTAFRIKA. – B: Herzog. – K: Thomas Mauch. – Sch: Beate Mainka-Jellinghaus. – T: Herzog. – Mitarbeit: Leonore Semler, Hans von Mallinckrodt. –

Sprecher: Wilfried Klaus. – P: Werner Herzog Filmproduktion, München, unterstützt durch die Gesellschaft für Medizin und Forschung in Afrika e. V. – Dz: Okt., Nov. 68. – Do: Kenia, Uganda, Tansania. – Kosten: 64000 DM. – F: 35 mm, Farbe (Eastmancolor). – OL: 1.242 m = 45 min. – TV: 3. 5. 70 (ZDF). – Prädikat: besonders wertvoll. – V: Referat für Filmgeschichte Köln (16 mm).

1968/70 FATA MORGANA. – B: Herzog. – K: Jörg Schmidt-Reitwein. – Sch: Beate Mainka-Jellinghaus. – T: Herzog. – M: Händel, Mozart, Blind Faith, François Couperin, Leonard Cohen. – D: Wolfgang von Ungern-Sternberg, James William Gledhill, Eugen des Montagnes; Sprecher: Lotte H. Eisner, Wolfgang Bächler, Manfred Eigendorf. – P: Werner Herzog Filmproduktion, München. – Dz/Do: Nov. 68: Kenia und Tansania/Mai–Sept. 69: algerische Sahara, Niger, Obervolta, Mali, Elfenbeinküste/Dez. 69: Lanzarote (Kanarische Inseln); Fertigstellung: Juni 70. – Kosten: 260000 DM. – F: 35 mm, Farbe (Eastmancolor). – OL: 2.157 m = 79 min. – U: 17. 5. 71, Cannes (Quinzaine des Réalisateurs). – DE: 4. 6. 71, Hof (Filmtage). – Prädikat: besonders wertvoll. – V: Filmverlag der Autoren (35 mm)/Referat für Filmgeschichte, Köln (16 mm).

1969/70 AUCH ZWERGE HABEN KLEIN ANGEFANGEN. – B: Herzog. – K: Thomas Mauch; Ass.: Jörg Schmidt-Reitwein. – Sch: Beate Mainka-Jellinghaus. – T: Herbert Prasch. – Musikal. Bearbeitung: Herzog. – Gesang: Felisa Arrocha Martin. – Mitarbeit: Bettina Fricke-Waldthausen, Ina Fritsche, James William Gledhill, Martje Grohmann, Walter Saxer, Wolfgang von Ungern-Sternberg. – D: Helmut Döring (Hombre), Paul Glauer (Erzieher). Gisela Hertwig (Pobrecita), Hertel Minkner (Chicklets), Gertraud Piccini (Piccini), Marianne Saar (Theresa), Brigitte Saar (Cochina), Gerd Gickel (Pepe), Erna Gschwendtner (Azúcar), Gerhard März (Territory), Alfredo Piccini (Anselmo), Erna Smollarz (Schweppes), Lajos Zsarnoczay (Chapparo). – P: Werner Herzog Filmproduktion, München. – Pl: Francisco Ariza. – Dz: Nov., Dez. 69. – Do: Lanzarote (Kanarische Inseln). – Kosten: 400000 DM. – F: 35 mm, sw. – OL: 2.624 m = 96 min. – U: 8. 5. 70, Cannes (Quinzaine des Réalisateurs). – DE: 30. 5. 70, Hof (Filmtage). – Prädikat: besonders wertvoll. – V: Filmverlag der Autoren (35 mm)/atlas film + av (16 mm).

1970 BEHINDERTE ZUKUNFT. – B: Herzog, nach einer Idee von Hans Peter Meier. – K: Jörg Schmidt-Reitwein. – Sch: Beate Mainka-Jellinghaus. – T: Herzog. – Sprecher: Rolf Illig. – P: Werner Herzog Filmproduktion, München. – Dz: Sommer 70. – Do: München, Hannover, Los Angeles. – Kosten: 40000 DM. – F: 16 mm, Farbe (Eastmancolor). – OL: 63 min. – Prädikat: besonders wertvoll. – V: Referat für Filmgeschichte, Köln.

1970/71 LAND DES SCHWEIGENS UND DER DUNKELHEIT. – B: Herzog. – K: Jörg Schmidt-Reitwein. – Sch: Beate Mainka-Jellinghaus. – T: Herzog. – M: J. S. Bach, Vivaldi. – D: Fini Straubinger, Heinrich Fleischmann, Vladimir Kokol, M. Baaske, Resi Mittermeier; Sprecher: Rolf Illig. – P: Werner Herzog Filmproduktion, München. – Dz: Okt. 70 bis Jan. 71. – Do: München und Umgebung. – Kosten: 40000 DM. – F: 16 mm, Farbe (Eastmancolor). – OL: 925 m = 85 min. – U: 8. 10. 71, Mannheim (Filmwoche). – TV: 12. 6. 72 (ZDF). – Prädikat: besonders wertvoll. – V: Referat für Filmgeschichte, Köln/Herzog.

1972 AGUIRRE, DER ZORN GOTTES. – B: Herzog. – K: Thomas Mauch; 2. K: Francisco Joán, Orlando Macchiavello. – Sch: Beate Mainka-Jellinghaus. – T: Herbert Prasch. – Synchronisation: Bob Oliver. – M: Popol Vuh. – Ra: Gustavo Cerff Arublu. – D: Klaus Kinski (Don Lope de Aguirre), Helena Rojo (Inez de Atienza), Del Negro (Carvajal), Ruy Guerra (Ursúa), Peter Berling (Guzman), Cecilia Rivera (Flores, Aguirres Tochter), Daniel Ades (Perucho), Edward Roland (Okello), Armando Polanah (Armando), Daniel Farfán, Alejandro Chavez, Antonio Marquez, Julio Martinez, Alejandro Repullés und Indianer der Kooperative Lauramarca. – P: Werner Herzog Filmproduktion, München/Hessischer Rundfunk, Frankfurt. – Pl: Walter Saxer. – Dz.: Jan., Feb. 72. – Do: Urubambatal, Huallaga-Fluß, Nanay-Fluß (Peru). – F: 35 mm, Farbe (Eastmancolor). – OL: 2.551 m = 93 min. – U: 29. 12. 72, Köln (englische Originalfassung); Erstaufführung der deutschen Fassung: 16. 1. 73, Köln. – TV: 16. 1. 73 (ARD). – Prädikat: wertvoll. – V: Filmverlag der Autoren (35 mm)/Referat für Filmgeschichte, Köln (16 mm).

1973/74 DIE GROSSE EKSTASE DES BILDSCHNITZERS STEINER (SKI-FLUGSCHANZE PLANICA). – B: Herzog. – K: Jörg Schmidt-Reitwein; Francisco Joán, Frederik Hettich, Alfred Chrosziel, Gideon Meron. – Sch: Beate Mainka-Jellinghaus. – T: Benedikt Kuby. – M: Popol Vuh. – D: Walter Steiner. – P: Werner Herzog Filmproduktion, München. – Pl: Walter Saxer. – Dz: Sept., Dez. 73, Jan., März 74. – Do: Planica (Jugoslawien), Wildhaus (Schweiz). – Kosten: 50000 DM. – F: 16 mm, Farbe (Eastmancolor). – OL: 45 min. – U: 14. 11. 74, München (Filmmuseum). – TV: 2. 2. 75 (ARD, Süddeutscher Rundfunk). – V: Referat für Filmgeschichte, Köln.

1974 JEDER FÜR SICH UND GOTT GEGEN ALLE. – B: Herzog. – K: Jörg Schmidt-Reitwein; Ass.: Michael Gast; 2. Kamera: Klaus Wyborny. – Sch: Beate Mainka-Jellinghaus. – T: Haymo Henry Heyder. – M: Pachelbel, Orlando di Lasso, Albinoni, Mozart. – A:

Henning von Gierke. – Ko: Gisela Storch, Ann Poppel. – Ra: Benedikt Kuby. – D: Bruno S. (Kaspar), Walter Ladengast (Daumer), Brigitte Mira (Käthe), Hans Musäus (Unbekannter), Willy Semmelrogge (Zirkusdirektor), Michael Kroecher (Lord Stanhope), Henry van Lyck (Rittmeister), Enno Patalas (Pastor Fuhrmann), Elis Pilgrim (zweiter Pastor), Volker Prechtel (Hiltel, Gefängniswärter), Gloria Doer (Frau Hiltel), Helmut Döring (der kleine König), Kidlat Tahimik (Hombrecito, Indianer), Andi Gottwald (der junge Mozart), Herbert Achternbusch (1. Bauernbursche), Wolfgang Bauer (2. Bauernbursche), Walter Steiner (3. Bauernbursche), Florian Fricke (Herr Florian), Clemens Scheitz (Schreiber), Johannes Buzalski (Polizeiaktuar), Dr. Willy Meyer-Fürst (Arzt), Alfred Edel (Professor der Logik), Franz Brumbach, Herbert Fritsch, Wilhelm Bayer, Peter Gebhart, Otto Heinzle, Reinhard Hauff. – P: Werner Herzog Filmproduktion, München/ZDF. – Pl: Walter Saxer. – Dz: Mai bis Juli, Sept. 74. – Do: Dinkelsbühl und Umgebung, Irland, Spanische Sahara. – Kosten: ca. 850 000 DM. – F: 35 mm, Farbe (Eastmancolor). – OL: 2.992 m = 109 min. – U: 1. 11. 74, Dinkelsbühl, im Zeltkino des Cinemobils/2.11. 74, Hof (Filmtage). – Prädikat: besonders wertvoll. – V: Filmverlag der Autoren (35 mm)/ Referat für Filmgeschichte, Köln (16 mm).

1975/76 HOW MUCH WOOD WOULD A WOODCHUCK CHUCK. – B: Herzog. – K: Thomas Mauch; 2. Kamera: Francisco Joán; 3. Kamera: Ed Lachmann. – Sch: Beate Mainka-Jellinghaus. – T: Herzog und Walter Saxer. – M: Shorty Eager and The Eager Beavers. – D: Ralph Wade, Alan Ball, Steve Liptay, Abe Diffenbach. – P: Werner Herzog Filmproduktion. – Pl: Walter Saxer. – Dz/Do: Sept. 75 Fort Collins/Colorado, Juni 76 New Holland/Pennsylvania. – F: 16 mm, Farbe. – OL: 44 min. – U: Sept. 1976

1976 MIT MIR WILL KEINER SPIELEN. – B: Herzog. – K: Jörg Schmidt-Reitwein. – Sch: Beate Mainka-Jellinghaus. – T: Haymo Henry Heyder. – Ra + Pl: Christian Weisenborn. – D: Kinder. – P: Werner Herzog Filmproduktion, München, im Auftrag des Instituts für Film und Bild in Wissenschaft und Unterricht (FWU), gefördert durch das Bundesministerium für Bildung und Wissenschaft. – Dz: Jan., Feb. 76. – Do: München-Fürstenried.– F: 16 mm, Farbe (Kodak ektachrom), auf 8 mm verkleinert. – OL: 14 min. – V: Landes- und Kreisbildstellen.

1976 HERZ AUS GLAS. – B: Herbert Achternbusch, Herzog. – K: Jörg Schmidt-Reitwein. – Sch: Beate Mainka-Jellinghaus. – T: Haymo Henry Heyder. – M: Studio für Frühe Musik und Popol Vuh. – A: Henning v. Gierke. – Ko: Gisela Storch, Ann Poppel. – D: Josef Bierbichler, Clemens Scheitz, Stefan Güttler, Sonja Skiba, Laien. – P:

Werner Herzog Filmproduktion, München. – Pl: Walter Saxer. – Dz: März, April 76. – Do: Bayerischer Wald, Schweiz, Irland Alaska. – F: 35 mm, Farbe (Eastmancolor). – OL: ca. 93 min. – U: Nov. 76 (geplant). – V: Filmverlag der Autoren (35 mm).

1976 In Vorbereitung: STROSZEK. – B: Herzog. – Dz: November, Dezember 76, Drehorte: Plainfield/Wisconsin, Berlin.

Bibliografie

(Hinweise zur Anordnung, Auflösung der Abkürzungen und Angaben zu Quellen am Ende des Bandes.)

Texte von Werner Herzog

Rebellen in Amerika (Zu Filmen des New American Cinema). in: Filmstudio (Frankfurt), Nr. 43, Mai 64. – Neun Tage eines Jahres (Kritik des Films von Michail Romm). in: Filmstudio, Nr. 44, Sept. 64. – Mit den Wölfen heulen (Über die Politisierung als Filmmacher). in: FK, Juli 68. – Warum ist überhaupt Seiendes und nicht vielmehr Nichts? (Zu Fotos von Jean Renoir). in: Kino, März–April 74.

Über Werner Herzog

Zeitschrift

Cinema (Adliswil), Nr. 69 (1972). Themenheft über Werner Herzog mit Beiträgen von Wolfgang Ruf und Günther Pflaum.

Aufsätze/Artikel

Ekkehard Pluta: Einzelgänger unter Außenseitern. in: TS, 7. 2. 71. – Kraft Wetzel: Werner Herzog. in: Kino, April–Mai 73. – Ekkehard Pluta: Filmen, um zu entdecken. in: Medium, Jan. 74. – Karsten Witte: Zur Musik bei Werner Herzog. in: Kino, Nov. 74. – Gottfried Knapp: Dokumente der Faszination. in: SZ, 16.–17. 11. 74. – Fritz Rumler: »Zum Filmen notfalls in die Hölle«. in: Der Spiegel, 17. 11. 75. – Hans C. Blumenberg: Reisen in das Land hinter dem Horizont. in: Kölner Stadtanzeiger, 10. 1. 76. / Brian Baxter: Werner Herzog and Jean-Marie Straub. in: Film (London), Frühjahr 69. / Noureddine Ghali: Werner Herzog. Le réel saisi par le rêve. in: Jeune Cinéma, Nov. 74. – Noureddine Ghali: Werner Herzog. in: Cinéma (Paris), Mai 75. – Ulricht Gregor: Le visionnaire Werner Herzog. in: Jeune Cinéma, April 76.

Interviews

Florian Fricke, Frieda Grafe, Enno Patalas: Werner Herzog. in: Fk, März 68. – Kurt Habernoll: Auflehnung gegen jeglichen Zwang. in:

Die Welt, 13. 7. 68. – Barbara Bronnen: Werner Herzog. in: Bronnen, Brocher: Die Filmemacher. München, Gütersloh, Wien: C. Bertelsmann 1973, S. 11–24. – Kraft Wetzel: KINO-Interview: Werner Herzog. in: Kino, Okt.–Nov. 73. – Thomas Brandlmeier: Die große Ekstase des Werner Herzog. in: Film- & Ton-Magazin, Jan. 75. – Florian Hopf: Die Filme gehören zu dem, was unsere Mitte ausmacht. in: FR, 21. 8. 75. /Noureddine Ghali: Werner Herzog: »Comme un rêve puissant . . .«. in: Jeune Cinéma, Sept.–Okt. 74. – Noureddine Ghali: Entretien. in: Cinéma (Paris), Mai 75. – Michel Ciment: Entretien avec Werner Herzog. in: Positif, Mai 75.

Zu einzelnen Filmen

Kurzfilme

Über LETZTE WORTE: Kurt Habernoll in: XIV. Westdeutsche Kurzfilmtage Oberhausen. Bericht 1968, S. 65–66. – Prädikatsbegründung in der FBW-Broschüre »Besonders wertvoll. Kurzfilme 1968«, S. 101–102.

Über MASSNAHMEN GEGEN FANATIKER: Wolfgang Längsfeld in: XV. Westdeutsche Kurzfilmtage Oberhausen. Bericht 1969, S. 84–86. – Prädikatsbegründung in der FBW-Broschüre »Besonders wertvoll. Kurzfilme 1969«, S. 96.

LEBENSZEICHEN

Material: Produktionsbericht von Elke Kummer in: Film·(Velber), Dez. 67. – Peter Schamoni: Plädoyer für einen Außenseiter (LEBENSZEICHEN findet keinen Verleih). in: Die Welt, 30. 3. 68. – Interview mit Werner Herzog über seine Vorführungen im Bezirk Neukölln während der Berlinale in: Film, Aug. 68. – Prädikatsbegründung in der FBW-Broschüre »Besonders wertvoll. Langfilme 1968«, S. 53–54.

Kritiken: Karena Niehoff in: TS, 27. 6. 68; auch in: SZ, 2. 7. 68. – Brigitte Jeremias in: FAZ, 28. 6. 68. – Helmuth de Haas in: Die Welt, 29. 6. 68. – o. V. in: Der Spiegel, 1. 7. 68. – E. K. in: EFB, 6. 7. 68. – Urs Jenny in: SZ, 10. 7. 68. – Alfred Paffenholz in: FD, 16. 7. 68 (FD-Nr. 15 573). – Harald Greve in: Fk, Aug. 68. – W. K. (Werner Kließ) in: Film, Aug. 68. – Wolfram Schütte in: FR, 12. 8. 68. – Uwe Nettelbeck in: Die Zeit, 16. 8. 68. – Ulrich Kurowski in: JFF Beratungsdienst, Okt. 68. – xb. (Alex Benninger) in: NZZ, 3. 12. 68. / Richard Combs in: MFB, Jan. 74. / Patrice Leconte in: CdC, Sept. 69. – Hélène Tierchant in: Positif, Dez. 69.

DIE FLIEGENDEN ÄRZTE VON OSTAFRIKA

Material: Prädikatsbegründung in der FBW-Broschüre »Besonders wertvoll. Kurzfilme 1969«, S. 53–54.
Kritiken: Ka. (Rudolf Kasprowicz) in: FAZ, 16. 6. 69. – c. h. m. (Claus Heinrich Meyer) in: SZ, 2.–3. 5. 70.

FATA MORGANA

Material: Produktionsbericht in: Filmreport, 20. 11. 69. – Prädikatsbegründung in der FBW-Broschüre »Besonders wertvoll. Langfilme 1971/72«, S. 45–46.
Kritiken: Alf Brustellin in: SZ, 24. 5. 71. – Dietrich Kuhlbrodt in: Fk, Nov. 71. – W. G. (Winfried Günther) in: Medium, Dez. 71. – Günther Pflaum in: FD, 25. 1. 72 (FD-Nr. 17 667). / Vincent Canby in: NYT, 8. 10. 71. – Tony Rayns in: MFB, Jan. 74. – Peter Lloyd in: Monogram (London), Nr. 5 (1974). / H. T. (Hélène Tierchant) in: Positif, Sept. 71.

AUCH ZWERGE HABEN KLEIN ANGEFANGEN

Material: Prädikatsbegründung in der FBW-Broschüre »Besonders wertvoll. Langfilme 1970«, S. 14–18.
Kritiken: Karl Korn in: FAZ, 12. 5. 70. – Egon Netenjakob in: Fernsehen + Film, Juli 70. – Wolf Donner in: Die Zeit, 17. 7. 70. – Rainer Fabian in: Die Welt, 5. 2. 71. – Alf Brustellin in: SZ, 16. 2. 71. – Dietrich Kuhlbrodt in: Fk, April 71. – Erwin Schaar in: FD, 21. 3. 72 (FD-Nr. 17 751)./Vincent Canby in: NYT, 17. 9. 70. – Tom Milne in:MFB, Nov. 72. – Tony Rayns in: SaS, Winter 72-73. / B. C. (Bernard Cohn) in: Positif, Sept. 70. – M. M. (Marcel Martin) in: Ecran, Dez. 72.

BEHINDERTE ZUKUNFT

Material: Prädikatsbegründung in der FBW-Broschüre »Besonders wertvoll. Langfilme 1971/72«, S. 15–16.
Kritiken: Wolfgang Ruf in: Medium, Feb. 72. – Rudolf Kanamüller in: JFF, März 74.

LAND DES SCHWEIGENS UND DER DUNKELHEIT

Material: Prädikatsbegründung in der FBW-Broschüre »Besonders wertvoll. Langfilme 1971/72«, S. 98–101.
Kritiken: Wolfgang Ruf in: SZ, 29. 10. 71. – Günther Pflaum in: FD, 16. 11. 71 (FD-Nr. 17 564). – WR (Wilhelm Roth) in: Fk, Dez. 71. – Uta Gote in: Die Welt, 14. 6. 72. – Grn. (Ulrich Greiner) in: FAZ, 14. 6. 72. – Rupert Neudeck in: Funk-Korrespondenz, 22. 6. 72.

AGUIRRE, DER ZORN GOTTES

Material: Interviews mit Werner Herzog von Harald Greve und Siegfried Schober in: SZ, 22.–23. 4. 72, von Peter B. Schumann in: Ki + Fi, Jan. 73, von Günther Pflaum in: F-Ko, 13. 2. 73, von Jacques Zimmer in: I + S, März 75.

Kritiken: Wolfgang Limmer in: Medium, Jan. 73. – o. V. in: Der Spiegel, 15. 1. 73. – hrb (Heiko R. Blum) in: FR, 16. 1. 73. – Wolfgang Ruf in: SZ, 16. 1. 73. – gaz (Günter Zehm) in: Die Welt, 18. 1. 73. – Karl Korn in: FAZ, 18. 1. 73. – H. G. Pflaum in: SZ, 18. 1. 73. – Günther Pflaum in: Funk-Korrespondenz, 24. 1. 73. – G. P. (Günther Pflaum) in: FD, 6. 2. 73 (FD-Nr. 18164). – Siegfried Schober in: SZ, 19.–20. 4. 74. / Tony Rayns in: SaS, Winter 74–75. – Richard Combs in: MFB, Jan. 75. – Derek Elley in: FaF, Feb. 75. – Andrea Simon in: Monogram (London), Okt. 75. / Noureddine Ghali in: Jeune Cinéma, Juli–Aug. 73. – Alain Garsault in: Positif, März 75. – Claude-Michel Cluny in: Cinéma (Paris), April 75. – Guy Gauthier, Alain Garel in: I + S, April 75. – Noël Simsolo in: Ecran, April 75 (mit Interview). – Jean-François Six in: Le Monde, 6. 4. 75. – Jean-Pierre Oudart in: CdC, Juli–Aug. 75.

DIE GROSSE EKSTASE DES BILDSCHNITZERS STEINER

Kritiken: Peter Sartorius in: SZ, 4. 2. 75. – Michael Schwarze in: FAZ, 4. 2. 75. – Rupert Neudeck in: Funk-Korrespondenz, 5. 2. 75. – Wolfgang Ruf in: Kirche und Rundfunk, 8. 2. 75.

JEDER FÜR SICH UND GOTT GEGEN ALLE

Material: Drehbuchauszug in: Kino, April 74. – Produktionsbericht von Lotte H. Eisner in: SaS, Herbst 74. – Interview mit Herzog von H. G. Pflaum in: F-Ko, 13. 11. 74; nachgedr. in: FR, 23. 11. 74. – Prädikatsbegründung in der FBW-Broschüre »Besonders wertvoll. Langfilme 1973/74«, S. 71–74.

Kritiken: Heinz L. Mann in: Die Welt, 9. 11. 74. – Wolfgang Berndt in: Kino, Nov. 74. – Alfred Nemeczek in: Stern, 21. 11. 74. – Gottfried Knapp in: SZ, 3. 12. 74. – H. G. Pflaum in: FD, 24. 12. 74 (FD-Nr. 19124). – Wolfgang Ruf in: Medium, Jan. 75. – Arnd F. Schirmer in: TS, 3. 1. 75. – Christian Stelzer in: JFF, März 75. – Wolfram Schütte in: FR, 19. 3. 75. – o. V. in: Der Spiegel, 12. 5. 75. – Hans C. Blumenberg in: Kölner Stadt-Anzeiger, 4. 7. 75. – Harun Farocki, Rainer Gansera in: Fk, Nov. 75. – Wolfram Schütte in: NZZ, 24. 12. 75. / David L. Oberbey in: SaS, Frühjahr 75 (gemischt mit Interviewpassagen). – Tom Milne in: MFB, Dez. 75. / Gérard Legrand in: Positif, Mai 75. – Jean Delmas in: Jeune Cinéma, Juli–Aug. 75 (mit Interview). – Noureddine Ghali in: Cinéma (Paris), Sept.–Okt. 75. – Claire Clouzot in: Ecran, Nov. 75 (mit Interview). – Jean de Baroncelli in: Le Monde, 4. 11. 75. – Bruno Duval in I + S, Dez. 75.

Alexander Kluge

Biografie

Alexander Kluge
geb. am 14. Februar 1932 in Halberstadt.
Als Sohn des Arztes Dr. med. Ernst Kluge und dessen Frau Alice, geb. Hausdorf, besucht Alexander Kluge das Domgymnasium in Halberstadt und, nach der Scheidung der Eltern, ab 1946 das Charlottenburger Gymnasium in Berlin. Ein Studium der Rechtswissenschaften, Geschichte und Kirchenmusik in Freiburg, Frankfurt und Marburg schließt er 1956 mit der Promotion zum Dr. jur. ab (Dissertation: Die Universitäts-Selbstverwaltung). Zusammen mit dem Rechtsanwalt und Bildungspolitiker Hellmut Becker verfaßt er ein Buch über »Kulturpolitik und Ausgabenkontrolle«.
Kluge ist zwar seit 1958 auch als Rechtsanwalt tätig, aber seine Interessen gelten Film und Literatur. Bei der CCC-Film absolviert er 1958 ein Volontariat (und beobachtet dabei Fritz Lang während der Dreharbeiten zum *Indischen Grabmal*). 1960 dreht Kluge (zusammen mit Peter Schamoni) einen ersten Kurzfilm, der 1961 in Oberhausen einen der sechs Hauptpreise erhält. 1962 gehört Kluge zu den Initiatoren des Oberhausener Manifests, in dem von 26 jungen Regisseuren der Tod des alten deutschen Films und der Glaube an den neuen formuliert wird. 1963 gründet Kluge eine eigene Produktionsgesellschaft, Kairos-Film, über die er künftig die Herstellung fast aller seiner Filme abwikkelt. Kluges erster Spielfilm, ABSCHIED VON GESTERN, um die Jahreswende 65/66 gedreht, wird im September 66 bei den Filmfestspielen in Venedig uraufgeführt und mit einem Sonderpreis ausgezeichnet. Sein zweiter Spielfilm, DIE ARTISTEN IN DER ZIRKUSKUPPEL: RATLOS, der 1968 in Venedig uraufgeführt wird, erhält dort – als erster deutscher Film nach 1945 – den Großen Preis (»Goldener Löwe von San Marco«). Beide Filme werden 1967 bzw. 1969 mit einem Bundesfilmpreis (Filmband in Gold) ausgezeichnet. 1967 erhält Kluge außerdem den Bundesfilmpreis als bester Regisseur für ABSCHIED VON GESTERN.
Für seinen ersten Erzählungsband, *Lebensläufe*, wird Kluge 1964 mit dem Berliner Kunstpreis – Junge Generation ausgezeichnet. Für sein Buch *Schlachtbeschreibung – Der Untergang der 6. Armee* erhält er 1966 den Bayerischen Staatspreis für Literatur. Kluge ist Mitglied des PEN-Zentrums der Bundesrepublik.
Seit 1962 ist Kluge Leiter des Instituts für Filmgestaltung in Ulm, seit 1973 Honorarprofessor an der Johann Wolfgang Goethe-Universität Frankfurt am Main.
Als Förderer des Kuratoriums Junger Deutscher Film und als Sprecher

der Arbeitsgemeinschaft neuer deutscher Spielfilmproduzenten gilt Kluge als entscheidender Initiator einer auch qualitativ orientierten Filmförderung. Dafür erhält er 1967 eine »Dankadresse« der Arbeitsgemeinschaft der Filmjournalisten.
Alexander Kluge hat eine Schwester: Alexandra Kluge, geboren 1937, die in Frankfurt als Ärztin praktiziert. In mehreren Filmen ist sie seine Hauptdarstellerin.

Filmografie

Die Filmografie enthält die einschlägigen Angaben zu Filmen, bei denen Alexander Kluge Regie geführt (Titel in Versalien) oder an denen er mitgearbeitet hat (Titel kursiv). Quellen und Abkürzungen am Ende des Bandes.

1960 BRUTALITÄT IN STEIN / DIE EWIGKEIT VON GESTERN. – R und B: Peter Schamoni, Kluge. – K: Wolf Wirth. – M: Hans Posegga. – P: Kluge/Schamoni, München. – F: 35 mm, sw. – OL: 320 m = 12 min. – U: 8. 2. 61, Oberhausen (Kurzfilmtage). – V: –.

1961 RENNEN. – R: Kluge, Paul Kruntorad. – B: Hans von Neuffer; Kommentar: Paul Kruntorad. – K: (Archivmaterial). – Sch: Kluge. – P: Rolf A. Klug/Kluge. – F: 35 mm, sw. – OL: 252 m = 9 min. – V: –.

1962/63 LEHRER IM WANDEL. – B: Alexander und Karen (d. i. Alexandra) Kluge. – K: Alfred Tichawsky. – Sch: Kluge. – T: Hans-Jörg Wicha. – P: Kluge, München. – F: 35 mm, sw. – OL: 330 m = 11 min. – U: 20. 2. 63, Oberhausen (Kurzfilmtage). – V: –.

1963 *Protokoll einer Revolution.* – R: Günter Lemmer. – B: Kluge, Peter Berling. – K: Lemmer, Peter A. Wortmann. – D: Uschi Glass; Sprecher Sammy Drechsel, Rolf Illig. – P: Berling/Lemmer/Kluge, München. – F: 35 mm, sw. – OL: 12 min. – Prädikat: besonders wertvoll (für geänderte Fassung). – V: –.

1964 PORTRÄT EINER BEWÄHRUNG. – B: Kluge. – K: Winfried E. Reinke, Günter Hörmann. – Sch: Beate Mainka. – T: Peter Schubert. – D: Polizeihauptwachtmeister Müller-Seegeberg. – P: Kairos-Film, München. – F: 35 mm, sw. – OL: 369 m = 13 min. – U: 24. 2. 65, Oberhausen (Kurzfilmtage). – Prädikat: besonders wertvoll. – V: –.

1965 *Unendliche Fahrt – aber begrenzt.* – R: Edgar Reitz. – B: Reitz; Erzählung: Kluge. – K: Thomas Mauch, Gerhard Peters. – P:

Insel Film. – F: 35 mm, sw. und Farbe. – OL: 60 Stunden (es handelt sich um 36 Filmschleifen unterschiedlicher Länge, die auf 36 Leinwände simultan projiziert werden und alle 60 Stunden gemeinsam ihre Ausgangsstellung erreichen). – U: Juni 65, München (Internationale Verkehrsausstellung). – Prädikat: besonders wertvoll. – V: –.

1965/66 ABSCHIED VON GESTERN (ANITA G.). – B: Kluge, nach seiner Erzählung *Anita G.* aus den *Lebensläufen.* – K: Edgar Reitz, Thomas Mauch. – Sch: Beate Mainka. – T: Hans-Jörg Wicha, Klaus Eckelt, Heinz Pusel. – Al: Bernd Hoeltz, Werner Leckebusch. – D: Alexandra Kluge (Anita G.), Hans Korte (Richter), Edith Kuntze-Peloggio (Bewährungshelferin Treiber), Palma Falck (Frau Budek), Ado Riegler (Geistlicher), Josef Kreindl (Chef der Schallplattenfirma), Käthe Ebner (Frau des Chefs), Peter Staimmer (junger Mann), Hans Brammer (Professor), E. O. Fuhrmann (Fallschirmjäger), Karl-Heinz Peters (Herr), Ursula Dirichs (Mutter), Günther Mack (Pichota, Ministerialdirigent), Eva Maria Meineke (Frau Pichota), Fritz Werner (Geschäftsführer in einem Pelzgeschäft), Hedwig Wissing (Zimmermädchen), Nathan Gnath (Hoteldirektor), Maria Schäfer (Zimmerwirtin), Harald Patzer (ordentl. Professor), Alfred Edel (Universitätsassistent), Gottfried Gerhard Bowin-Schlegel (Hotelportier), Adam Delle (Hundedressur), Ingeborg Werneth (Zimmerwirtin), Fritz Bauer (Generalstaatsanwalt), Irma Kolmhuber (Gefängniskrankenschwester), Erna Bepperling (Gefängnisfürsorgerin); Sprecher: Alexander Kluge. – P: Kairos-Film, München in Zusammenarbeit mit Independent-Film, Berlin. – Pl: Werner Leckebusch. – Dz: Dez. 65, Jan.–Feb. 66. – Do: Frankfurt am Main, Mainz, Wiesbaden, München. – F: 35 mm, sw. – OL: 2.394 m = 88 min. – U: 5. 9. 66, Venedig (Filmfestspiele). – DE: 14. 10. 66. – TV: 29. 12. 70 (ZDF). – Prädikat: besonders wertvoll. – V: Filmverlag der Autoren (35 mm)/atlas film + av (16 mm).

1966 *Pokerspiel.* – Neubearbeitung von *Nipp and Tuck* von Mack Sennett (USA 1923). – P: Mack Sennett/Kairos-Film, München. – F: 35 mm, sw. – L: 383 m = 14 min. – Prädikat: wertvoll. – V: –.

1966 *Mahlzeiten.* – R: Edgar Reitz. – B: Reitz. – K: Thomas Mauch. – Beratung: Kluge, Hans Dieter Müller. – D: Heidi Stroh, Georg Hauke. – P: Edgar Reitz Filmproduktion, gefördert durch das Kuratorium Junger Deutscher Film. – F: 35 mm, sw. – OL: 94 min. – U: 21. 3. 67. – V: Krauskopf (16 mm).

1967 FRAU BLACKBURN, GEB. 5. JAN. 1872, WIRD GEFILMT. – B: Kluge. – K: Thomas Mauch. – Sch: Beate Mainka-Jellinghaus. – T: Bernd Hoeltz. – D: Martha Blackburn. – P: Kairos-Film, München. – F: 35 mm, sw. – OL: 371 m = 14 min. – U: 28. 6. 67, Berlin

(Filmfestspiele). – Prädikat: besonders wertvoll. – V: Filmverlag der Autoren (35 mm).

1967 DIE ARTISTEN IN DER ZIRKUSKUPPEL: RATLOS. – B: Kluge. – K: Günter Hörmann, Thomas Mauch; Ass.: Dietrich Lohmann, Frank Brühne. – Sch: Beate Mainka-Jellinghaus. – T: Bernd Hoeltz. – Al: Bernd Hoeltz, Ingeborg Pressler. – D: Hannelore Hoger (Leni Peickert, Artistin und Unternehmerin), Siegfried Graue (Manfred Peickert, ihr Vater), Alfred Edel (Dr. Busch, ihr Freund), Bernd Hoeltz (Herr von Lüptow, ihr engster Mitarbeiter), Eva Oertel (Gitti Bornemann, eine reiche Erbin), Kurt Jürgens (Dompteur Mackensen), Gilbert Houcke (Dompteur Houcke), Wanda Bronska-Pampuch (Frau Saizewa), Herr Jobst (Impressario), Hans-Ludger Schneider (Assessor Korti), Klaus Schwarzkopf (Philologe Gerloff), Nils von der Heyde (Herr Arbogast, Pressechef), Marie Luise Dutoit (Schweizer Artistin), Peter Steimer (Perry Woodcock), Theodor Hoffa (Monokelträger), Maximiliane Mainka/Ingeborg Pressler (zwei Clowns), Wolfgang Mai (Joe Willkins, Dramaturg), Tilde Trommler (Lotte Losemeyer, Buchhalterin), Ingo Binder (Fadil Sojkowski, Schlangenartist), Kurt Tharandt (Herr Böhme, Gläubiger), Ina Giehrt (Journalistin); Kommentar gesprochen von: Alexandra Kluge, Hannelore Hoger, Herr Hollenbeck; Klavier: Liviane Gomorrhi (Paris), Hellmuth Löffler (Staatstheater Stuttgart). – P: Kairos-Film. – Dz: Juli–Sept. 67. – Do: München, Nürnberg, Stuttgart, Frankfurt am Main. – F: 35 mm, sw. mit Farbteilen. – OL: 2.829 m = 103 min. – U: 30. 8. 68, Venedig (Filmfestspiele). – DE: 10. 10. 68, Mannheim (Informationsschau der Filmwoche). – TV: 28. 3. 70 (NDR III/WDR III). – Prädikat: besonders wertvoll. – V: Filmverlag der Autoren (35 mm)/Krauskopf (16 mm).

1967/69 DIE UNBEZÄHMBARE LENI PEICKERT. – B: Kluge. – K: Günter Hörmann, Thomas Mauch. – Sch: Beate Mainka-Jellinghaus. – T: Bernd Hoeltz. – D: Hannelore Hoger (Leni Peickert) u. a. – P: Kairos-Film. – F: 35 mm, sw. – OL: 60 min. – TV: 29. 3. 70 (WDR III). – V: –.

1968 FEUERLÖSCHER E. A. WINTERSTEIN. – B: Kluge. – K: Edgar Reitz, Thomas Mauch. – Sch: Beate Mainka-Jellinghaus. – T: Hans-Jörg Wicha. – D: Bernd Hoeltz, Kluge, Peter Steimer, Hans Korte u. a. – P: Kairos-Film. – F: 35 mm, sw. – OL: 292 m = 11 min. – Prädikat: wertvoll. – V: –.

1969/70 DER GROSSE VERHAU. – B: Kluge; Mitarbeit: Wolfgang Mai; Lektorat: Hans Dieter Müller. – K: Thomas Mauch, Alfred Tichawsky; Spezialaufnahmen: Günter Hörmann, Hannelore Hoger,

Joachim Heimbucher. – Sch: Maximiliane Mainka, Beate Mainka-Jellinghaus. – T: Bernd Hoeltz. – Ra: Bion Steinborn. – Al: Dagmar Klaiber. – D: Vinzenz und Maria Sterr (zwei Raumschiffer), Siegfried Graue (Clark Douglas, Raumpilot), Silvia Forsthofer (Frl. Silvie Szeliga, Douglas' Freundin), Henrike Fürst (Chefin der Joint Galactical Transports), Claus-Dieter Reents (Prokurist dieser Firma), Hajo von Zündt (Leiter der Bodenstation der J. G. T.), Hark Bohm (Oberst von Schaacke, Chefadmiral der 6. Flotte), Horst Sachtleben (Stabsoffizier der Raummarine), Hannelore Hoger (Polizeiinspektorin), Bernd Hoeltz (Gefängnisbeamter); ein Amerikaner, ein Hehler, zwei Familien, ein Untersuchungsführer, ein Repräsentant der Suez-Kanal-Gesellschaft, Werkschutz, Raumsoldaten, Einwohner von Krüger 60, Arbeitende. – P: Kairos-Film. – Dz: Jan. 69 – April 70 (mit Pausen). – Do: München, Ulm, Frankfurt am Main. – F: 35 mm, sw und Farbe (Eastmancolor). – OL: 2.351 m = 86 min. – U: 30. 6. 71, Berlin (Internationales Forum des Jungen Films). – V: Freunde der Deutschen Kinemathek (16 mm).

1969/70 EIN ARZT AUS HALBERSTADT. – B: Kluge. – K: Alfred Tichawsky, Günter Hörmann. – Sch: Maximiliane Mainka. – T: Bernd Hoeltz. – D: Dr. med. Ernst Kluge. – P: Kairos-Film. – F: 35 mm, sw. – OL: 804 m = 29 min. – Prädikat: wertvoll. – V: –.

1971 WIR VERBAUEN 3 × 27 MILLA. DOLLAR IN EINEN ANGRIFFSSCHLACHTER / DER ANGRIFFSSCHLACHTER. – B: Kluge, nach seiner Erzählung *Angriffsschlachter En Cascade.* – K: Alfred Tichawsky, Günter Hörmann, Hannelore Hoger, Thomas Mauch. – T und M: Bernd Hoeltz. – D: Hark Bohm, Kurt Jürgens, Hannelore Hoger, Ian Bodenham. – P: Kairos-Film. – F: 35 mm, Farbe mit sw-Teilen. – OL: 505 m = 18 min. – Prädikat: besonders wertvoll. – V: –.

1971 WILLI TOBLER UND DER UNTERGANG DER 6. FLOTTE. – B: Kluge. – K: Dietrich Lohmann, Alfred Tichawsky, Thomas Mauch. – Sch: Maximiliane Mainka, Beate Mainka-Jellinghaus. – T: Bernd Hoeltz. – D: Alfred Edel (Willi Tobler), Helga Skalla (seine Frau Dorle), Hark Bohm (Chef-Admiral der 6. Flotte), Kurt Jürgens (von Carlowitz, Konteradmiral), Nathalie Bowakowa (Geheimagentin Paula Stihi), Joachim Hirsch (Propagandabeauftragter der Rebellen), Hannelore Hoger (Polizeiinspektorin), Horst Sachtleben (Oberst von Schaake), Agneta Löfving (Korvettenkapitän), Bernd Hoeltz (Oberst Baade), Sabine, Steffi und Angela Skalla (Toblers Kinder). – P: Kairos-Film. – F: 35 mm, sw und Farbe (Eastmancolor). – OL: 2.626 m = 96 min. – TV: 19. 1. 72 (ZDF). – V: –.

1973 BESITZBÜRGERIN, JAHRGANG 1908. – B: Kluge. – K: Thomas Mauch. – Sch: Beate Mainka-Jellinghaus. – T: Francesco

Joan-Escubano. – D: Alice Schneider, Herr Guhl. – P: Kairos-Film. – F: 35 mm, sw. – OL: 311 m = 11 min. – Prädikat: besonders wertvoll. – V: –.

1973 GELEGENHEITSARBEIT EINER SKLAVIN. – B: Kluge; Drehbuchmitarbeit: Hans Drawe, Alexandra Kluge. – K: Thomas Mauch; Ass.: Francisco Joan-Escubano. – Sch: Beate Mainka-Jellinghaus; Ass.: Christina Warnck. – T: Gunter Kortwich. – Al: Horst Schäfer, Peter Baden. – Ra: Claus-Dieter Reents. – D: Alexandra Kluge (Roswitha Bronski), Franz Bronski (Franz Bronski), Sylvia Gartmann (Sylvia, Roswithas Vertraute), Traugott Buhre (Dr. Genée, Frauenarzt), Ursula Dirichs (A. Willek, größte Engelmacherin der Stadt), Walter Flamme (Jungchef der Firma Beauchamp & Co.), Ulrike Laurenzen (Chefsekretärin dieser Firma), Ortrud Teichart (Abtreibungskundin), Alfred Edel (Werkschutzchef), Arno Roggenbuck (Werkschutzbeamter, mittlere Ebene), W. Petermann (Redakteur), Christine Müller (Kriminalbeamtin), Michael Hanemann (Betriebsratsmitglied), Roland H. Wiegenstein (Manager einer Jungunternehmertagung); Unternehmer, Minister, Vertrauensleute der Gewerkschaft u. a.; Kinder: Ann, Andro, Lara, Sarah, Sonja. – P: Kairos-Film, München. – Pl: Dagmar Rehmer. – Dz: Feb. – April 73. – Do: Frankfurt am Main, Metz.– F: 35 mm, sw. – OL: 2.500 m = 91 min. – U: 7. 12. 73, München. – TV: 12. 12. 75 (ARD). – Prädikat: wertvoll. – V: Filmverlag der Autoren (35 mm)/atlas film + av (16 mm).

1973 *Die Reise nach Wien.* – R: Edgar Reitz. – B: Reitz, Kluge. – K: Robby Müller, Martin Schäfer. – D: Elke Sommer, Hannelore Elsner, Mario Adorf, Nicolas Brieger. – P: Edgar Reitz Filmproduktion. – F: 35 mm, Farbe. – OL: 102 min. – U: 26. 9. 73. – TV: 2. 2. 75 (WDR). – V: Gloria (35 mm).

1974 IN GEFAHR UND GRÖSSTER NOT BRINGT DER MITTELWEG DEN TOD. – R und B: Kluge, Edgar Reitz. – K: Reitz, Alfred Hürmer, Günter Hörmann. – Sch: Beate Mainka-Jellinghaus. – T: Burkhard Tauschwitz, Dietmar Lange. – M: Wagner, Verdi u. a. – Mitarbeiter: Jürgen Bieske, Alfred Chrosziel, Heide Handorf, Dagmar Rehmer, Klaus Vogel. – Ra: Vit Martinek. – D: Dagmar Bödderich (Inge Maier, eine Beischlafdiebin), Jutta Winkelmann (Rita Müller-Eisert, Geheimagentin), Norberg Kentrup (Max Andrich, ein Agent, Ritas Gefährte), Kurt Jürgens (Kurt v. B., Polizeivizepräsident), Alfred Edel (A. Bieringer, ein Bundestagsabgeordneter), Jutta Thomasius (J. Thomasius, Abgeordnetenkollegin), André Mozart (A. Rusche, Agentenführer), Hans Drawe (Dietzlaff, Agent); Heizer Münch, ein Baggerführer, Bewohner eines besetzten Hauses, Polizeitruppe, Karnevalisten, Chefausstatter eines Kaufhauses, Karnevalsprinz und Karnevalsprinzessin, Kommandeuse der »Fidelen Eckenheimer« mit Garde, Astrophysiker, Jungunternehmer einer Abbruchfirma, Streikleitung der Oper, Delegierte des Unterparteibezirkstages der SPD u. a. – P: RK-Film, München. – Dz: Febr.–März 74. – Do: Frankfurt am Main und Umgebung. – F: 35 mm, sw. – OL: 2.460 m = 90 min. – U: 18. 12. 74, München. – TV: 26. 8. 76 (ZDF). – Prädikat: besonders wertvoll. – V: Filmverlag der Autoren (16 und 35 mm).

1975/76 DER STARKE FERDINAND. – B: Kluge, n. s. Erzählung *Ein Bolschewist des Kapitals* in: *Lernprozesse mit tödlichem Ausgang.* – K: Thomas Mauch, Martin Schäfer. – Sch: Heidi Genée, Agape Dorstewitz. – T: Heiko Hinderks, Reiner Wiehr. – Al: Gerhard Czepe, Klaus Keil. – Ra: Traudi Kurz, Petra Kiener. – Beratung: Hans Dieter Müller, Christel Buschmann, Beate Mainka-Jellinghaus, Alf Brustellin, Bernhard Sinkel. – D: Heinz Schubert (Ferdinand Rieche), Verena Rudolph (Gertie Kallmann), Gert Günther Hoffmann (Wilutzki), Joachim Hackethal (Kniebeling), Heinz Schimmelpfennig (Ganter), Siegfried Wischnewski (Kobras), Erich Kleiber (Rosotschke), Franz Kollasch (Gutermut), Dan van Husen (Wulf), Rudolf Wessely (Villenbesitzer), Daphne Wagner (Haferkamp), Klaus Altmann (Journalist), Wolfgang Scherer (Wertheim), Rudolf Bockelmann (Peilert), Uwe Müntmann (Jeschke), Marga Wiedner (Hausherrin), Hark Bohm (Reporter), Barbara Assmann (Arbeiterin), Christoph Gerarths (Denunziant), Klaus Dersch (Dir. Grün), Karlheinz Thomas (Gangsterstellvertreter); Sprecher: Alexander Kluge. – P: Kairos-Film in Zusammenarbeit mit Reitz-Film, München. – Pl: Bernd Eichinger. – Dz: Nov. – Dez. 75. – Do: München, Augsburg, Frankfurt am Main, Köln, Wuppertal, Bonn. – F: 35 mm, Farbe (Eastmancolor). – OL: 2.666 m = 97 min. – U: 27. 4. 76, Bonn. – Prädikat: besonders wertvoll. – V: Constantin (35 mm).

Bibliografie

(Hinweise zur Anordnung, Auflösung der Abkürzungen und Angaben zu Quellen am Ende des Bandes.)

Texte von Alexander Kluge

Bücher

Die Universitäts-Selbstverwaltung. Ihre Geschichte und gegenwärtige Rechtsform. Frankfurt am Main: Klostermann 1958. 264 S.
(zus. mit Hellmuth Becker:) Kulturpolitik und Ausgabenkontrolle. Frankfurt am Main: Klostermann 1961. 309 S.

Lebensläufe. Stuttgart: Goverts 1962. 207 S. – Als Taschenbuch: Frankfurt am Main 1964. Fischer Bücherei 608. – Neubearbeitet und um bisher unveröffentlichte Erzählungen erweitert mit dem Titel: Lebensläufe. Anwesenheitsliste für eine Beerdigung: Frankfurt am Main: Suhrkamp 1974. suhrkamp taschenbuch 186. 254 S.
Schlachtbeschreibung. Olten und Freiburg: Walter 1964. 372 S. – Als Taschenbuch: Frankfurt am Main 1968. Fischer Bücherei 860. – Neuausgestattet: Der Untergang der sechsten Armee – Schlachtbeschreibung. München: Piper 1969.
Die Artisten in der Zirkuskuppel: ratlos. Die Ungläubige. Projekt Z. Sprüche der Leni Peickert. München: Piper 1968. 146 S.
(zusammen mit Oskar Negt:) Öffentlichkeit und Erfahrung. Zur Organisationsanalyse von bürgerlicher und proletarischer Öffentlichkeit. Frankfurt am Main: Suhrkamp 1972, 2. Auflage 1974. edition suhrkamp 639. 490 S.
(zusammen mit Michael Dost und Florian Hopf:) Filmwirtschaft in der BRD und in Europa. Götterdämmerung in Raten. München: Hanser 1973. 208 S.
Lernprozesse mit tödlichem Ausgang. Frankfurt am Main: Suhrkamp 1973. edition suhrkamp 665. 368 S.
(zusammen mit Oskar Negt:) Kritische Theorie und Marxismus. (enthält u. a. das Tonbandprotokoll v. zwei Seminaren von Alexander Kluge im Frühjahr 74 an der Universität Frankfurt »zur Theorie des Films«). Gravenhage (Holland) 1974. Für die BRD: prolit-buchvertrieb, Gießen.
Gelegenheitsarbeit einer Sklavin. Zur realistischen Methode. Frankfurt am Main. Suhrkamp 1975. edition suhrkamp 733. 251 S.
(angekündigt:) Neue Erzählungen. Frankfurt am Main: Suhrkamp 1976. edition suhrkamp 819.

Aufsätze (Auswahl)
Was wollen die Oberhausener? in: Ki+Fi, Nov. 62.
An einen Kritiker der »Oberhausener« (Brief an Dietrich Kuhlbrodt). in: Ki+Fi, Okt. 63.
Totenkapelle für Bechtolds. in: Der Spiegel, 30. 9. 64 (über Heinrich Bölls *Entfernung von der Truppe*).
Die Utopie im Film. in: Merkur (Köln/Berlin), Dez. 64; in überarbeiteter Fassung nachgedruckt in: Film (Velber), Feb. 65.
(zusammen mit Edgar Reitz und Wilfried Reinke:) Wort und Film. in: Sprache im Technischen Zeitalter (Stuttgart), Nr. 13, Jan. – März 65.
Filmpolitische Kolumnen in: Film (Velber), März, April und Juli 67 (dazu Kolumne von Helmut Heißenbüttel in: Film, Mai 67).
Medienproduktion. in: Hilmar Hoffman (Hrsg.): Perspektiven der kommunalen Kulturpolitik. Frankfurt: Suhrkamp 1974. es 718, S. 326–337.
»Das ganze Maul voll Film«. in: FR, 21. 11. 74 (über Edgar Reitz).

Über Alexander Kluge

Aufsätze/Artikel

o. V. in: Der Spiegel, 5. 12. 62. – Eckhart Schmidt: Alexander Kluges »Lebensläufe«. in: SZ, 11./12. 6. 66. – Manfred Lütgenhorst: Wir werden uns rächen. in: Abendzeitung (München), 13./14. 7. 68. – Wolfram Schütte: Planspiele mit Phantasie. in: FR, 9. 2. 74. – Michael Buselmeier / Arbeitskreis Linker Germanisten: Operativität bei Alexander Kluge. Heidelberg: Politische Buchhandlung Jörg Burkhard 1975. – Wilfried Wiegand: Alexander Kluges Filmtheorie. in: FAZ, 13. 12. 75.

Franz Schoeler: En attendant l'utopie. in: Positif, März 69. – Ulrich Gregor: Le chercheur Alexander Kluge. in: Jeune Cinéma, April 76.

Frieda Grafe/Enno Patalas: Alexander Kluge. in: Fk, Sept. 66. – Klaus Lakschéwitz: Gewisse Positionen der Liebe zur Kunst. in: Konkret, 4. 1. 68. – Corinna Brocher/Barbara Bronnen: Alexander Kluge. in: Bronnen/Brocher: Die Filmemacher. München, Gütersloh, Wien: C. Bertelsmann 1973, S. 233–246. – Andreas Meyer: KINO-Gespräch mit Alexander Kluge. in: Kino, 15. 5. 74. – F. H. (Florian Hopf): Zäh weiter arbeiten. in: Filmreport, 14. 6. 76./Jan Dawson: Alexander Kluge. in: Film Comment, Nov.–Dez. 74./Philippe Haudiquet: Alexandre Kluge . . . in: Les Lettres Françaises, 1. 6. 67. – Franz Schoeler: Deux entretiens avec Alexander Kluge. in: Positif, März 69.

Zu einzelnen Filmen

ABSCHIED VON GESTERN (ANITA G.)

Filmtext: Abschied von gestern. Nach dem Original des Films protokolliert von Enno Patalas. Frankfurt a. M.: Filmkritik o. J., Cinemathek Bd. 17.

Material: Interview von Franz Schöler in: Die Welt, 19. 3. 66. – Produktionsbericht von Franz Schöler in: NZZ, 27. 5. 66. – Über Kluge beim Festival in Venedig: o. V. in: Der Spiegel, 12. 9. 66 / Frieda Grafe, Enno Patalas in: Die Zeit, 16. 9. 66 / Enno Patalas in: Fk, Okt. 66 / Ilona Perl in: Film (Velber), Okt. 66. – Prädikatsbegründung in der FBW-Broschüre »Besonders wertvoll. Langfilme 1966«, S. 8–14. – Interview von Yvonne Baby in: Le Monde, 25. 5. 67.

Kritiken: Uwe Nettelbeck in: Die Zeit, 2. 9. 66; nachgedr. in: Jahrbuch VII der Filmkritik. Emsdetten: Lechte 1967. – Urs Jenny in: SZ, 6. 9. 66 und 20. 10. 66. – Karl Korn in: FAZ, 7. 9. 66. – Ulrich Gregor in: Die Welt, 12. 9. 66; nachgedr. in: Jahrbuch VII der Filmkritik. – F. G. (Frieda Grafe) in: Fk, Okt. 66. – B. J. (Brigitte Jeremias) in: FAZ, 14. 10. 66. – Hanno Reuther in: FR, 14. 10. 66. – Enno Patalas in: Fk, Nov. 66. – Klaus Kreimeier in: Ki + Fi, Nov. 66.

– Ernst Wendt, Helmut Heißenbüttel in: Film, Nov. 66. – -lz (Alfred Paffenholz) in: FD 2. 11. 66 (FD-Nr. 14355). – -wo- in: EFB, 5. 11. 66. – Peter Bichsel, Alexander J. Seiler, Otto F. Walter, Max Frisch, Jürg Federspiel in: Die Weltwoche (Zürich), 18. 11. 66. – Joachim Kaiser in: Der Monat, Jan. 67. – Mechthild Rausch in: Kino, Juni 67. / David Wilson in: SaS, Frühjahr 67. – T. M. (Tom Milne) in: MFB, April 67. – Raymond Durgnat in: FaF, Mai 67. – Howard Thompson in: NYT, 22. 9. 67. / J. N. (Jean Narboni) in: CdC, Okt. 66. – Pierre Billard in: Cinéma, Nov. 66. – J.-L. C. (Jean-Louis Comolli) in: CdC, Juni 67. – Gilles Jacob in: Cinéma, Juli–Aug. 67. – Bernard Cohn in: Positif, Okt. 67.

Magisterarbeit: Lothar Lambert: Vergleichende Analyse der Filme »Abschied von gestern« (Alexander Kluge) und »Mahlzeiten« (Edgar Reitz). Berlin: Institut für Publizistik der FU 1968.

DIE ARTISTEN IN DER ZIRKUSKUPPEL: RATLOS

Filmtext: Kommentierte Dialogliste in: Film (Velber), Okt. 68. – Als Buch (mit weiteren Texten) München: Piper 1968.

Material: Alexander Kluge über seinen Film. in: Film, Okt. 68. – Interview von Florian Hopf in: Filmreport, 18. 10. 68. – Prädikatsbegründung in der FBW-Broschüre »Besonders wertvoll. Langfilme 1968«, S. 13–17. – Franz Schöler über die Veröffentlichung des Filmtextes in: Die Welt, 12. 4. 69.

Kritiken: Klaus Hellwig in: FR, 2. 9. 68. – Peter W. Jansen in: Münchner Merkur, 2. 9. 68. – Brigitte Jeremias in: FAZ, 2. 9. 68. – Urs Jenny in: SZ, 2. 9. 68. – Franz Schöler in: Die Welt, 3. 9. 68. – Wilhelm Roth in: TS, 5. 9. 68. – Fritz Rumler in: Der Spiegel. 9. 9. 68. – Franz Everschor in: FD, 24. 9. 68 (FD-Nr. 15716). – Ernst Wendt in: Film, Okt. 68; nachgedr. in: Dieter Prokop: Materialien zur Theorie des Films. München: Hanser 1971, S. 499–504. – Alf Brustellin in: SZ, 30. 10. 68. – Peter W. Jansen in: Fk, Nov. 68. – Volker Baer in: TS, 1. 11. 68. – -wo- in: EFB, 2. 11. 68. – Karl Korn in: FAZ, 5. 11. 68. – Uwe Nettelbeck in: Die Zeit, 8. 11. 68. – Wolfram Schütte in: FR, 12. 11. 68. – Ulrich Kurowski in: JFF, Beratungsdienst, Dez. 68. – Peter Handke in: Film, Jan. 69. / Howard Thompson in: NYT, 27. 9. 68. – Jan Dawson in: MFB, Nov. 69. – David Wilson in: SaS, Winter 69–70. / M. M. (Marcel Martin) in: Cinéma, Nov. 68. – René Gardies in: I+S, April 69. – Marcel Martin in: Cinéma, Juni 69.

Aufsatz: Enno Patalas: Die toten Augen (über drei neue deutsche Filme). in: Fk, Dez. 68.

WILLI TOBLER UND DER UNTERGANG DER 6. FLOTTE

Kritiken: o. V. in: Der Spiegel, 17. 1. 72. – gf in: FR, 19. 1. 72. – -wor-

(Wolfgang Ruf) in: SZ, 19. 1. 72. – Rainer Fabian in: Die Welt, 21. 1. 72. – K. K. (Karl Korn) in: FAZ, 21. 1. 72. – N. M. in: FR, 21. 1. 72. – Momos (Walter Jens) in: Die Zeit, 28. 1. 72. – Wolfram Schütte in: FR, 29. 1. 72. – Wolfram Viertel in: Fk, April 72.

DER GROSSE VERHAU

Material: Informationsblatt 12 des Internationalen Forums des Jungen Films, Berlin 1971. – Interview von Florian Hopf in: Filmreport, 1. 7. 71. – Gespräch zwischen Ulrich Gregor und Alexander Kluge in: Ki+Fi, Okt. 71.

Kritiken: Wolfram Schütte in: FR, 28. 6. 71. – Karena Niehoff in: TS, 30. 6. 71; auch in: SZ, 2. 7. 71. – Uta Gote in: Die Welt, 2. 7. 71. – Wilfried Wiegand in: FAZ, 5. 7. 71. – Wolfram Schütte in: FR, 29. 1. 72. – Wolfram Viertel in: Fk, April 72.

GELEGENHEITSARBEIT EINER SKLAVIN

Filmtext: Zuerst Frankfurt a. M.: Kommunales Kino 1974; dann (zusammen mit dem ersten Entwurf und anderen Kluge-Texten) Frankfurt a. M.: Suhrkamp 1975. es 733.

Material: Interview von Florian Hopf in: Filmreport, 31. 12. 73. – Text in der Broschüre »Spielfilme im Deutschen Fernsehen ARD 1975«. – Kommentare zur Forderung der Prämienrückgabe: W. W. (Wilfried Wiegand) in: FAZ, 4. 5. 74/H. G. Pflaum in: SZ, 4.–5. 5. 74 / Volker Baer in: TS, 4. 5. 74 / Rudolph Ganz in: FR, 7. 5. 74 / Wolf Donner in: Die Zeit, 10. 5. 74 / Klaus Eder in: Medium, Juni 74 / Klaus Hebecker in: Film-Telegramm, 10. 6. 74 (Hebecker = Ausschußmitglied). – Interviews zur Forderung der Prämienrückgabe: von Gerhard Theuring u. a. in: Fk, Juni 74 / von Charlotte Kerr in: SZ, 7. 5. 74.

Kritiken: Reinhard Baumgart in: SZ, 8.–9. 12. 73. – Siegfried Schober in: Der Spiegel, 10. 12. 73. – Wolfgang Ruf in: Medium, Jan. 74. – Wolf Donner in: Die Zeit, 4. 1. 74. – Wilfried Wiegand in: FAZ, 1. 2. 74. – Volker Baer in: TS, 8. 2. 74. – Kraft Wetzel in: Kino, Februar-März 74. – Vinzenz B. Burg in: JFF, März 74. – W. S. (Wilhelm Schätzler), G. P. (Günther Pflaum) in: FD, 11. 6. 74 (FD-Nr. 18846). – Marlies Kallweit, Helke Sander, Mädi Kemper in: Frauen + Film, Nov. 74. – mw. (Martin Walder) in: NZZ, 15. 11. 74. – Gisela Molitor in: FAZ, 15. 12. 75. / Jonathan Rosenbaum, Yehuda Safran in: SaS, Winter 74–75. – Tony Rayns in: MFB, Mai 75. – Karyn Kay in: FilmQu, Herbst 75. / C. C. (Claire Clouzot) in: Ecran (Paris), Juli-Aug. 75. – Stéphane Sorel in: Téléciné, Juli-Aug. 75.

Aufsatz: Wolfram Schütte: Planspiele mit Phantasie in: FR, 9. 2. 74 (über GELEGENHEITSARBEIT, die Erzählungen *Lernprozesse. . .* und *Öffentlichkeit und Erfahrung*).

IN GEFAHR UND GRÖSSTER NOT . . .

Filmtext: Kursbuch Nr. 41, Sept. 75 (mit zusätzlichen Materialien).
Material: Aufsatz von Kluge und Reitz zum Autorenfilm 13 Jahre nach Oberhausen in: Ki+Fi, Jan. und Febr. 75. – Interview mit Kluge und Reitz von Klaus Eder in: Ki+Fi, April 75. – Bericht von Jürgen Schmidt über eine Diskussion mit Kluge in Hamburg in: Ki + Fi, Feb. 75.
Kritiken: Joachim Kaiser in: SZ, 19. 12. 74. – Siegfried Schober in: Der Spiegel, 23. 12. 74. – Dieter E. Zimmer in: Die Zeit, 27. 12. 74. – D. Sch. (Dietmar Schmidt) in: Ki+Fi, Jan. 75. – Brigitte Jeremias in: FAZ, 8. 1. 75. – Wolfram Schütte in: FR, 10. 1. 75. – Vinzenz B. Burg in: FD, 21. 1. 75 (FD-Nr. 19 138). – Wolfram Schütte in: NZZ, 31. 1. 75. – Volker Baer in: TS, 1. 2. 75. – Wilhelm Roth in: F-Ko, Feb. 75. – Klaus Eder in: Medium, Feb. 75. – Thomas Brandlmeier in: JFF, März 75.

DER STARKE FERDINAND

Lit. Vorlage: Kluge: *Ein Bolschewist des Kapitals.* in: *Lernprozesse mit tödlichem Ausgang.* Frankfurt 1973, edition suhrkamp 665, S. 149–177.
Material: Interviews von Florian Hopf in: Filmreport, 8. 4. 76, nachgedruckt in: FR, 27. 4. 76, und von Dieter E. Zimmer in: Die Zeit, 30. 4. 76.
Kritiken: H. G. P. (Hans Günther Pflaum) in: F-Ko, 15. 4. 76. – Eckhart Schmidt in: Deutsche Zeitung, 23. 4. 76. – Hellmuth Karasek in: Der Spiegel, 26. 4. 76. – Wolf Donner in: Die Zeit, 30. 4. 76. – Brigitte Jeremias in: FAZ, 4. 5. 76. – Thomas Petz in: SZ, 4. 5. 76. – Wolfram Schütte in: FR, 5. 5. 76. – Alfred Nemeczek in: Stern, 20. 5. 76. – Lothar Schmidt-Mühlisch in: Die Welt, 20. 5. 76. – e. h. (Erika Haala) in: FD, 25. 5. 76 (FD-Nr. 19 796). – Klaus Eder in: Medium, Juni 76. – Arnd F. Schirmer in: TS, 25. 6. 76.

Jean-Marie Straub

geb. am 8. Januar 1933 in Metz.

Autobiografie

Geboren »under Capricorn« (wie die alte Dame von NICHT VERSÖHNT) am Sonntag nach der Epiphanias in der Geburtsstadt Paul Verlaines (»Et si j'avais cent fils, ils auraient cent chevaux/Pour vite déserter le Sergent et l'Armée«) und getauft auf den Namen eines der allerersten Militärdienstverweigerer (Jean-Marie Vianney, Pfarrer von Ars) in dem Jahr, als Hitler an die Macht kam . . .
Bis 1940 nur französisch gehört, gelernt und gesprochen – zu Hause und draußen. Und auf einmal darf ich draußen nur noch deutsch hören und sprechen und muß es in der Schule (wo wie überall jedes französische Wort verboten ist) direkt lernen . . .
Nach der Befreiung Schüler bis zum 1. Abitur am Jesuiten-»Collège Saint-Clément« (wo ich lernte, daß Ungehorsam eine nicht nur poetische Tugend ist) und dann ein Jahr am staatlichen Lycée, 2. Abitur. Manifestation gegen die kümmerliche Programmierung der Filmtheater von Metz; erste Kontakte mit der französischen Polizei. Von 1950/51 bis 1954/55 Leitung eines Filmclubs in Metz und zugleich Student an der Universität zu Straßburg (51/52) und zu Nancy (52/53 und 53/54).
November 1954: Ankunft in Paris mit dem Projekt einer abendfüllenden Filmbiographie: CHRONIK DER ANNA MAGDALENA BACH; algerische Revolution; Begegnung mit meiner Frau . . .
Gucke ein wenig Gance (*La Tour de Nesle*), Renoir (*French-Cancan, Elena et les hommes*), Rivette (*Le Coup du Berger*), Bresson (*Un Condamné à mort s'est échappé*), Astruc (*Une Vie*) beim Drehen zu.
Ab 1958 in Deutschland. Ab 1969 in Italien (Rom). J.-M. S.

Danièle Huillet

Das Interessanteste an mir ist mein Geburtsdatum: 1. Mai 1936. Nach dem 2. Abitur bin ich einmal zur Sorbonne gegangen und nach ½ Stunde wieder rausgelaufen, aus Haß und Erschrecken. Dann habe ich mich auf die I.D.H.E.C. vorbereitet – und bin dabei dem Straub begegnet. Ich wollte Dokumentarfilme machen – ethnologische.
Noch: ich mochte überhaupt nicht blonde Leute mit heller Haut; als ich klein war, fand ich nichts schöner als die Mädchen auf der Schule in

Paris (wo ich erst als ich 13 war hinkam – vorher war ich auf dem Lande), die schwarz waren ... Nur war eben Straub blond mit sehr heller Haut, leider! Ich hatte englisch und spanisch gelernt und mußte dann zuerst deutsch und schließlich italienisch lernen ... Schön dialektisch!

D. H.

Filmografie

Die Filmografie enthält die einschlägigen Angaben zu Filmen, bei denen Jean-Marie Straub Regie geführt hat. Es sind dies (bis Mai 1976) drei Kurzfilme, ein mittellanger und vier lange Filme. (Quellen und Abkürzungen am Ende des Bandes)

1962 MACHORKA-MUFF. – B: Straub und Danièle Huillet, nach der Erzählung *Hauptstädtisches Journal* von Heinrich Böll (1958). – K: Wendelin Sachtler. – Sch: Straub, Huillet. – T: Janosz Rozner, Straub. – M: J. S. Bach, François Louis. – Ra: Huillet. – D: Erich Kuby (Erich von Machorka-Muff), Renate Lang (Inn), Rolf Thiede (Murcks-Maloche), Günther Strupp (Heffling), Johannes Eckardt (Priester), Heiner Braun (Minister), Gino Cardella (Kellner), Julius Wikidal (Maurer). – P: Straub-Huillet, München/Atlas Film, Duisburg/Cinerопa-Film, München. – Pl: Hans von der Heydt. – Dz: September 62 (10 Tage). – Do: Bonn, München. – Kosten 31 000 DM. – F: 35 mm, sw. – OL: 480 m = 18 min. – U: Februar 63, Oberhausen (Kurzfilmtage, nicht im Wettbewerb). – TV: 25. 8. 69 (ARD). – Prädikat: wertvoll. – V: Referat für Filmgeschichte, Köln (16 mm).

1964/65 NICHT VERSÖHNT ODER ES HILFT NUR GEWALT, WO GEWALT HERRSCHT. – B: Straub, Huillet, nach dem Roman *Billard um halbzehn* von Heinrich Böll (1959). – K: Wendelin Sachtler, Gerhard Ries, Christian Schwarzwald, Straub. – Sch: Straub, Huillet. – T: Lutz Grübnau, Willi Hanspach. – M: Béla Bartók, J. S. Bach. – D: Henning Harmssen (Robert Fähmel, 40jährig), Karlheinz Hargesheimer (Heinrich Fähmel, 30–35jährig, als junger Architekt vor dem Ersten Weltkrieg), Heinrich Hargesheimer (Heinrich Fähmel, 80jährig), Martha Ständer (Johanna, Heinrich Fähmels Frau, als alte Dame), Ulrich Hopmann (Robert Fähmel, 18jährig), Heiner Braun (Nettlinger), Ernst Kutzinski (Schrella, 15jährig), Ulrich von Thüna (Schrella, 20 Jahre später), Danièle Huillet (Johanna Fähmel als junge Frau), Joachim Weiler (Joseph, Robert Fähmels Sohn), Eva-Maria Bold (Ruth, Robert Fähmels Tochter), Hiltraud Wegener (Marianne, Josephs Verlobte), Georg Zander (Hugo/Ferdinand Progulske), Kathrin Bold (Ferdinands Schwester), Erika Brühl (Edith), Werner Brühl (Trischler), Helga Brühl (Frau Trischler), Lutz Grübnau (Erster Abt),

Martin Trieb (Zweiter Abt), Karl Bodenschatz (Hotelportier), Wendelin Sachtler (Mull), Anita Bell (alte, kartenspielende Frau), Margrit Borstel (die Meisterin, die Strümpfe strickt), Eduard von Wickenburg (M), Huguette Sellen (Roberts Sekretärin). – P: Straub-Huillet, München. – Dz: Aug.–Sept. 64, April 65 (sechs Wochen). – Do: Köln und Umgebung, Eifel, München und Umgebung. – Kosten: 117 000 DM. – F: 35 mm, sw. – OL: 1.447 m = 55 min. – U: 4. 7. 65, Berlin (Filmfestspiele, Sonderveranstaltung). – TV: 25. 8. 69 (ARD). – Prädikat: wertvoll. – V: Referat für Filmgeschichte, Köln (16 mm).

1967 CHRONIK DER ANNA MAGDALENA BACH. – B: Straub, Huillet. – Für Jacques Rivette, Jean-Luc Godard, Michel Delahaye, Peter Nestler und viele. – K: Ugo Piccone, Saverio Diamanti, Giovanni Canfarelli; Hans Kracht, Uwe Radon, Thomas Hartwig. – Sch: Huillet, Straub. – T: Louis Hochet, Lucien Moreau, Paul Schöler. – Technik: Hans Eberle, Max Jörg, Walter Eder, Max Strobl; Heinz Krähnke, Peter Algert, Jürgen Zanner, Jürgen Schlobach. – M: J. S. Bach: Brandenburgisches Konzert Nr. 5 (BWV 1050), Allegro 1, Takt 147–227 / Clavier-Büchlein vor Wilhelm Friedemann Bach, Preludium 6 (BWV 128) / Clavier-Büchlein vor Anna Magdalena Bach (1722), Menuett 2 der Suite in d-moll (Französische Suite 1, BWV 812) / Sonate Nr. 2 D-Dur für Viola da Gamba und obligates Cembal (BWV 1028), Adagio / Largo der Triosonate Nr. 2 in c-Moll (BWV 526) / ›Magnificat‹ in D-Dur (BWV 243) Nr. 11 und 12 bis Takt 19 / Tempo di gavotta der Partita in e-Moll (BWV 830) aus dem Clavier-Büchlein vor Anna Magdalena Bach (1725) / Kantate BWV 205 »Der zufriedengestellte Äolus«, Rezitativ: Ja, ja! Die Stunden sind nunmehro nah, Arie: Wie will ich lustig lachen / »Trauer-Ode« (BWV 198), Schlußchor / Kantate BWV 244a, »Trauermusik für den Fürsten Leopold«, Takt 25 bis Ende / Matthäuspassion (BWV 244), Eingangschor / Kantate BWV 42, einleitende Sinfonia (Da capo der Takt 1 bis 53 und Rezitativ für Tenor) / Präludium für Orgel in h-Moll (BWV 544), erster Teil / Erstes Kyrie der h-Moll-Messe für Chor und Orchester (BWV 232), Takt 1 bis 30 / Kantate BWV 215, Eingangschor (Takt 1 bis 181) / Himmelfahrtsoratorium (BWV 11), Schlußchoral, zweiter Teil / Choral »Kyrie, Gott Heiliger Geist« (BWV 671), aus dem Dritten Teil der Clavier-Übung / Concerto nach Italienischem Gusto (BWV 971), Andante / Kantate BWV 140 ›Wachet auf, ruft uns die Stimme‹, erstes Duett, Takt 1 bis 36 /Goldberg-Variationen, BWV 988, 25. Variation / Kantate BWV 82 ›Ich habe genug‹, letztes Rezitativ und letzte Arie / Musikalisches Opfer (BWV 107a), Ricercar a 6, Takt 1 bis 39 / Kunst der Fuge (BWV 1080), Contrapunctus XIX, Takt 193 bis 239 / Choral BWV 668 ›Vor deinen Thron tret ich', erster Teil; Leo Leonius: Gewöhnliche lateinische Sonntagsmotette für den 11. Sonntag nach Trinitatis, aus dem Florilegium Portense des Erhard Bodenschatz,

8stimmig. – Assistenz: Georg Föcking, Aldo Passalacqua, Joachim Wolf, Horst Winter, Günter Maag. – Ko: Casa d'arte Firenze, Vera Poggioni, Renata Morroni. – D: Gustav Leonhardt (Johann Sebastian Bach), Christiane Lang-Drewanz (Anna Magdalena Bach), Joachim Wolf (der Rector), Rainer Kirchner (der Superintendent), Ernst Castelli (1. Ratsherr), Paolo Carlini (2. Ratsherr), Hans-Peter Boye (3. Ratsherr), Eckart Brüntjen (Präfekt Kittler), Walter Peters (Präfekt Krause), Kathrien Leonhardt (Catharina Dorothea Bach), Katja Drewanz (Christiane Sophie Henrietta Bach), Anja Fährmann (Regine Susanna Bach), Andreas Pangritz (Wilhelm Friedemann Bach), Bob van Asperen (Johann Elias Bach), Bernd Weikl (Bassist für BWV 205), Wolfgang Schöne (Bassist für BWV 82), Karl-Heinz Lampe (Tenorist für BWV 42), Graf Nikolaus d'Harnoncourt (Fürst Leopold von Anhalt-Cöthen); Concentus musicus, Ensemble für alte Musik, Wien, Leitung Graf Nikolaus d'Harnoncourt; Konzertgruppe der Schola Cantorum Basiliensis, Leitung August Wenzinger; Knabenchor Hannover, Leitung Heinz Hennig. Sopranstimme von Bernhard Wehle aus den Regensburger Domspatzen. – P: Franz Seitz Filmproduktion, München/RAI, Rom/IDI-Cinematografica, Rom/Straub-Huillet, München/Kuratorium Junger Deutscher Film, München/Filmfonds e. V., München/Hessischer Rundfunk, Frankfurt/Telepool, München. – Pl: Huillet. – Dz: Aug.–Okt. 67. – Do: Eutin, Schloß (Cöthen, Schloß); Preetz, Klosterkirche (Cöthen. Cathedralkirche); Stade, St. Wilhadi und St. Cosmae (Leipzig, Thomaskirche und Universitätskirche); Leipzig, Rathausfront; Lüneburg, Kloster Lüne (Leipzig, Thomasschule, Wohnung des Kantors); Haseldorf, Schloß (Leipzig, Thomasschule, Zimmer des Superintendenten); Lübeck, Füchtingshof (Leipzig, Ratsstube); Freiberg/Sachsen, Dom (Dresden, Liebfrauenkirche); Großhartmannsdorf, Dorfkirche (Dresden, Sophienkirche); Berlin, Staatsoper, Apollosaal. – Kosten 460000 DM. – F:35 mm, sw. – OL:2.558 M = 94 min. – U: 3. 2. 68, Utrecht (»Cinemanifestate«). – DE: 30. 6. 68, Berlin (Filmfestspiele). – TV: 8. 4. 71 (ARD). – Prädikat: besonders wertvoll. – V: Referat für Filmgeschichte, Köln (16 mm).

1968 DER BRÄUTIGAM, DIE KOMÖDIANTIN UND DER ZUHÄLTER. – B: Straub, Huillet, unter Verwendung von Teilen des Stücks *Krankheit der Jugend* von Ferdinand Bruckner (von Straub am Münchner Action-Theater inszeniert) und Versen von Juan de la Cruz. – K: Klaus Schilling, Hubs Hagen. – Sch: Straub, Huillet. – T: Peter Lutz, Klaus Eckelt (Theaterszenen). – M: J. S. Bach. – D: Lilith Ungerer (Marie/Lilith), Rainer Werner Fassbinder (Freder/der Zuhälter), James Powell (James), Peer Raben (Alt/Willi), Irm Hermann (Désirée), Kristin Peterson (Irene), Hanna Schygulla (Lucy), Rudolf Waldemar Brem (Petrell). – P: Janus Film und Fernsehen, Frankfurt (Klaus Hellwig) / Straub-Huillet. – Dz: April–Mai 68 (fünf Tage). –

Do: München. – Kosten: 17 500 DM. – F: 35 mm, sw. – OL: 630 m = 23 min. – U: 10. 10. 68, Mannheim (Filmwoche). – Prädikat: besonders wertvoll. – V: Referat für Filmgeschichte, Köln (16 mm).

1969 (OTHON.) LES YEUX NE VEULENT PAS EN TOUT TEMPS SE FERMER OU PEUT-ÊTRE QU'UN JOUR ROME SE PERMETTRA DE CHOISIR À SON TOUR. Die Augen wollen sich nicht zu jeder Zeit schließen oder Vielleicht eines Tages wird Rom sich erlauben seinerseits zu wählen. – B: Straub, Huillet, nach *Othon* von Pierre Corneille (1664). – K: Ugo Piccone, Renato Berta. – Sch: Huillet, Straub. – T: Louis Hochet, Lucien Moreau. – Ra: Leo Mingrone, Anna Raboni, Sebastian Schadhauser, Italo Pastorino, Elias Chaluja. – D: Adriano Aprà (Otho), Anne Brumagne (Plautina), Ennio Lauricella (Galba), Olimpia Carlisi (Camilla), Anthony Pensabene (Vinius), Jubarite Semaran [d. i. Jean-Marie Straub] (Laco), Jean-Claude Biette (Marcianus), Marilù Parolini (Flavia), Leo Mingrone (Albinus), Gianna Mingrone (Albiane), Eduardo De Gregorio (Atticus), Sergio Rossi (Rutilus), Sebastian Schadhauser (1. Soldat), Jacques Fillion (2. Soldat). – P: Janus Film (Klaus Hellwig), Frankfurt/ Straub-Huillet, Rom. – Pl: Huillet. – Dz: August–September 69 (vier Wochen). – Do: Rom (Palatin-Hügel, Gärten der Villa Doria Pamphilij). – F: 16 mm, Farbe (Eastmancolor), auf 35 mm aufgeblasen. – OL: 2.244 m = 82 min. – U: 4. 1. 70, Rapallo. – DE: 8. 10. 70, Mannheim (Filmwoche). – TV: 26. 1. 71 (ZDF - anschließend Diskussion mit Straub, Ulrich Gregor, Ivan Nagel, Karsten Peters, Rudolph Ganz). – V: Freunde der Deutschen Kinemathek (35 mm, OmU; deutsche Untertitel: Herbert Linder, Straub)/Referat für Filmgeschichte, Köln (16 mm).

1972 GESCHICHTSUNTERRICHT. – B: Straub, Huillet, nach dem Romanfragment *Die Geschäfte des Herrn Julius Caesar* von Bertolt Brecht (1937–39). – K: Renato Berta. – Sch: Straub, Huillet. – T: Jeti Grigioni. – M: J. S. Bach. – Ra: Leo Mingrone, Sebastian Schadhauser, Benedikt Zulauf. – D: Gottfried Bold (Bankier), Johann Unterpertinger (Bauer), Henri Ludwig (Anwalt), Carl Vaillant (Dichter), Benedikt Zulauf (junger Mann). – P: Straub-Huillet, Rom/Janus Film und Fernsehen, Frankfurt. – Dz: Juni–Juli 72. – Do: Rom, Frascati, auf der Insel Elba und in Terenten. – Kosten: 65 000 DM. – F: 16 mm, Farbe (Eastmancolor). – OL: 961 m = 88 min. – U: 10. 10. 72, Mannheim (Filmwoche, Privatvorführung). – TV: 20. 5. 74 (ARD), 16. 5. 76 (HR III). – V: –.

1972 EINLEITUNG ZU ARNOLD SCHOENBERGS BEGLEITMUSIK ZU EINER LICHTSPIELSCENE. – B: Straub. – K: Renato Berta, Horst Bever. – Sch: Straub, Huillet. – T: Jeti Grigioni,

Harald Lill. – M: Arnold Schönberg, op. 34. – D: Günter Peter Straschek, Danièle Huillet, Peter Nestler, Straub. – P: Straub-Huillet, im Auftrag des Südwestfunks. – Dz: Juli und Sept. 72 – F: 16 mm, sw und Farbe (Eastmancolor). – OL: 170 m = 16 min. – U: 9. 4. 73, Oberhausen (Kurzfilmtage). – TV: 29. 3. 75 (HR III/WDR III/NDR III), 30. 3. 75 (S 3). – V: Referat für Filmgeschichte, Köln (16 mm).

1974 MOSES UND ARON. – Oper in drei Akten von Arnold Schönberg. – R, Sch, Pl: Huillet, Straub. – Für Holger Meins. – Musikalische Leitung: Michael Gielen. – Assistenz: Bernard Rubenstein. – Symphonie-Orchester des Österreichischen Rundfunks. – Chor des Österreichischen Rundfunks; Einstudierung: Gottfried Preinfalk. – D: Günter Reich (Moses), Louis Devos (Aron), Eva Csapò (junges Mädchen), Roger Lucas (junger Mann), Richard Salter (anderer Mann), Werner Mann (Priester), Ladislav Illavsky (Ephraimit), Friedl Obrowsky (Kranke). – T: Louis Hochet, Ernst Neuspiel, Georges Vaglio, Jeti Grigioni. – K: Ugo Piccone, Saverio Diamanti, Gianni Canfarelli, Renato Berta. – Technik: Francesco Ragusa, Alvaro Nannicini, Gianfranco Baldacci. – Assistenten: Paolo Benvenuti, Hans-Peter Böffgen, Leo Mingrone, Sebastian (Basti) Schadhauser, Gabriele Soncini, Harald Vogel, Gregory Woods. – Ko: »Cantini«, Renata Morroni, Augusta Morelli, Mariateresa Stefanelli. – Choreographie: Jochen Ulrich. – Tänzer: Helmut Baumann, Jürg Burth, Nick Farrant, Wolfgang Kegler, Michael Molnar. – P: Koproduktion des Österreichischen Rundfunks mit der ARD (einschließlich Westberlin) unter der Federführung des Hessischen Rundfunks, hergestellt von der Janus-Film & Fernsehen unter Mitfinanzierung von Straub-Huillet, der RAI, dem ORTF und der Taurus-Film, in deutsch-französischer Koproduktion der Janus-Film & Fernsehen mit der NEF Diffusion. – Dz: Aug.–Sept. 74 (5 Wochen). – Do: Alba Fucense (Avezzano), Lago Matese. – Kosten: 720000 DM sowie Sachleistungen des Österreichischen Rundfunks von ca. 600000 DM. – F: 35 mm, Farbe (Eastmancolor 5254). – OL: 3.010 m = 110 min. – U: Februar 75, Rotterdam. – TV: 29. 3. 75 (HR III/WDR III/NDR III), 30. 3. 75 (S 3). – Prädikat: besonders wertvoll. – V: Prokino (35 mm).

1976 I CANI DEL SINAI. – B: Straub, Huillet, n. d. Buch v. Franco Fortini. – Gedreht im Juni 76 in Italien. Geplante Länge: ca. 40 min.

Bibliografie

(Hinweise zur Anordnung, Auflösung der Abkürzungen und Angaben zu Quellen am Ende des Bandes)

Texte von Jean-Marie Straub

(Äußerungen zu eigenen Filmen sind dort vermerkt)

Antwort auf eine Umfrage nach dem Verhältnis zwischen Literatur und Film. in: CdC, Dez. 66./Über Ernst Lubitsch. in: CdC, Febr. 68./Über Carl Theodor Dreyer. in: CdC, Dez. 68./Antwort auf eine Umfrage zur Filmkritik. in: Fc, April–Mai 71; dt. in: Fk, Juli 73; franz. in: CdC, Nov. 71./Französische Übersetzung eines Eisenstein- und eines Brecht-Textes. in: CdC, Nov. 71; dt. in: Fk, Juli 73./Über Peter Nestler. in: Fc, Sept. 72./Antwort auf eine Umfrage zu Problemen der Filmtechnik. in: Bianco e Nero, Nov.–Dez. 72./Über David Wark Griffith. in: Fc, Mai–Juli 75./Faksimilierter Brief an die Export-Union der Deutschen Filmwirtschaft. in: Fk, Sept. 75.

Über Jean-Marie Straub

Bücher/Broschüren/Zeitschriften

Hans-Georg Lindenberg, Studienkreis Film – Filmclub an der Ruhruniversität (Hrsg.): Dokumentation über den Regisseur Jean-Marie Straub. Bochum 1969. – Helmut Färber, Gerhard Theuring (Red.): Themenheft MOSES UND ARON. Fk, Mai–Juni 75. – Programmbroschüre des »Kino Meisengeige« (Nürnberg), Sept. 75 (S. 17–85 Texte von und über Straub). / Richard Roud: Jean-Marie Straub. London: Secker and Warburg 1971. – Andi Engel (Hrsg.): Themenheft Straub. Enthusiasm (London), Nr. 1, Dez. 75./Franco Pecori: Il Laboratorio di Jean-Marie Straub e Danièle Huillet. Venedig: La Biennale di Venezia (1975).

Aufsätze/Artikel

Manfred Lütgenhorst: Chronik eines Außenseiters. in: Abendzeitung (München), 8.–9. 6. 68. – Ulrich Kurowski: Jean-Marie Straub. Naturrecht und menschliche Würde. Eine kommentierte Filmografie. in: Medium, Juli 73. – H. G. Pflaum: Die Kunst des Augenblicks. in: SZ, 18. 6. 74. – Karsten Witte: Straubs Publikum. in: Ki + Fi, März 76. / Brian Baxter: Werner Herzog and Jean-Marie Straub. in: Film (London), Frühjahr 69. – Andi Engel: Jean-Marie Straub. in: Second Wave. London: Studio Vista 1970, S. 128–132. – Martin Walsh: Political formations in the cinema of J. M. Straub. in: Jump Cut (Chicago), Dez. 74. – Roy Armes: Jean-Marie Straub: Strict Counterpoint. in: R. A.: The Ambiguous Image. London: Secker & Warburg 1976, S. 208–215. / Jean Duflos: Les frères fingueurs du cinéma: Jean-Luc Godard, Jean-Marie Straub. in: Politique Hebdo (Paris), 28. 1. 71. / Alberto Abbruzzese: Jean-Marie Straub: il nonsenso di una ideologia estetica. in: Cinema sessanta, Dez. 69–Feb. 70. – Alessandro Cappabianca: Straub o la sinestia rovesciata. in: Fc, Febr.–März 70. – Francesco

Casetti: Oltre l'iscrizione, la scrittura – Garrel, Straub, Godard. in: Bianco e Nero, Juli–Aug. 72. – t. r. (Tino Ranieri): Straub. in: Filmlexicon degli autori e delle opere. Aggiornamenti e integrazioni 1958–1971. Bd. 2. Rom: Ed. Bianco e Nero 1974.

Interviews

Barbara Bernauer, Wolfram Schütte, F. W. Vöbel: Gespräch mit Jean-Marie Straub. in: Filmstudio, Jan. 66. – Frieda Grafe, Enno Patalas: Jean-Marie Straub. in: Fk, Nov. 66. – Mischa Gallé, Florian Hopf: Einfach weitermachen . . . in: Filmreport, 31. 3. 69; nachgedr. in: FR 26. 4. 69. – Gino Dondi: Film-Schreiben: eine Qual – Film-Machen: eine Lust. in: Filmreport, 22. 9. 69. – Barbara Bronnen: Jean-Marie Straub. in: Bronnen, Brocher: Die Filmemacher. München, Gütersloh, Wien: C. Bertelsmann 1973, S. 25–45. / Andi Engel: Interview with Jean-Marie Straub. in: Cinematics (London), Jan. 70. / Michel Delahaye: Entretien avec J.-M. Straub. in: CdC, Juli 66. – Albert Cervoni: Entretien avec Jean-Marie Straub. in: Cinéma, Nov. 75. / Nedo Ivaldi: Incontro con l'autore. in: Bianco e Nero, März–April 69. – Ciriaco Tiso (in Zusammenarbeit mit Marco Rossi, Sebastiano Zuccarello, Elias Chaluja, Jacques Fillion, Gianna Mingrone, Sebastian Schadhauser): Conversazione con Jean-Marie Straub. in: Fc, Feb.–März 70.

Zu einzelnen Filmen

MACHORKA-MUFF

Filmtext: ital. in: Cinema e Film (Rom), Sommer 68.
Material: Brief von Karlheinz Stockhausen an Straub in: Film (München), Juni–Juli 63; franz. in: CdC, Juli 63. – Kommentar von Straub in: CdC, April 66.
Kritiken: o. V. in: Der Spiegel, 13. 2. 63. – Günter Seuren in: Deutsche Zeitung, 1. 3. 63. – Gottfried Bold in: Welt der Arbeit, 5. 7. 63. – Helmut Färber in: Fk, Jan. 64 (dazu Leserbrief von Straub in: Fk, April 64). – KWB in: EFB, 8. 1. 66. – Klaus Eder in: Film (Velber), Juni 66. – Enno Patalas in: SZ, 25. 8. 71; nachgedruckt in: Grafe, Patalas: Im Off. München: Hanser 1974, S. 108–109. / Jonathan Rosenbaum in: MFB, Jan. 75. / J. R. (Jacques Rivette) in: CdC, Juli 63. / Marco Rossi in: Fc, Feb.–März 70.

NICHT VERSÖHNT

Filmtext: dt. (auszugsw.) in: Fk, Feb. 66; engl. (vollst.) in: Richard Roud: Jean-Marie Straub. London: Secker and Warburg 1971, S. 124–170 (übersetzt und mit Anmerkungen versehen von Misha

Donat); franz. in: Ça, Okt. 73; ital. in: Cinema e Film, Winter 66/67 (mit einem Vorwort von Straub).

Material: (zur Urheberrechtskontroverse zwischen Straub, Böll und dem Verleger Witsch): o. V. in: Der Spiegel, 14. 7. 65 / Heinrich Böll in: FAZ, 22. 7. 65 / E. P. (Enno Patalas) in: Fk, Sept. 65 / Hans-Dieter Roos in: SZ. 23.–24. 10. 65. (Die Kontroverse wird auch in den Kritiken behandelt). – Brief von Professor W. Salber (Psychologe) an Straub. in: Kino, Jan. 67. – Text in der Broschüre »Spielfilme im Deutschen Fernsehen 1968/69«.

Kritiken: Hans-Georg Soldat in: TS, 6. 7. 65. – Peter W. Jansen in: FAZ, 16. 7. 65. – Helmuth de Haas in: Die Welt, 24. 7. 65. – E. P. (Enno Patalas) in: Fk, Aug. 65. – R. H. (Reimar Hollmann) in: Film (Velber), Aug. 65. – Walther Schmieding in: Filmstudio, Okt. 65. – Rudolf Thome in: Abendzeitung (München), 1. 10. 65. – W. Sch. (Wolfram Schütte) in: NZZ, 11. 12. 65. – Günter Peter Straschek in: Neue Zeit (Graz), 9. 1. 66. – KWB in: EFB, 22. 1. 66. – Otmar Engel in: Kino, Feb. 66. – Urs Jenny in: SZ, 11. 2. 66. – Frieda Grafe in: Fk, März 66; nachgedr. in: Grafe, Patalas: Im Off, S. 20–24. – Urs Jenny, Yaak Karsunke in: Film, März 66. – Reinald Schnell in: Deutsche Volkszeitung, 22. 4. 66. – -lz (Alfred Paffenholz) in: FD, 11. 5. 66 (FD-Nr. 14007). – Günther Pflaum in: JFF, Beratungsdienst, Okt. 68. – -der in: Die Welt 27. 8. 69. – Enno Patalas in: SZ, 25. 8. 71; nachgedr. in: Grafe, Patalas: Im Off, S. 108–109. / Richard Roud in: SaS, Herbst 65. – Gideon Bachmann in: FilmQu, Sommer 66. – Jonathan Rosenbaum in: MFB, März 76. / Henry Chapier in: Combat, 31. 8. 65. – Jean Claude Biette in: CdC, Okt. 65. – Michel Delahaye in: CdC, April 66. – Pierre Ajame in: Les Nouvelles Littéraires, 21. 4. 66. – Georges Sadoul in: Les Lettres Françaises, 28. 4. 66 und 13. 10. 66. – Jean Narboni in: CdC, Jan. 67. / Alberto Moravia in: L'Espresso, 19. 6. 66. – Franco Pecori in: Fc, Feb.–März 70.

Aufsatz: Michel Delahaye: Allemagne ciné zéro. in: CdC, Feb. 65.

CHRONIK DER ANNA MAGDALENA BACH

Filmtext: dt. (nach dem Film revidiertes Drehbuch) Frankfurt am Main: Filmkritik 1969. Cinemathek 23; franz. in: CdC, April–Mai 68; ital. in: Cinema e Film (Rom), Sommer 68 (mit einem Interview von Straub).

Material: (Zur Finanzierung des Projekts:) Briefe an die Filmkritik-Leser mit Aufforderung, sich an der Finanzierung des Films zu beteiligen: Fk, Nov. 66 und März 67 / Uwe Nettelbeck in: Die Zeit, 14. 10. 66 / Urs Jenny in: SZ, 28. 10. 66 / Klaus Hellwig in: FR, 2. 11. 66 / Helmuth de Haas in: Die Welt, 5. 11. 66 / B. J. (Brigitte Jeremias) in: FAZ, 10. 11. 66 / Redaktion der »Cahiers« in: CdC, Jan. 67. – Projektbeschreibung von Straub in: CdC, Sept. 67. – (Zur Berlinale-

Aufführung:) Brief von Straub an Festivalleiter Dr. Bauer in: Film in Berlin (Festivalzeitung), 28. 6. 68; auch in: Film (Velber), Aug. 68. – (Zur Prädikatsverweigerung:) Hellmuth Costard in: Film, April 68 / Urs Jenny in: SZ, 26. 4. 68 / Film und Protest (Erklärungen von Journalisten und Filmemachern) in: Filmreport, 15. 5. 68 / Klaus Kreimeier in: FR, Pfingsten 68 / Werner Kließ in: Film, Juni 68. – Prädikatsbegründung (des Hauptausschusses) in: FBW-Broschüre »Besonders wertvoll. Langfilme 1969«, S. 19–25. – CHRONIK im Spiegel der Kritik. in: Ki + Fi, Aug. 68 / Herbert Linder über die CHRONIK-Kritik in: Fk, Okt. 68. – Gespräch mit Straub von Joachim Wolf in: Film, April 68. – Gespräch mit Straub und Danièle Huillet von Helmut Färber, Enno Patalas, Frieda Grafe und Herbert Linder in: Fk, Okt. 68. – Kleine Filmkunstreihe Nr. 81 (Programmheft des Verleihs Neue Filmkunst Walter Kirchner, Feb. 69; Red.: Herbert Linder).

Kritiken: -wo- in: EFB, 3. 2. 68. – Klaus Eder, Yaak Karsunke in: Film, April 68. – Jörg Peter Feurich in: Ki+Fi, April 68. – W. Sch. (Wolfram Schütte) in: NZZ, 5. 4. 68. – Wolfram Schütte, Hans-Klaus Jungheinrich in: FR, 6. 4. 68. – Friedrich Hommel in: FAZ, 19. 4. 68. – Uwe Nettelbeck in: Die Zeit, 19. 4. 68. – Friedrich Hommel in: Film, Mai 68. – Ingrid Stieber in: Ki+Fi, Juni 68. – Wilfried Wiegand in: Die Welt, 22. 6. 68. – Brigitte Jeremias in: FAZ, 2. 7. 68. – Karene Niehoff in: SZ, 2. 7. 68. – Franz Everschor in: FD, 16. 7. 68; nachgedruckt in: Ki + Fi, Aug. 68. – JPF (Jörg Peter Feurich) in: Fk, Aug. 68. – Helmut Färber in: Fk, Okt. 68. – Hans von Lüpke in: Filmstudio Nr. 55 (1968). – Peter W. Jansen in: Merkur, Dez. 68. – Ulrich Kurowski in: JFF, März–April 69. – Joachim Kaiser, Herbert Linder in: SZ, 18. 3. 69. – Joachim von Mengershausen in: Christ und Welt, 11. 4. 69. – Ulrich Dibelius in: Fk, Mai 69. – Sybill Mahlke in: TS, 11. 7. 69. / Richard Roud in: SaS, Sommer 68. – Allen Hughes in: NYT, 20. 9. 68. – Harriett R. Polt in: FilmQu, Winter 68–69. – Rosalind Delmar in: MFB, Mai 70. / J. A. (Jacques Aumont) in: CdC, März 68. – M. M. (Marcel Martin) in: Cinéma (Paris), Nov. 68. – Jean Narboni in: LF, 6. 11. 68. – Marcel Martin in: LF, 24. 12. 68. – Yvonne Baby in: Le Monde, 28. 12. 68. – Patrice Neron in: CdC, Jan. 69. – Jean-Louis Bory in: Le Nouvel Observateur, 6. 1. 69. – François Chevassu in: I+S, Feb. 69. – Jean Collet in: Etudes (Paris), Feb. 69.

Analysen/Aufsätze: Wolfram Schütte: Präsens-Futur-Präteritum (zur 34. Einstellung der CHRONIK). in: NZZ, 13. 12. 69; nachgedruckt in: Hermann K. Ehmer (Hrsg.): Visuelle Kommunikation. Köln: DuMont Schauberg 1971, S. 293–298. – Joachim Kaiser: Respekt, Spiel, Freiheit (über CHRONIK, »Eika Katappa« und »Ludwig van ...«). in: Fernsehen + Film, Aug. 70. – Hartmut Bitomsky in: Die Röte des Rots von Technicolor. Neuwied, Darmstadt: Luchterhand

1972, S. 76–79. – Louis Seguin: La famille, l'histoire, le roman (Vergleich von CHRONIK und MOSES UND ARON). in: CdC, Okt.–Nov. 75.

DER BRÄUTIGAM, DIE KOMÖDIANTIN . . .

Filmtext: dt. in: Fk, Okt. 68; ital. in: Cinema e Film, Winter/Frühjahr 69.
Material: Filmbeschreibung von Straub in: CdC, Okt. 68.
Kritiken: Thomas Schröder in: Die Welt, 19. 10. 68. – Brigitte Jeremias in: FAZ, 21. 10. 68. – Alf Brustellin in: SZ, 9. 4. 69. / Tony Rayns in: MFB, März 76. / Jean-Claude Biette in: CdC, Mai 69 (mit Postscriptum von Straub). / Marco Rossi in: Fc, Feb.–März 70.

OTHON

Filmtext (= Drama von Corneille): dt. (von Herbert Linder, Straub und Huillet) New York: Selbstverlag Linder 1974; ital. in: Bianco e Nero, Jan.–April 70 (mit einem Vorwort von Giacomo Gambetti) und in: Cinema e Film, Sommer–Herbst 70 (mit einem Vorwort von Straub).
Material: Brief von Straub an die RAI-Direktion wegen verlangter Nachsynchronisation in: Fc, Jan. 70; dt. in: Filmreport, 3. 4. 70 und in: Die Welt, 25. 4. 70. – Jürgen Ebert: Straub in Mannheim: in & out. in: Fk, Dez. 70. – Gespräch mit Straub von Klaus Eder und Wolfgang Limmer in: Fernsehen + Film, Okt. 70. – Gespräch mit Danièle Huillet und Straub von Frieda Grafe, Hark Bohm, Enno Patalas, Wilhelm Roth in: Fk, Jan. 71. – Jean-Marie Straub: Comment j'ai tourné »Othon«. in: Le Monde, 14. 1. 71; ausführliche französische Interviews mit Straub in: CdC, Aug. und Okt. 70. – Straubs Einführung zur Fernsehaufführung in: Fk, Jan. 71; auszugsw. auch in: SZ, 23.–24. 1. 71; dort auch Herbert Linder über die Arbeit an den Untertiteln. – Informationsblatt 14 des Internationalen Forums des Jungen Films Berlin 1971 (Red.: Erika Gregor). – Rezension der Linderschen Corneille-Übersetzung von Rupert Neudeck in: F-Ko, April 75; Linder über sein Buch in: Filmhefte (New York), Sommer 75.
Kritiken: WoS (Wolfram Schütte) in: FR, 14. 3. 70. – Wolfram Schütte in: NZZ, 11. 4. 70. – Klaus Eder in: Fernsehen + Film, Okt. 70. – o. V. in: Der Spiegel, 12. 10. 70. – Rudolph Ganz in: FR, 14. 10. 70. – Ulrich Greiner in FAZ, 14. 10. 70. – Ulrich Kurowski in: Ki+Fi, Jan. 71; gekürzt nachgedr. in: Medium, März 72. – Enno Patalas, Wolf Donner in: Die Zeit, 22. 1. 71; Patalas nachgedr. in: Grafe, Patalas: Im Off, S. 110–112. – Uta Gote in: Die Welt, 28. 1. 71. – Dieter E. Zimmer in: Die Zeit, 5. 2. 71. – Jörg Peter Feurich in: Fk, Juni 71. – thü. (Ulrich von Thüna) in: NZZ, 17. 7. 71. – Enno

Patalas in: Sz, 18.–19. 11. 71; nachgedr. in: Grafe, Patalas: Im Off, S. 112–114. / R. G. (Roger Greenspun) in: NYT, 14. 9. 70 und 19. 11. 71. – Geoffrey Nowell-Smith in: MFB, Juni 71./Jean-Claude Biette in: CdC, März 70. – M. C. (Michel Ciment) in: Positif, Sept. 70. – Jean Narboni in: CdC, Okt. 70. – Marcel Martin in: LF, 13. 1. 71 (mit Interview). – Jean-Louis Bory in: Le Nouvel Observateur, 25. 1. 71. – A. Cd. (André Cornand) in: I+S, Feb. 71. – Michel Deguy in: Critique (Paris), Mai 71./Alberto Moravia in: L'Expresso, 22. 2. 70. – Carlo Lizzani in: Cinema nuovo, Jan.–Feb. 71; dazu Barbara de Miro in: Cinema nuovo, Mai 71. – Sebastian Schadhauser in: Fc, Juli 71. – Sergio Arecco in: Fc, März 72.

Analysen/Aufsätze: Hartmut Bitomsky in: Die Röte des Rots von Technicolor. Darmstadt, Neuwied: Luchterhand 1972, S. 44–46; vorabgedr. in: FR, 29. 5. 72. – Michel Ciment, Louis Seguin: Sur une petite bataille d'»Othon« (Kontroverse mit »Cahiers«). in: Positif, Dez. 70. – Christian Zimmer in: Cinéma et politique. Paris: Seghers 1974, S. 271–274.

GESCHICHTSUNTERRICHT

Filmtext: engl. in: Screen, Frühjahr 76; franz. in: CdC, Sept.–Okt. 72; ital. in: Fc, Feb.–März 74.

Material: »Diario di lavorazione« von Sebastian Schadhauser in: Fc, April–Mai 72. – Wilhelm Roth über die Prädikatsverweigerung durch die FBW in: FR, 2. 10. 73. – Wolfram Schütte über die Rechtskontroverse Straub-Suhrkamp Verlag in: FR, 10. 1. 74. – Hartmut Bitomsky: GESCHICHTSUNTERRICHT seit seiner Herstellung. Ein Film & seine kommerzielle Zensur. in: Fk, Mai 74. – Text in der Broschüre »Spielfilme im Deutschen Fernsehen ARD 1974«. – Interview mit Straub und Danièle Huillet von Wilhelm Roth und Günther Pflaum in: F-Ko, 13. 12. 72; nachgedr. in: Fk, Feb. 73; weitere Interviews in: La Nouvelle Critique (Paris), Nov. 73 und in: Fc, Feb.–März 74.

Kritiken: Brigitte Jeremias in: FAZ, 12. 10. 72. – Wilhelm Roth in: SZ, 12. 10. 72. – Wolfram Schütte in: FR, 12. 10. 72. – W. Sch. (Wolfram Schütte) in: NZZ, 25. 11. 72. – Ulrich Kurowski in: Ki + Fi, Jan. 73. – Jörg Peter Feurich in: Fk, März 73. – P. F. G. (Peter F. Gallasch) in: FD, 14. 5. 74 (FD-Nr. 18822). – Wolfgang Ruf in: SZ, 20. 5. 74. – Eckhart Schmidt in: SZ, 22. 5. 74. – Gunther Stein in: Kino, Juni 74. / Yehuda E. Safran in: MFB, März 76. / Louis Marcorelles in: Le Monde, 11. 5. 73. – Louis Seguin in: Positif, April 74. – Marcel Martin in: Ecran, Nov. 75. – Marie-Claude Treilhou in: Cinéma, Nov. 75. – Daniel Sauvaget in: I + S, Dez. 75. /Alberto Moravia in: L'Espresso, 17. 6. 73. – Franco Pecori in: Fc, Aug. 73. – Ugo Casiraghi in: L'Unita, 16. 9. 73.

Analysen: Franco Pecori: Il laboratorio di Straub-Huillet (Vergleich des Films mit Brechts Text). in: Fc, Feb.–März 74. – Alessandro

Cappabianca: Cinema dell'abbondanza e cinema della povertà (Filmanalyse). in: Fc, Feb.–März 74.

EINLEITUNG ZUR BEGLEITMUSIK . . .

Filmtext: dt. in: Fk, Feb. 73; engl. in: Screen, Frühjahr 76; franz. in: Ça, Okt. 73; ital. in: Fc, Jan.–Feb. 73.

Kritiken: Brigitte Jeremias: FAZ, 31. 11. 72. – Rudolf Thome in: SZ, 13. 4. 73. – Ulrich Kurowski, Alf Bold: in XIX. Westdeutsche Kurzfilmtage Oberhausen. Bericht 1973, S. 89–92. / Jill Forbes in: MFB, März 76. / Serge Daney in: CdC, Juli–Aug. 75.

MOSES UND ARON

Filmtext: dt. in: Fk, Mai–Juni 75 (Korrekturen in: Fk, Okt. 75); franz. in: CdC, Okt.–Nov. 75 und Jan. 76; ital. (auszugsw.) in: Fc, März 75.

Material: Berichte von den Dreharbeiten von Dietmar Schings in: FR, 27. 9. 74 und von Rudolf Hohlweg in: SZ, 22.–23. 3. 75. – Gespräch mit dem Dirigenten Michael Gielen von Wolfram Schütte in: Ki+Fi, Mai 75; auszugsw. nachgedr. in: Fk, Mai–Juni 75; franz. in: CdC, Okt.–Nov. 75. – Historisches Material (gesammelt von Danièle Huillet), ein Bericht über die Wiener Tonaufnahmen von Michael Gielen, ein Arbeitsjournal des Regieassistenten Gregory Woods und Texte von Feurich, Bühler und Theuring in: Fk, Mai–Juni 75; Ergänzungen zu Woods' Arbeitsjournal von Danièle Huillet in: Fk, Sept. 75. – Gespräch mit Straub-Huillet von Jacques Bontemps, Pascal Bonitzer und Serge Daney in: CdC, Juli–Aug. 75 / Interview mit Straub-Huillet von Enzo Ungari in: CdC, Okt.–Nov. 75. – (Zur Kontroverse um die Widmung des Films für Holger Meins:) WoS (Wolfram Schütte) in: FR, 11. 3. 75 / Materialien in: Ki + Fi, März, April, Aug. und Okt. 75 / H. G. Pflaum in: F-Ko, April 75 /Resolution in: Fk, Mai–Juni 75.

Kritiken: Brigitte Jeremias in: FAZ, 27. 2. 75. – Heinz Josef Herbort in: Die Zeit, 28. 3. 75. – Dietmar Polaczek in: SZ, 29.–30.–31. 3. 75. – Wolfram Schütte in: FR, Ostern 75. – Hans Otto Spingel in: Die Welt, 1. 4. 75. – Karsten Witte in: Medium, April 75. – Peter W. Jansen in: Ki+Fi, Juni 75. – -df- (Gerold Fierz) in: NZZ, 12. 2. 76. /Manny Farber in: Film Comment, Nov.–Dez. 75. – Jonathan Rosenbaum in: SaS, Winter 75–76. / Louis Marcorelles in: Le Monde, 20. 3. 75. – B. A. (Barthélémy Armengual) in: Positif, Juli–Aug. 75. – Marcel Martin in: Ecran, Nov. 75. – Françoise Maupin in: I + S, Nov. 75. – Françoise Maupin in: I + S, Nov. 75. – Edoardo Bruno, Michele Mancini, Allessandro Cappabianca in: Fc, März 75.

Aufsätze: Louis Seguin: La famille, l'histoire, le roman (Vergleich von CHRONIK und MOSES UND ARON). in: CdC, Okt.–Nov. 75. – Ellis Donda: Tecnologia critica e cinema nel »Mosè e Aronne«. in: Cinema sessanta, März–April 75.

Veröffentlichungen über den »Jungen deutschen Film« (Auswahl)

Wilfried Berghahn: *Ansichten einer Gruppe.* in: Fk, April 63. – Klaus Lemke: *Hoffen auf das Kuratorium.* in: Film (Velber) Aug. 65. – Lothar Hack: *Soziologische Bemerkungen zum deutschen Gegenwartsfilm.* in: Frankfurter Hefte, Feb., März, April 66; nachgedr. in: Wilfried von Bredow, Rolf Zurek (Hrsg.): *Film und Gesellschaft in Deutschland.* Hamburg: Hoffmann und Campe 1975, S. 335–371. – Enno Patalas: *Ansichten einer Gruppe.* in: Fk, Mai 66. – o. V.: *Die Clique.* in: Der Spiegel, 7. 11. 66. – Werner Kließ: *Filmen in Deutschland.* in: Film (Velber), Dez. 66. – Leonhard H. Gmür (Red.): *Der junge deutsche Film.* München: Constantin 1967. – Verband der deutschen Filmclubs (Hrsg.): *Neuer deutscher Film. Eine Dokumentation* (Mannheim 1967). – *Die jungen deutschen Filmemacher. Eine Dokumentation.* in: Film (Velber), Jan. 67. – Urs Jenny: *Nach einem Jahr: Der junge deutsche Film.* in: Merkur, Mai 67. – Wolfram Schütte: *Für eine rationale Phantasie im Kino.* in: FR, 18. 11. 67. – o. V.: *Ach, der Papili.* in: Der Spiegel, 25. 12. 67. – *Junger deutscher Film* (mit Beiträgen v. Viktor Sidler, Arnold Fröhlich u. a.). Cinema (Adliswil), Frühjahr 68. – Peter Pleyer: *Nationale und soziale Stereotypen im gegenwärtigen deutschen Spielfilm.* Münster: Institut für Publizistik: Verlag Regensberg 1968. – Norbert Kückelmann (Red.): *Die ersten drei Jahre.* München: Kuratorium Junger Deutscher Film (1968). – Deutsches Institut für Filmkunde (Hrsg.)/Theo Fürstenau (Texte): *Wandlungen im Film.* München-Pullach, Berlin: Verlag Dokumentation (1970). – Stichwort in: Ulrich Kurowski: *Lexikon Film.* München: Hanser 1972 (2. Aufl. 1973). Reihe Hanser 101. – Barbara Bronnen, Corinna Brocher: *Die Filmemacher. Der neue deutsche Film nach Oberhausen.* München, Gütersloh, Wien: C. Bertelsmann 1973. – Klaus Kreimeier: *Kino und Filmindustrie in der BRD.* Kronberg: Scriptor 1973. Taschenbuch S. 11. – Marion Kroner: *Film – Spiegel der Gesellschaft? Inhaltsanalysen des jungen deutschen Films von 1962 bis 1969.* Heidelberg: Quelle & Meyer 1973. – Jürgen Harder: *Der »junge Film« in der BRD und seine Alternative.* in: Prisma. Kino- und Fernseh-Almanach 4. Berlin DDR: Henschel 1973, S. 228–241. – Harun Farocki: *Subventions-Kino.* in: Konkret, 26. 6. 75. – o. V.: *Lorbeer für die Wunderkinder.* in: Der Spiegel, 17. 11. 75.

Francis Courtade: *Jeune Cinéma Allemand.* Lyon: Serdoc 1969. Premier Plan 53. – *Cinéma ouest-allemand.* Jeune cinéma, April 76.

Quellen/Abkürzungen

Für die filmografischen Angaben wurden u. a. folgende Quellen benutzt: Programmfahnen von ARD und ZDF; Jurgan: Filmbibliographisches Jahrbuch der BRD (bisher drei Bände); Dokumentationen der Festivals von Oberhausen, Mannheim und Berlin; FBW-Broschüren; verschiedene Veröffentlichungen über den »jungen deutschen Film«; Auskünfte des Filmverlags der Autoren. – Speziell für Herzog: die Filmografie von Nourredine Ghali in: Cinéma (Paris), Mai 75. – Speziell für Straub: die Filmografie von Andi Engel in: Enthusiasm (London), Dez. 75. – Herzog, Kluge und Straub haben dankenswerterweise ihre Filmografien überprüft und ergänzt. – Hilfeleistungen: Bibliothek der DFFB und Peter Schulz.

Abkürzungen: R = Regie (wird notiert, wenn ein Co-Regisseur beteiligt oder – wie gelegentlich bei Kluge – nur eine Mitarbeit vorliegt), B = Buch, K = Kamera, Sch = Schnitt, T = Ton, M = Musik, A = Ausstattung, Ko = Kostüme, Ra = Regieassistenz, Al = Aufnahmeleitung, D = Darsteller, P = Produktionsfirma, Pl = Produktionsleitung, Dz = Drehzeit, Do = Drehorte, F = Format, sw = schwarzweiß, OL = Originallänge (Die Meterlänge wurde in Minuten umgerechnet, wobei eine Projektorenlaufgeschwindigkeit von 24 Bildern pro Sekunde zugrunde gelegt wurde.), U = Uraufführung, DE = Erstaufführung in der Bundesrepublik, TV = Termin der Fernsehausstrahlung, V = Verleih in der Bundesrepublik.

Bei der Zusammenstellung der bibliografischen Angaben waren hilfreich: Bibliothek der DFFB, Manfred Delling (Privatarchiv), Peter Schulz. Die Angaben wurden so kurz wie möglich gefaßt und sind in der Regel chronologisch nach Erscheinungsterminen geordnet. Den deutschsprachigen Veröffentlichungen schließen sich Angaben zu Veröffentlichungen in englischer und französischer sowie – bei Straub – in italienischer Sprache an. Für die bibliografischen Angaben zu Straub war die Bibliografie von Franco Pecori in: Il Laboratorio di Jean-Marie Straub e Danièle Huillet (Venedig 1975) sehr nützlich.

Abkürzungen

CdC	Cahiers du Cinéma, Paris
EFB	Evangelischer Filmbeobachter, München (bis 1971)
FaF	Films and Filming, London
FAZ	Frankfurter Allgemeine Zeitung
Fc	Filmcritica, Rom
FD	(Kathol.) Film-Dienst (erst Düsseldorf, dann Köln)
FilmQu	Film Quarterly, Berkeley/USA
Fk	Filmkritik (erst Frankfurt, dann München)
F-Ko	Film-Korrespondenz (Köln-München)
FR	Frankfurter Rundschau
I+S	Image et Son/La Revue du Cinéma, Paris
JFF	Jugend Film Fernsehen, München
Ki+Fi	Kirche und Film, Frankfurt am Main

LF	Les Lettres Françaises
MFB	Monthly Film Bulletin, London
NYT	New York Times
NZZ	Neue Zürcher Zeitung
SaS	Sight and Sound, London
SZ	Süddeutsche Zeitung, München
TS	Der Tagesspiegel, Berlin (West)

Für die Bilder dieses Bandes und andere Hilfeleistungen danken wir den in den Filmografien genannten Produktions- und Verleihfirmen, der ARD-Filmredaktion, dem Privaten Filmarchiv e. V. (Köln) sowie Werner Herzog, Jean-Marie Straub und Danièle Huillet.

Reihe Hanser 217
Reihe Film 9 · Herzog/Kluge/Straub

Die ›Reihe Film‹ stellt das Werk von Regisseuren, bestimmte Genres oder andere übergreifende Themen des internationalen Films in Monografien vor. Dabei werden die einzelnen Bände unter wechselnden Perspektiven und verschiedenen Aspekten erarbeitet. Eine umfangreiche Filmobibliografie und zahlreiche Abbildungen gehören zu jedem Band.
Herzog, Kluge, Straub sind drei inzwischen auch international beachtete Namen des (west)deutschen Films. Wenig mehr scheint sie zu verbinden als die Schwierigkeit, in der Bundesrepublik Filme zu machen. Seit Mitte der sechziger Jahre haben sie – gleichzeitig und unabhängig voneinander – verwandte Erfahrungen mit Zeitgeschichte, Politik und Bewußtsein in diesem Land und andernorts machen können. Sie sind in ganz unterschiedlichen Filmen zur Konsequenz ihres eigentümlichen Werks gelangt. Darin äußert sich nicht nur die unverwechselbare Individualität jedes einzelnen von ihnen, sondern auch die Vereinzelung, der sie in der sozialen und ökonomischen Ordnung ebenso wie durch die Einflüsse einer zwiespältigen Kultur ausgesetzt waren. Ihre Filme verweigern sich – mehr und entschiedener als alle anderen Filme zeitgenössischer (west-)deutscher Regisseure – einer gemeinsamen Identität. Herzog, Kluge, Straub: das sind radikal einander fremde ästhetische Programme; sie stehen für die äußersten politischen Positionen des sich facettenhaft entfaltenden neuen Films in der Bundesrepublik.

Die Autoren
Ulrich Gregor (1932, Hamburg). Studium: Romanistik, Zeitungswissenschaft, Philosophie. 1962 (mit Enno Patalas) »Geschichte des Films«, 1966 »Wie sie filmen«. Mitbegründer Freunde der Deutschen Kinemathek 1963, Kino Arsenal 1970, Internationales Forum des jungen Films 1971. Lebt in Berlin.
Rudolf Hohlweg (1938, Freising). Studium in München und Köln: Betriebswirtschaft, Germanistik, Kunstgeschichte, Musikwissenschaft. 1950 Gründer und (bis 1958) Leiter eines Filmkunst-Kinos. 1965 Redakteur an der »Süddeutschen Zeitung«, 1967 Programmredakteur Musik am Südwestfunk. Lebt in Baden-Baden.
Peter W. Jansen (1930, Elsdorf/Köln). Verlagsbuchhändler, Studium Germanistik, Geschichte, Soziologie in Köln, Marburg, Freiburg i. Br. Dr. phil. (Joseph Roth). Politischer Redakteur »Der Mittag«, WDR; Kulturredakteur bei »Frankfurter Allgemeine Zeitung«, SWF. Lebt in Gernsbach/Baden.
Hans Helmut Prinzler (1938, Berlin). Studium Publizistik und Theaterwissenschaft. Seit 1969 Studienleiter an der Deutschen Film- und Fern-

sehakademie Berlin. Buchveröffentlichungen »Über das Kinomachen«, 1972, »Kinobuch 74/75«, 1975.

Wolfram Schütte (1939, Frankfurt a. M.). Studium der Germanistik, Philosophie und Soziologie in Frankfurt a. M.; Mitherausgeber von »Filmstudio« (1962/66). Seit 1967 Redakteur im Feuilleton der »Frankfurter Rundschau.«

Kraft Wetzel (1953, Altmannshofen). Studium der Politologie und Philosophie an der FU Berlin. 1973/74 Herausgeber von »KINO/kritisches für filmfreunde«, seitdem ›freier‹ Mitarbeiter zahlreicher Zeitungen. Lebt in Berlin (West).

Karsten Witte (1944) Studium der Germanistik, Romanistik und Komparatistik. 1970–76 an der Johann Wolfgang Goethe-Universität in Frankfurt Kurse zur Theorie und Geschichte des Films. Herausgeber der *Schriften* von Siegfried Kracauer sowie der *Theorie des Kinos.* Aufsätze über »Brecht und der Film«; »Die Filmkomödie im Dritten Reich«. Filmkritiken für Fachzeitschriften und die »Frankfurter Rundschau«.